O ESTADO ENTRE A FILANTROPIA
E A ASSISTÊNCIA SOCIAL

EDITORA AFILIADA

Dados Internacionais de Catalogação na Publicação (CIP)
(Câmara Brasileira do Livro, SP, Brasil)

Mestriner, Maria Luiza
    O Estado entre a filantropia e a assistência social / Maria
Luiza Mestriner. – 4. ed. – São Paulo, Cortez, 2008.

ISBN 978-85-249-0812-5

1. Assistência social – Brasil   2. Filantropia   3. Serviço social –
Brasil.   I. Título.

01-4917   CDD-361.6150981

Índices para catálogo sistemático:

1. Brasil : Filantropia e assistência social : Ação governamental :
Serviço social   361.6150981

MARIA LUIZA MESTRINER

O ESTADO ENTRE A FILANTROPIA
E A ASSISTÊNCIA SOCIAL

4ª edição

2ª reimpressão

O ESTADO ENTRE A FILANTROPIA E A ASSISTÊNCIA SOCIAL
Maria Luiza Mestriner

Conselho editorial: Ademir A. da Silva, Dilséa Adeodata Bonetti, Maria Lúcia Carvalho da Silva, Maria Lúcia Silva Barroco, Rosângela Batistoni

Capa: DAC
Preparação de originais: Ana Maria Barbosa
Revisão: Maria de Lourdes de Almeida
Composição: Linea Editora Ltda.
Assessoria editorial: Elisabete Borgianni
Coordenação editorial: Danilo A. Q. Morales

Nenhuma parte desta obra pode ser reproduzida ou duplicada sem autorização expressa da autora e do editor.

© by Autora

Direitos para esta edição
CORTEZ EDITORA
Rua Monte Alegre, 1074 — Perdizes
05014-001 — São Paulo-SP
Tel.: (11) 3864-0111   Fax: (11) 3864-4290
E-mail: cortez@cortezeditora.com.br
www.cortezeditora.com.br

Impresso na Índia — janeiro de 2015

SUMÁRIO

Apresentação 9

Introdução 13

1. A filantropia disciplinadora no enfrentamento da
questão social (1930-45) 55

2. A filantropia partilhada sob o âmbito educacional
(1946-64) 113

3. A filantropia de clientela e apadrinhamento
(1964-85) 151

4. A filantropia vigiada entre a benemerência e a
assistência social (1985-93) 181

5. A filantropia democratizada (1994-2000) 217

Conclusão — Novas páginas, velhos paradigmas 285

Relação de Siglas 309

Bibliografia 311

Ao Cláudio, companheiro sempre presente,
amoroso e solidário, pelo apoio
e estímulo constantes.

AGRADECIMENTOS

Há muito e muitos a agradecer pela presença enriquecedora a esta pesquisa:

• a Aldaíza Sposati, mestre e orientadora de sempre, que de forma instigadora, exigente e confiante me motivou à crítica e à busca do conhecimento;

• aos membros da banca do Exame de Qualificação, professores Maria Carmelita Yazbek e Wagner Balera, que pelas análises e indicações abriram novas possibilidades e perspectivas a este trabalho;

• aos sujeitos da pesquisa, ex-conselheiros e técnicos do CNAS, que pela interlocução aguçada e eloqüente me permitiram estabelecer elos e nexos básicos às análises realizadas;

• a Carta Marques Li-Volsi, companheira permanente desta construção, que no confere-corrige deu concretude a este texto e a nossa amizade;

• ao Paulo Carvalho, que por meio da revisão do texto, incorporou precisão e vigor a este estudo, transmitindo-me segurança e confiança;

• a Manoela U. Mestriner pela competente assessoria jurídica e apoio carinhoso e afetivo;

• a Denise, amiga sempre presente e apoio surpreendente no desembaraço das minhas questões intelectuais, profissionais e afetivas;

a todos que, de diferentes formas colaboraram,

o produto da orquestração de tantas trocas e partilhares.

APRESENTAÇÃO

O jargão popular nos ensina que conhecer o caminho das pedras — ou das pedrinhas, como se queira — para se obter respostas daquilo que se busca é uma aquisição tão fundamental quanto o próprio resultado.

Este dito se torna prova de verdade quando tratamos da relação Estado-Sociedade Civil. Entender a intrincada natureza dos guichês, balcões, portas, organogramas, dos caminhos dos papéis e das decisões nos órgãos públicos é um trabalho de busca arqueológica na burocracia estatal.

São especiais as pessoas que têm como atributo a capacidade de desvendar os caminhos da burocracia estatal. Maria Luíza Mestriner é uma delas, sem dúvida. Foi sua capacidade especial, por ter sido funcionária e dirigente da extinta LBA-Legião Brasileira de Assistência, e seus preciosos méritos que permitiram o resultado desta pesquisa.

Este estudo da regulação estatal da filantropia é paradigmático. Na argüição deste estudo, membros da banca disseram:

- "É um trabalho de referência obrigatória." (Leilah Landim)
- "É um texto iluminador." (Rosa Fisher)

Por certo, são duas expressões que demarcam o caráter desta obra. Denomino de obra com toda a relevância do termo, pois a autora reconstrói o tema regulação da filantropia desde o Brasil-Colônia até a atualidade e, de modo transparente, nos diz logo de início:

"Assistência, filantropia e benemerência têm sido tratadas no Brasil como irmãs siamesas, substitutas uma da outra. Entre conceitos, políticas e práticas, tem sido difícil distinguir o compromisso e competências de cada uma dessas áreas, entendidas como sinônimos, porque de fato escondem — na relação Estado-Sociedade — a responsabilidade pela violenta desigualdade social que caracteriza o país."

Para muito além do desvendar os caminhos da (ir)racionalidade burocrático-administrativa, Maria Luíza nos mostra que essa relação revela uma trama maior entre Estado e Sociedade em manter inamovível a desigualdade social. O âmbito de seu referencial de análise enquadra, portanto, o tema no univeso da economia política. Este alcance analítico, além de qualificar seu estudo, permitiu:

— vincular o exame de dezenas de dispositivos reguladores da filantropia ao modelo político dos governantes, precipuamente no período de 1930-2000;

— e modelar as nuances da regulação da filantropia em cinco grandes períodos: a) a filantropia disciplinadora (1930-45), b) a filantropia partilhada (1946-64), c) a filantropia de clientela e apadrinhamento (1964-85), d) a filantropia vigiada (1985-93) e e) a filantropia democratizada (1994-00).

O trabalho de Maria Luíza é quase o de uma Penélope, considerada a obstinação ao perseguir seu objetivo. Traça a linha dos documentos. Lê o formal e o rebate nas apreensões dos dirigentes na aplicação dos dispositivos, até onde pôde alcançá-los na linha da vida. Quando não, como no caso de Ataulpho Nápoles de Paiva, — que fique registrada sua presença inequívoca na história da filantropia brasileira, — vai buscar suas palavras em discursos memoráveis. Por 17 anos, ele esteve à frente do CNAS, só superado em tempo de per-

APRESENTAÇÃO

manência por Adherbal Antonio de Oliveira, que o presidiu por 18 anos (1975-1993). Senão por outros motivos, estas são mostras de que mudaram os governos mas não a direção da regulação estatal da filantropia.

Viajamos no tempo quando ela nos senta, às 14 horas do dia 5 de agosto de 1938, em uma sala do 16º andar do Edifício Rex, no Rio de Janeiro — sede do então Ministério de Educação, junto a representantes da imprensa e "notáveis" da filantropia, para ouvir Gustavo Capanema dizer que o presidente da República criara por decreto o Conselho Nacional de Serviço Social — o CNSS e designara Ataulpho de Paiva para sua presidência.

Num amálgama franco-americano (se é que possível), mesclou-se a experiência americana do Council of Social Service com as teses altruístas que Ataulpho Paiva trazia da Exposição Universal realizada em Paris, ao final do Século XIX, com fortes marcas de La Rochefoucauld Liancourt. As teses francesas de afirmação do direito assistencial foram travestidas, de acordo com o "jeitinho brasileiro", em ações marcadas pelo forte privatismo americano. O direito se diluiu em práticas de benemerência de filantropos. Entre estes homens e mulheres eméritas estava Stela de Faro, patrona do Serviço Social no Rio de Janeiro.

É interessante notar que estes laços se perderam no discurso do Serviço Social. O trabalho de Maria Luíza nos abre novas pistas para a reconstrução histórica dos meandros do Serviço Social no Brasil.

Em seu incessante caminhar, ela analisa a trajetória de cada um dos dispositivos que ainda hoje regulam a filantropia: subvenção, isenção, utilidade pública, certificado de filantropia, contribuições, taxas e impostos. E termina por nos mostrar, pasmem, que o CNAS — Conselho Nacional de Assistência Social, forma histórica que substituiu o CNSS, extinto pela LOAS — Lei Orgânica da Assistência Social, pouco mudou na permanência desses dispositivos.

Certamente, sua aplicação é hoje mais transparente, mas o vínculo entre filantropia e assistência social não foi absolutamente desvendado e superado nas normas estatais. São ainda tratadas como faces da mesma moeda ocultando o dever do Estado com uma política pública de seguridade social, como determina nossa Constituição.

Maria Luíza Mestriner conclui de forma brilhante: *"essa regulação trunca a consagração de direitos sociais e faz das reformas adotadas processos predominantemente regressivos para a universalização da cidadania."*

Esta é uma obra para iniciados e iniciantes. É um trabalho para sempre. Lê-se para saber, tem-se para consultar.

Assistentes sociais, juristas, cientistas sociais e cientistas políticos, militantes do terceiro setor, administradores e proponentes da gestão social têm aqui fundamento para dizer do que deve e do que não deve ser a regulação da filantropia quando se quer consolidar direitos sociais.

Julho de 2001
Aldaíza Sposati

INTRODUÇÃO*

A identificação da assistência social — prática social de ajuda científica ou empírica — com a filantropia e a benemerência é comum em nossa sociedade. Entendidas como expressões de altruísmo, solidariedade e ajuda ao outro, envolvem desde atitudes ocasionais até formas institucionais praticadas por organizações sem fins lucrativos; ou, no campo político, formas da regulação do favor — "o toma lá dá cá" — quer pelo primeiro-damismo, quer pelas concessões de benesses por representantes políticos.

Estas práticas movem-se em um mundo entre o formal e o informal que cria categorias próprias como: o *não-lucrativo*, em uma sociedade de mercado; o *voluntariado*, na promoção

---

* Este estudo dedica-se a investigar os limites e possibilidades do padrão de regulação do Estado brasileiro na relação com as organizações da sociedade civil na área da assistência social, mediado historicamente pelo CNSS/CNAS (1930-2000), procedendo a um cotejo entre as áreas de assistência social, benemerência e filantropia, com um olhar centrado no trato da filantropia, já que ela é a atividade mais persistente e duradoura de regulamentação secular.

A reconstrução histórica do processo estatal de regulação da filantropia exigiu centralidade na pesquisa legislativa e documental, tendo o Senado e a Câmara Federal sido campos de provisão de dados e consultas, assim como o arquivo do CNSS.

Para construir outra dimensão empírica da investigação foram realizadas dezessete entrevistas com conselheiros e funcionários do antigo CNSS do atual CNAS, tendo por base um roteiro de questões abertas, que orientaram a abordagem dos temas centrais da pesquisa.

Originalmente foi apresentado como tese de doutorado a PUC-SP, em agosto de 2000.

da cidadania; a concessão da *utilidade pública* para organizações que trabalham com os que são perversamente vistos como inúteis produtivos.

Assistência, filantropia e benemerência têm sido tratadas no Brasil como irmãs siamesas, substitutas uma da outra. Entre conceitos, políticas e práticas, tem sido difícil distinguir o compromisso e competências de cada uma destas áreas, entendidas como sinônimos, porque de fato escondem — na relação Estado-sociedade — a responsabilidade pela violenta desigualdade social que caracteriza o país.

A *filantropia* (palavra originária do grego: *philos*, significa amor e *antropos*, homem) relaciona-se ao amor do homem pelo ser humano, ao amor pela humanidade. No sentido mais restrito, constitui-se no sentimento, na preocupação do favorecido com o outro que nada tem, portanto, no gesto voluntarista, sem intenção de lucro, de apropriação de qualquer bem. No sentido mais amplo, supõe o sentimento mais humanitário: a intenção de que o ser humano tenha garantida condição digna de vida. É a preocupação com o bem-estar público, coletivo. É a preocupação de praticar o bem. E aí confunde-se com a solidariedade.

A filantropia constitui-se pois — no campo filosófico, moral, dos valores —, como o altruísmo e a comiseração, que levam a um voluntarismo que não se realiza no estatuto jurídico, mas no caráter da relação.

A Igreja católica lhe atribui o sentido da caridade, da benemerência. Assim, o termo filantropia, como diz Sposati (1994b: 75), acaba sendo também uma laicização da concepção católica da caridade. Enquanto a filantropia tem uma racionalidade que já chegou a conformar uma escola social positiva, a *benemerência* vai se constituir na ação do dom, da bondade, que se concretiza pela ajuda ao outro.

Como coloca Sposati, a *benemerência* pode se dar *ad hoc* ou *in hoc*. No primeiro caso, historicamente a ajuda nas formas de esmola, auxílio (material ou moral) são as que mais permaneceram. A benemerência se expressou em todos os níveis e foi alvo de inúmeras regulamentações. A nobreza criou o "esmoler" para recolher o benefício e os "vinteneiros" para verificar a necessidade; a Igreja criou os diáconos, que visitavam os assistidos e mediam suas necessidades; as misericórdias coletavam esmolas para ajudar principalmente os órfãos e se constituíram na primeira forma organizada de assistência no Brasil; os "bodos" foram também uma forma de acesso dos pobres a alimentos distribuídos pela Igreja. O favor foi outra forma consolidada de relação social no Brasil, dando-se de forma verticalizada entre o senhor e o apadrinhado.

Também a benemerência *in hoc*, institucionalizada, pouco se diferenciou ao longo do tempo. Dá-se ainda pelas obras de internação (asilos, orfanatos, abrigos) e obras "abertas", que propiciam a convivência entre a família e as formas institucionais, como espaços de apoio. (Sposati, 1994b: 78-81).

> *"A assistência, no seu sentido mais lato, significa auxílio, socorro. Onde quer que haja uma necessidade que o interessado não pode resolver por si e não consiga pagar com seu dinheiro, a assistência tem o seu lugar. Assistência a famintos, a sedentos, nus, desabrigados, doentes, tristes, ativos, transviados, impacientes, desesperados, mal aconselhados, pobres de pão ou pobres de consolação, tudo é assistência, auxílio, socorro"* (Correia, 1999: 13).

Necessária, pois, não só do ponto de vista material, mas também moral, coloca todo ser humano como alvo de sua atenção, ao mesmo tempo que dá lugar para exercê-la a todas as pessoas de boa vontade, quaisquer que sejam suas idéias a respeito do ser humano e da vida: "A assistência material ou moral tem assim lugar onde quer que haja uma falta, o mesmo é dizer, onde quer que habite um ser humano" (idem).

O sentido da assistência social agrega uma nova condição à assistência que é genérica, isto é, direcionada a múltiplas situações, já que supõe a transferência de algo ao *interessado que não pode resolver por si* por deficiência de conhecimento, de razão, de condição financeira, de condição física etc.

A assistência social, além de delimitar a ação a um campo, o social, institucionaliza uma prática, imprime uma racionalidade, constrói um conhecimento. Assim, ela compreende um conjunto de ações e atividades desenvolvidas nas áreas pública e privada, com o objetivo de suprir, sanar ou prevenir, por meio de métodos e técnicas próprias, deficiências e necessidades de indivíduos ou grupos quanto à sobrevivência, convivência e autonomia social.

Quando particular, a assistência caracteriza-se geralmente por iniciativas institucionalizadas em organizações sem fins lucrativos, direcionadas a dificuldades específicas: relativas à criança, à terceira idade, ao deficiente ou portador de necessidades especiais, ao migrante, ao abandonado, entre outras. Quando pública, poderá ter ou não o estatuto de política social, isto é, as ações e programas públicos não lhe configuram o estatuto de política social, ainda que ela incida na esfera pública.

Historicamente, esta área vai se estruturando nas relações com a sociedade civil e no interior do Estado, pois se constituem em práticas passíveis de serem tratadas com "sobras" de recursos, diferentemente da política, que exige responsabilidade, compromisso e orçamento próprio. Assim, o Estado vai persistentemente resistir em fazê-la emergir de forma clara como política, o que só virá a acontecer no Brasil com a Constituição federal de 1988.

Longe, portanto, de assumir o formato de política social, a assistência social desenrolou-se ao longo de décadas, como doação de auxílios, revestida pela forma de tutela, de benesse, de favor, sem superar o caráter de prática circunstancial, secundária e imediatista que, no fim, mais reproduz a pobreza e a desigualdade social na sociedade brasileira, já que opera de forma descontínua em situações pontuais. Sempre direcionada a segmentos da população que vivem sob o signo perverso da exclusão, não cumpre a perspectiva cidadã de ruptura da subalternidade. Ao contrário, reitera a dependência, caracterizando-se como política de alívio, por neutralizar demandas e reivindicações. Desconhecendo que sua população-alvo não é a minoria, mas a grande massa populacional de excluídos — nos quais se incluem segmentos do próprio mercado formal hoje tão empobrecidos — ela se volta a pequenas parcelas de indivíduos, de forma temporária ou emergencial. Usa da focalização nas piores situações, o seu comportamento usual.

Isto significa que a assistência social, embora tenha ingressado na agenda do Estado — desde o âmbito municipal até o federal —, sempre o fez de forma dúbia, isto é, mais reconhecendo o conjunto das iniciativas organizadas da sociedade civil no denominado campo dos "sem fins lucrativos" do que propriamente reconhecendo como de responsabilidade pública e estatal as necessidades da população atendida por tais iniciativas.

Assim, a assistência social pública se voltou historicamente para a introdução de mecanismos de apoio às organizações, e não diretamente à população.

O reconhecimento estatal das necessidades da população permaneceu, portanto, mediado por organizações, truncando a possibilidade da efetivação da cidadania dos segmentos fragilizados.

Sob este ângulo, pode-se dizer que a assistência social se desenvolveu mediada por organizações sem fins lucrativos ou por voluntários, num obscuro campo de publicização do privado, sem delinear claramente o que nesse campo era público ou era privado.

A Constituição de 1988, pela primeira vez na história brasileira, conferiu um novo estatuto à assistência social, que foi, há pouco mais de dez anos, conceituada como política de seguridade social ao lado da saúde e da previdência social. Alçá-la concretamente ao efetivo patamar de política pública de seguridade exige não só a sua (re)conceituação, como um conjunto de alterações institucionais e, mais do que isso, a redefinição dessa relação do Estado com a população demandatária, historicamente mediada pelas organizações sem fins lucrativos, reconhecidas como filantrópicas.

Enquanto a previdência possui um grau de predomínio estatal e sofre as tendências privatistas do governo Fernando Henrique Cardoso e enquanto a saúde busca sua afirmação como campo público estatal, a assistência social tem, ainda hoje, o predomínio do privado, desenvolvendo-se via organizações não-governamentais, numa ambígua relação estatal-privado.

Subsidiando precariamente a provisão das atenções sociais realizada pelo setor privado, o Estado demonstra estar mais preocupado em expressar que vem realizando algo nesta área do que propriamente em alterar a realidade e assegurar direitos. Não possuindo um índice fixo para a assistência social, o orçamento que lhe é dirigido, além de mínimo, fica ainda na dependência de saldos orçamentários, alterando-se conjunturalmente, sob a subordinação de interesses econômicos.[1]

Desta forma, o *per capita* repassado para "pagar" serviços prestados pelas organizações sem fins lucrativos é insignificante, mesmo que a ele se juntem benefícios fiscais e outras formas de redução de gastos para as instituições sociais, cujo montante não completa o valor e nem afiança a qualidade à atenção. A transferência desses recursos aparenta a idéia de parceria ou de ação indireta, vinculando a organização a múltiplos programas ou mecanismos que buscam atender às mesmas pessoas que compõem os grupos dos "atendidos".

Não é claro nem transparente o caráter da relação entre o Estado e as organizações filantrópicas ou sem fins lucrativos. Estabelece-se nesta área uma complexa relação, que acaba escamoteando o dever do Estado e subordinando a atenção à benesse do setor privado.

---

1. Assim ocorria historicamente o orçamento da extinta LBA, que só no mês de outubro recebia recursos, isto é, as sobras do orçamento da seguridade, que deveriam ser gastos em três meses.

INTRODUÇÃO 19

Com a pesquisa aqui desenvolvida pretende-se apresentar um estudo crítico da natureza histórica dessa relação, que ao mesmo tempo seja desvelador de formatos, critérios e mecanismos adotados, assim como impulsionador do estabelecimento de um novo padrão de parceria que sustente, de fato, uma política de proteção social afiançadora do padrão de qualidade, efetividade e direitos de cidadania.

A noção de parceria, aqui adotada como referência, considera que não se deva desobrigar o Estado das suas responsabilidades pelos direitos de seguridade e nem retirar da sociedade sua autonomia e possibilidade de práticas democráticas. Assim, para avançar na construção de uma nova relação, submetida a um controle social efetivo, é preciso que se compreenda melhor o comportamento do Estado neste campo.

A regulação[2] do princípio da subsidiariedade[3] realizada pelo Estado na provisão de atenções de assistência social no

---

2. Boaventura de Souza Santos (2000: 78) analisa o pilar da regulação, vinculando-o reciprocamente ao pilar da emancipação, colocando que estes dois modelos devem se articular em equilíbrio dinâmico. Explicita que o conhecimento-regulação é uma trajetória entre um estado de ignorância, que designa por caos, e um estado de saber, que designa por ordem. O conhecimento emancipação é uma trajetória entre um estado de ignorância, que designa por colonialismo, e um estado de saber, que designa por solidariedade. O primeiro progride do caos para a ordem, e o segundo, do colonialismo para a solidariedade. Assim, o poder cognitivo da ordem alimenta o poder cognitivo da solidariedade e vice-versa.

3. Subsidiariedade: "De subsidiário; do latim *subsidium*. É um dos princípios básicos da Doutrina Social da Igreja — DSI que regula as relações do Estado, por um lado, com as pessoas e grupos intermediários ou comunidades, por outro. Segundo este princípio, o Estado deve ajudar os membros do corpo social, sem contudo impedi-los de fazer o que podem realizar por si mesmos. O fundamento deste princípio se encontra na anterioridade natural das pessoas e comunidades sobre o Estado. As pessoas e os grupos como a família, as comunidades locais e profissionais, as comunidades de trabalho, os grupos religiosos são anteriores ao Estado, tendo-se constituído antes do aparecimento deste. Possuem, pois, direitos e deveres naturais de que não se privam pelo fato de deferirem ao Estado a administração do bem comum. Por este princípio, incumbe ao Estado a obrigação, para com as pessoas e comunidades, de ajudá-las na consecução de seus fins, criando as condições e os estímulos necessários para isso; orientá-las harmonizando os seus esforços dentro dos imperativos do bem comum; supri-las nas suas deficiências no cumprimento de seus deveres; nunca, porém, eliminá-las, substituindo-se a elas. O prin-

Brasil é o campo deste estudo, delimitado entre as décadas de 30 a 90 do século XX. A década de 30 marcou o início de um novo formato do Estado brasileiro e nele, em 1938, a instalação pioneira do CNSS — Conselho Nacional de Serviço Social. Já a década de 90 registrou o início do processo de regula-

---

cípio vale para a comunidade nacional, cujo órgão do poder é o Estado, para com as pessoas e as comunidades que a integram. O Estado ajuda e orienta a família no desempenho de suas funções, tem o dever de suspender a autoridade paterna sempre que o seu abuso atente contra a vida e dignidade dos filhos. Hoje assistimos ao emergir de uma comunidade internacional, consubstanciada na ONU (V.), que começa a desempenhar as mesmas funções para com as comunidades nacionais, segundo o mesmo princípio de subsidiariedade. Leão XIII, sem usar o termo, faz de fato apelo ao princípio da subsidiariedade quando insiste no dever do Estado de intervir na questão da justiça do salário contra o patrão que defrauda o operário (RN, 36). É Pio XI o primeiro a referir-se explicitamente à função subsidiária do Estado como princípio fundamental da DSI: 'Verdade é, e a História o demonstra abundantemente, que, devido à mudança de condições, só as grandes sociedades podem hoje levar a efeito o que antes podiam até mesmo as pequenas; permanece, contudo, imutável aquele princípio da filosofia social: assim como é injusto subtrair aos indivíduos o que eles podem efetuar com a própria iniciativa e indústria, para o confiar à coletividade, do mesmo modo passar para uma sociedade maior e mais elevada o que as sociedades menores e inferiores podiam conseguir, é uma injustiça, um grave dano e perturbação da boa ordem social. O fim natural da sociedade e da sua ação é coadjuvar os seus membros, não destruí-los nem absorvê-los' (QA, 80). Paulo VI, por sua vez, é o primeiro a dar ao princípio uma extensão mundial: 'Como as relações entre os indivíduos, famílias e corpos intermediários e os Poderes Públicos... são reguladas pelo princípio de subsidiariedade, assim, à luz do mesmo princípio devem ser reguladas as relações entre os Poderes Públicos das comunidades nacionais e os Poderes Públicos da Comunidade mundial' (PP, 48). Daí deduz o papa o dever da assistência aos povos subdesenvolvidos. O princípio da subsidiariedade é consagrado como um dos princípios básicos da DSI pela Congregação para a Doutrina da Fé (V. Solidariedade)" (Ávila, 1991: 421).

Antonio José Fernandes (1979: 109) analisa o princípio de subsidiariedade, sob o prisma da rejeição da Igreja ao marxismo, citando posição da Conferência Episcopal Portuguesa em 1979: "Tomar o Estado com um fim em si, atribuir-lhe funções excessivas, que melhor poderiam pertencer a pessoas, famílias ou grupos sociais [...] desviá-lo do serviço de todos para o colocar sob a égide dos interesses de uns poucos, suprimir ou limitar demasiadamente direitos fundamentais — tudo isto são práticas totalitárias, decorrentes de uma visão estadista e opressiva que os cristãos devem rejeitar". E cita a Carta Pastoral do Episcopado Português de 1979: "Instituições de nível superior, mormente o Estado, não devem absorver, nem substituir, antes apoiar, quer as pessoas quer os chamados corpos intermédios, cuja vida e atividade mais próximas do homem são condições de liberdade contra o totalitarismo".

mentação da Constituição de 1988, o Estado Democrático de Direito, a extinção do CNSS e sua substituição pelo CNAS — Conselho Nacional de Assistência Social.

Tradicionalmente, em nosso país, o Estado tem sido o último a responder diretamente pelas atenções sociais. Neste campo, tem prevalecido o princípio da subsidiariedade entre o estatal e o privado, em que o Estado transfere para a sociedade as responsabilidades maiores, restringindo-se à execução de ações emergenciais. Para tanto, tem utilizado da estratégia da delegação, manipulando subsídios, subvenções e isenções por meio do mecanismo de convênios e atribuição de certificados, numa pretensa relação de parceria ou de co-produção de serviços sob o financiamento estatal. Como o Estado sempre destinou para esta área restritos recursos financeiros, que levaram à seleção de entidades sociais e pagamentos simbólicos de *per capita*, ele estabeleceu, com o conjunto de entidades, uma atitude ambígua e discriminada de acomodação de interesses econômicos e políticos, atravessada pelo clientelismo e fisiologismo.

Desta forma, o Estado fez com que a assistência social transitasse sempre no campo da solidariedade, filantropia e benemerência, princípios que nem sempre representam direitos sociais, mas apenas benevolência paliativa.

A nova e velha questão social

Neste final de século XX, travestido de Estado mínimo pelo neoliberalismo, reforça sua posição de recuo, desobrigando-se do seu "dever social de Estado", entendendo tal dever mais que nunca como obrigação do cidadão, da família, da comunidade e da sociedade. Responsabiliza-se somente por situações extremas, num alto grau de seletividade direcionada aos estritamente pobres, isto é, aos indigentes, por intermédio de uma ação humanitária coletiva, e não como uma política dirigida à igualdade. Princípios como justiça social, ética social e solidariedade são então recolocados no apoio a esta transferência, sem, no entanto, estarem relacionados intrinsecamente à configuração de direitos sociais.

A revitalização desta subsidiariedade se dá ao final do segundo milênio e início do terceiro, numa conjuntura social e econômica bem mais complexa, quando o país vive uma situação de fratura social já de outra natureza — qualitativa e quantitativa —, não se descolando das profundas perversidades e perplexidades pelas quais passam povos em todo o mundo.

Assiste-se a uma modernização do capitalismo que, contando com novas possibilidades informacionais e tecnológicas, articula um novo padrão de acumulação para os países centrais, com sérias conseqüências para as demais nações, que vêem subvertidas as suas bases produtivas, com cancelamento de funções, eliminação de homens do circuito econômico e que, sem condições de implementar novas áreas de trabalho, ficam sujeitas ao desemprego em massa, com sérias implicações sociais.

Em conseqüência, o trabalho — enquanto referência social, enquanto elemento capaz de formar estruturas e configurar a sociedade, enquanto princípio de integração social e mecanismo de ampliação de direitos e de acesso à cidadania — começa a perder força em grande número de países.

Por outro lado, o neoconservadorismo liberal se reforça com uma vasta gama de posições. Proclama-se a centralidade do mercado como instância de mediação societária. As teses de "Estado mínimo" e da dimensão sociocomunitária da "terceira via" predominam e provocam o descarte do Estado estruturado como Estado social de provisão coletiva.

A ação estatal destinada a planejar e incrementar a economia, o desenvolvimento humano, o crescimento e, por desdobramento, a proteção social e garantia de bem-estar é reduzida.

Propaga-se um neoliberalismo fundamentado principalmente na ideologia da modernização do Estado, que deve se dar pela sua reforma e reestruturação, em vista da profunda crise de acumulação e a conseqüente impossibilidade de manutenção dos direitos sociais dos cidadãos, que devem ser transformados em mercadorias (a serem atendidos pelo mercado) ou extintos, no caso da incapacidade de consumo.[4]

Propaga-se uma outra modalidade de ação social, nem estatal, nem privada, mas pública, porquanto operada por um setor social comunitário considerado sem fins lucrativos e, portanto, paralelo ao mercado e parceiro do Estado.

Assim, esta nova forma desenhada como modernidade coincide no Brasil com aquilo que sempre foram as práticas de assistência social favorecidas pelos mecanismos do Estado. Confronta-se o princípio constitucional de geração de responsabilidades públicas e de dever do Estado na assistência social com a reiteração das práticas históricas.

Assim, a assistência social — antes mesmo de conseguir a condição de direito público — enreda-se mais na sua forma histórica de subsidiariedade, favor e voluntarismo.

---

4. Na ordem mundial, enfrenta-se um sistema de multi-interdependência sustentado por uma inédita internacionalização e financeirização do capital. Tal globalização, instaurando uma dinâmica financeira e comercial de caráter transnacional, vai fugir ao controle dos Estados, principalmente dos colocados na periferia do sistema, enquanto impõe respostas e encaminhamentos padronizados às dificuldades de realização econômica dos países.

Ao intensificar as relações entre os agentes econômicos de todo o mundo, requerendo a abertura dos mercados nacionais e sua vinculação ao mercado mundial, a globalização retira a capacidade de coordenação de uma política econômica nacional. Da mesma forma neutraliza os Estados, ao produzir incertezas cambiais e monetárias que afetam o grau de previsibilidade dos agentes econômicos financeiros, fragilizando as finanças públicas nacionais, já muito prejudicadas pelas dívidas externas; ao aprisionar os Estados à mesma lógica macroeconômica que impõe políticas de ajustes rígidos, unilaterais e pouco susceptíveis a adequações; e ao reduzir a capacidade de gasto público, impedindo a dinamização das economias.

Restringe, ainda, o poder regulador dos Estados, tornando-os cada vez mais incapazes de exercer controle, inclusive sobre seus entes subnacionais, que neste sistema são estimulados a ações autônomas.

Assim abalada a soberania dos Estados, tem-se abalada a própria democracia que requer um Estado-nação autônomo, capaz de agir como representante legítimo da vontade majoritária do povo e prejudicado o atendimento às demandas da população.

Um dos impactos mais arrasadores do processo neoliberal incide sobre o Estado que, tendo diminuído sua capacidade de investimento e intervenção, vê-se neutralizado como instrumento de idealização e implementação de políticas sociais, e tem esvaziado seu papel. No Brasil, como em todos os países (em alguns mais do que em outros), o Estado vem perdendo poder, recursos e funções.

> *"Faltam-lhe cada vez mais condições para controlar suas finanças, já que os preços cruciais como os do câmbio, dos juros, das tarifas, e dos* commodities, *assim como o tamanho do déficit nos orçamentos e no balanço de pagamentos, não constituem matérias susceptíveis de serem definidas por meio de decisões exclusivamente internas e soberanas.*
>
> *Falta-lhe também capacidade para atuar como motor do desenvolvimento, já que as decisões de investimento, assim como a geração de progresso técnico, submetem-se cada vez menos a critérios decorrentes de algum tipo de planejamento governamental.*
>
> *Faltam-lhe, finalmente, os meios para atender, de modo satisfatório, as necessidades de educação, saúde, habitação, segurida-de, meio ambiente e segurança pública" (Martins, 1997: 40).*

Esta incapacidade não traz apenas a imobilidade e a omissão, mas provoca um processo reverso. Vê-se por aí

> *"que o movimento globalizador tem duas faces: de um lado, liberdade significa liberação; de outro significa desproteção. Para liberar é preciso desproteger. É preciso derrubar as barreiras tarifárias e extratarifárias que protegem os países dos efeitos perniciosos e tantas vezes letais da concorrência internacional; é preciso privatizar o que fora assumido como responsabilidade estatal; é preciso desregulamentar o que estava sob o amparo de normas estabelecidas; é preciso flexibilizar as relações capital-trabalho, abolindo a segurança dos direitos conquistados; é preciso terceirizar o que antes se definia como serviço público; é preciso dessocializar os indivíduos, desprendendo-os de suas raízes e abrindo-lhes a alma para aquilo que tem sido definido como o futuro da nossa cultura, que há de*

INTRODUÇÃO

ser cosmopolita e litorânea, permeável às influências estrangeiras e ao ecletismo pós-moderno, pois tal é a tendência que ganha impulso com a globalização" (Martins, 1997: 23).

Como diz Boaventura Santos, a *contratualização* passa então pouco a ver com a que foi fundada na idéia moderna do contrato social. É uma

"contratualização liberal individualista moldada na idéia do contrato do direito civil entre indivíduos, e não na idéia do contrato social entre agregações coletivas de interesses sociais divergentes. O Estado, ao contrário do que se passa no contrato social, tem uma intervenção mínima, de assegurar o cumprimento do contrato enquanto ele não for denunciado, sem, no entanto, poder interferir nas condições e nos termos do acordado. [...] A nova contratualização não tem qualquer estabilidade, podendo ser denunciada a qualquer momento por qualquer das partes [...] E ainda não reconhece o conflito e a luta como elementos estruturais do combate, substituindo-os pelo assentimento passivo a condições supostamente universais consideradas incontornáveis" (1998b: 22).

O contrato é quebrado principalmente na área de proteção social — fundamento do Estado de Bem-Estar Social, conquistado pelos países da Europa e Estados Unidos após a Segunda Guerra Mundial — que vai ser sacrificada neste movimento de reforma do Estado e de busca do Estado mínimo.

A regulação keynesiana,[5] precariamente conhecida pelos países periféricos, foge-lhes então de perspectiva, na me-

---

5. A teoria econômica de John Keynes prevê que só se evitarão as crises do capitalismo pelo planejamento e investimento estatal, com vista a uma política de pleno emprego e salário justo, aumento da produtividade e do consumo e com a criação de "salários indiretos", para evitar a descapitalização, ou seja, instalando serviços sociais. "O Estado atua substitutivamente nos lugares onde se produzem disfunções do mercado, intervém no processo de acumulação e compensa aquelas conseqüências desde que se tornam insuportáveis do ponto de vista político" (Habermas, 1975: 74). O Estado passa a assumir tarefas que se traduzem nos gastos sociais e no consumo social, desmercantilizando bens e serviços públicos.

dida em que suas bases, ou seja, a política de pleno emprego, salário justo e políticas sociais universais passam a ser descartadas pelo capitalismo contemporâneo.

Tal vai ser a situação para o Brasil que, apesar do particularismo do seu processo histórico, como parte do bloco periférico do capitalismo internacional e com instituições fracas, incapazes de negociação, vai se submeter às exigências multilaterais impostas pela nova ordem mundial, desmontando conquistas sociais e reduzindo investimentos sociais, submetendo-se aos rigores do Fundo Monetário Internacional (FMI), dada a dívida externa (e interna) contraída.

Aqui, a reforma de Estado e da administração pública vai ter impacto sobre as políticas sociais, reduzindo significativamente o já precário aparato social, não só extinguindo, mas desestatizando organismos públicos (como hospitais, universidades, centros de pesquisa), numa flagrante transferência de responsabilidade para a sociedade civil e num descaso com o aprofundamento da pobreza e exclusão social. A assistência social, que já era a parte frágil, vive situações inéditas ao ter que se afirmar como política pública num Estado em que público passa a significar parceria com o privado. Será uma reforma voltada para o tamanho do Estado, ou seja, para a "quantidade", e não para a sua "qualidade", seu fortalecimento.

Desta forma, o Estado brasileiro — tradicionalmente modernizador, mas autoritário; empreendedor, mas mau gestor; pesado, mas minado por interesses privados e pouco comprometido com políticas públicas — vai, num processo de redução, se transformar em uma instância descomprometida, incapaz de produzir bens públicos, conservando os anacronismos tradicionais, como centralização, tecnocratismo, fisiologismo e clientelismo.

Nesse contexto, a área de assistência social, estabelecida só em 1988 como política pública, é especialmente sacrificada. Antecipando a reforma administrativa, houve inclusive a extinção dos dois maiores organismos federais (Fundação Le-

INTRODUÇÃO

gião Brasileira de Assistência Social — FLBA e Centro Brasileiro para a Infância e Juventude — CBIA),[6] sem qualquer reordenamento político administrativo para a área ou reorganização de ações pelo sistema descentralizado previsto pela Lei Orgânica de Assistência Social — Loas. O processo de democratização da gestão, preconizado pela Constituição, foi sendo prejudicado por seguidas medidas oficiais, que obstaculizam a participação da sociedade civil nas deliberações da área e no exercício da sua representação nos conselhos implantados.

O Ministério da Previdência e Assistência Social, com a respectiva Secretaria de Assistência Social — SEAS, hoje alçada ao patamar de Secretaria de Estado, em vez de investir na implementação de uma política pública nacional descentralizada e democratizada, continua a fomentar ações uniformizadas, não incorporando as diferenças regionais, com alto grau de seletividade, reiterando o velho estilo da fragmentação, sem regras ou reconhecimento de direitos.

Ao se defrontar com a demanda constitucional pela efetivação de direitos sociais, num movimento pela "terceira via", o Estado brasileiro busca as organizações sociocomunitárias como uma saída para as suas responsabilidades sociais nunca antes assumidas. Neste ideário, seja pelo papel de subsidiariedade que vai lhe caber, seja pelas limitações que o neoliberalismo vai lhe impor, o Estado fará avançar, com nova ênfase, os paradigmas da solidariedade, da filantropia e da benemerência.

Este comportamento vai ocasionar um reforço dos múltiplos mecanismos criados pelo Estado ao longo dos anos de subsidiariedade para as organizações sem fins lucrativos, no campo da assistência social, sem reequacioná-los, sem redirecioná-los e sem revisá-los ao novo patamar de política social de direitos estabelecidos pela Constituição.

A tendência é a de legitimar "novas" formas privadas de provisão de atenções sociais, por meio de "velhas" formas de

---

6. A esse respeito, vide a Medida Provisória nº 813 de 1/1/95, da Presidência da República.

solidariedade familiar, comunitária e beneficente, que não alterem os mecanismos de dualização social e os processos que lhe são subjacentes. É a de operar

> *"o deslocamento das questões sociais da esfera pública para o privatismo da designada sociedade civil, elegendo a provisão privada como substituto funcional do Estado de bem-estar, particularmente no âmbito das suas funções de regulação da pobreza e exclusão social" (Monteiro, 1999: 31).*

É ainda a tendência ao Estado mínimo, totalmente dominado pela força e interesse do capitalismo global, relacionando-se com as organizações da sociedade, como se fossem seu instrumento de ação, e não a tendência à construção de uma outra qualidade de Estado, que partilha com o terceiro setor as estruturas de poder e de coordenação das políticas públicas; de um Estado articulador, que integrando o conjunto de organizações, combina elementos estatais e não-estatais, e por conseqüência faz a regulação social ser muito mais ampla e férrea que a estatal (Santos, 1998a: 12-3).

A reformulação deste sistema de relação, desencorajada da adoção de medidas legais inovadoras, cria uma nova regulação que oferece às organizações um sistema paralelo de opção individual possibilitando a cada uma delas, se for de seu interesse, tornar-se "organizações da sociedade civil de interesse público" — Oscip. Na relação com o Estado, tal reformulação institui e disciplina, por meio de um "Termo de Parceria" (Lei nº 9.790/99), o fomento e a execução de atividades nas áreas de meio ambiente, cultura, com destaque para a saúde e assistência social. Tal proposta inovadora, tentando inaugurar uma relação seletiva entre Estado e esse conjunto privado, no entanto, no que tange à assistência social, desconsidera a Loas — Lei Orgânica de Assistência Social (Lei nº 8.742/93), suas diretrizes, objetivos e estrutura de gestão, não a conectando a uma política pública de assistência social. E mais, ao criar uma legislação paralela, que não resolve os problemas burocráticos e as indefinições desta parceria, ainda cria mais contradições ao fazer conviver dois marcos reguladores controversos.

Como o Estado sempre exerceu papel secundário na assistência social, apenas desenvolvendo procedimentos de fiscalização das instituições no seu caráter filantrópico e/ou sem fins lucrativos, para zelar pela boa-fé popular e a transferência de recursos públicos, nunca teve a preocupação de construir um referencial público. Com sua redução, reitera a velha e tradicional regulação da assistência social fragmentada em múltiplos atores e desconectada de uma proposta fundada na responsabilidade social e pública.

A ausência do Estado nesse campo não é novidade. A questão é como alterar tal situação, diante do novo modelo neoliberal de parceria impondo a determinação da Loas, de dever do Estado na provisão social.

A reforma administrativa em curso salta da relação de distribuição da tradicional ajuda pontual, mediada pelo arbítrio de organizações sem fins lucrativos, para uma forma de parceria aparentemente nova, mas que não se assenta no dever do Estado de provisão de direitos de assistência social.

Em conjunto com a legislação que dispõe sobre o serviço voluntário (Lei nº 9608/98) e sobre a concessão de Certificado de Entidade de Fins Filantrópicos (Decreto nº 2536/98), que visa restringir as isenções das cotas patronais à contribuição à Previdência, esta proposta vai demonstrar a clara tendência governamental de privatização das responsabilidades sociais e redução de gastos com as políticas sociais.

Com esta pretensa reforma de Estado, o enfrentamento dos problemas sociais se torna quase inócuo. A ausência de instrumentos institucionais apropriados para afiançar direitos a cidadãos e mesmo para responder às lutas da população parece ser a tônica do Estado face à assistência social.

Com canais fragilizados de interlocução e entregues à lógica privada de seus interesses, os cidadãos continuam a se postar diante do Estado como solicitantes, e não como parte de um coletivo atuante. "Alcançada pela extensão do número de pobres e excluídos, a cidadania é induzida ou à revolta indignada e moralizante, ou à espera passiva de alguma outorga governamental" (Nogueira, 1994: 116). Esta situação se consolida no país justamente quando mais se fazem sentir os efeitos perversos da modernização econômica e da contratualização moderna, que vão fazer predominar estruturalmente os processos de exclusão sobre os de inclusão, disseminando a injustiça e a desigualdade.

"No modelo da contratualização social da modernidade capitalista, o trabalho foi a via de acesso à cidadania, quer pela extensão aos trabalhadores, dos direitos cívicos e políticos, quer pela conquista de direitos novos, específicos [...] A erosão crescente destes direitos, combinada com o aumento do desemprego estrutural, conduz à passagem dos trabalhadores de um estatuto de cidadania para um estatuto de lumpencidadania" (Santos, 1998b: 28).

A pobreza, então, que já vinha se agravando devido à pesada tradição excludente das políticas sociais e de uma crise econômica prolongada, toma dimensão e natureza inusitadas. É uma pobreza que aparece hoje

"como um fenômeno heterogêneo, multiforme, multidimensional, que atinge não apenas as clássicas camadas da população aprisionadas no círculo cumulativo de insuficiência/ausência de rendimentos, subnutrição, habitações degradadas, analfabetismo etc.; atinge também progressivamente segmentos maiores da população — tais como desempregados, jovens sem trabalho, idosos, migrantes, mesmo que nutridos e com escolaridade básica" (Carvalho, 1994: 87).

Gesta-se assim, aqui, como na maioria dos países periféricos, uma nova dimensão de "questão social",[7] não mais res-

---

7. Para Gisálio Cerqueira Filho, a "questão social, no sentido universal do termo, quer significar o conjunto de problemas políticos, sociais e econômicos que o

trita aos tradicionais conflitos entre capital e trabalho, mas acrescida agora de novos problemas de exclusão social, a tal ponto que Dahrendorf chega a dizer que "a questão fundamental dos nossos tempos não é a justiça no sentido tradicional da distribuição, e sim a inclusão" (*apud* Martins, 1997: 30). É uma exclusão que não se restringe mais às formas de discriminação (de raça, cor, religião etc.), mas que já se perfila de nova natureza. É uma crise de tipo paradigmática, de época, que alguns designam por desmodernização ou contramodernização.

Agravada com o refluxo dos movimentos sociais, com o corporativismo das lutas operárias e a deterioração das políticas, a questão surgida com a classe operária passa a uma forma ampliada de "questão social", que vem sendo o grande desafio para o país, na virada do milênio.

O aumento da desigualdade social e do desemprego estão criando segmentos sociais que perdem, além de acesso aos bens materiais e simbólicos, também a possibilidade de encontrar um lugar no mundo do trabalho, no espaço público e nas instituições a ele relacionadas, ficando privados de qualquer possibilidade de inserção social.

Como analisa Castel, a partir da desvinculação ou não-integração no mundo do trabalho, ou no mundo das relações sociais, dá-se um processo de "desafiliação", de ruptura de pertencimento, "de ausência de inscrição do sujeito em estrutura que tem um sentido. Entra-se numa trajetória feita de uma série de rupturas com relação a estados de equilíbrios anteriores, mais ou menos estáveis ou instáveis" (Castel, 1995: 416).

O aprofundamento da lógica de exclusão cria novos estados de natureza que somam "a ansiedade permanente em relação ao presente e ao futuro, o desgoverno iminente das

---

surgimento da classe operária impôs ao mundo no curso da constituição da sociedade capitalista. Assim, "a questão social" está fundamentalmente vinculada ao conflito entre o capital e o trabalho" (1982: 21).

expectativas, o caos permanente nos atos mais simples de sobrevivência ou de convivência" (Santos, 1998b: 25).

Instala-se um fenômeno social que articula várias dimensões, dando-se num processo simultaneamente histórico, econômico, cultural, político, étnico e simbólico, na medida em que provoca, nestes grupos, a ruptura com vínculos societários, comunitários e por vezes parentais, e, por conseqüência, a ruptura com suas raízes, cultura, valores etc. Para muitos estudiosos da sociedade contemporânea, a exclusão dá nova dimensão à "questão social", exigindo que se estabeleça um outro modo de articulação entre a esfera econômica e a política.

Com isto, os mecanismos de regulação criados pelo Estado brasileiro na relação com as organizações sem fins lucrativos tornam-se politicamente obsoletos, tanto para a política pública de assistência social como para a nova dimensão da questão social.

Embora do ponto de vista legal a década de 90 tenha inserido o Brasil no regime democrático, aberto ao reconhecimento formal de direitos sociais e garantias civis, o efetivo é a convivência com uma realidade adversa à justiça, que desqualifica, como pessoas humanas, grandes segmentos da população e reitera cotidianamente a violência e a violação de direitos humanos. Apesar das conquistas legais, continua-se convivendo com um

> *"mundo que encena o avesso da cidadania e das regras de civilidade, um mundo que dá a medida do que O´Donnel define como 'legalidade truncada', que garante os direitos políticos democráticos, mas não consegue fazer vigorar a lei, os direitos civis e a justiça no conjunto heterogêneo da vida social, subtraídos que são por circuitos paralelos de poder, que obliteram a dimensão pública da cidadania, repõem a violência e o arbítrio na esfera das relações privadas, de classe, gênero e etnia..." (Telles & Paoli, 1995: 2).*

É fundamental reconhecer que se instauraram, junto aos governos, espaços plurais de representação de sujeitos coletivos para conselhos de direitos, hoje reconhecidos como interlocutores válidos no cenário político nacional. Todavia, a sociedade assiste, ainda, ao espetáculo de um Estado cada vez mais ineficaz em tornar efetivas suas próprias regulações, pelo próprio descrédito com que trata as representações da sociedade e suas demandas e proposições nesses conselhos.

Desta forma, governo e sociedade vendem uma imagem legal que não se concretiza: avançam com um discurso que não é operacionalizado. Reconhecem na retórica a cidadania, mas não a instituem em fatos e conseqüências. Nem a sociedade incorpora esta consciência de cidadania, nem o Estado a convalida, permanecendo somente na legislação, como uma pseudocidadania.

Contraditoriamente, nos termos destes paradoxos — de recuperação dos paradigmas do direito, da justiça, da igualdade e de abertura de caminhos para sua materialização — é que se tem colocado o enfrentamento da "questão social" e o sistema de proteção social.

É neste terreno — da perplexidade diante da pobreza que se expande, do recuo da intervenção pública, do esvaziamento do Estado, da banalização e precarização da política, da não compatibilidade da modernização com justiça social — que vai proliferar a vasta gama de movimentos e iniciativas contra os governos e, no limite, contra a política que se faz frágil e no mais das vezes "privatizada", porque voltada a interesses pessoais de políticos corruptos, em vez de pública.

Enquanto o espaço da política institucional se encolhe, o da não-institucional se amplia, fazendo ressurgir aqui e ali tentativas de intervenção participativa, formas de ação direta, regionalismos, movimentos sociais, organizações não-governamentais, que, na maioria das vezes, colocam-se de costas para o Estado e são entendidos por frações deste como contraventores da ordem.

Tal espaço se amplia, no entanto, incentivado pelo próprio governo, que, no afã de diminuir sua responsabilidade e gastos, passa a mobilizar mecanismos tradicionais de integração social, e não de inclusão social. Nesta perspectiva, são estimuladas redes de sociabilidade, parentesco, solidariedades intergeracionais e familiares — como contributos importantes para a proteção do indivíduo, gerando um formato de *sociedade providência* em oposição ao Estado providência.

Reitera-se o tradicional princípio da subsidiariedade, que incentiva experiências de economia solidária, combinando economia mercantil e não-mercantil e projetos onde os indivíduos são associados ao funcionamento dos serviços que lhe são destinados (co-produção), criando um mecanismo de (auto) proteção que, de forma dual, alivia o governo de encargos e custos, mas, em contrapartida, vem gerando novas formas de organização da sociedade.

E neste movimento, enquanto o Estado se ajusta estruturalmente e se desresponsabiliza das suas competências básicas, as transformações maiores se dão no âmbito da sociedade civil, que não se restringe mais a uma atuação suplementar ao Estado, tutelada por ele, mas assume outras formas de participação contagiadas pelo movimento que acontece no mundo todo e incentivada inclusive por organizações internacionais. Essas novas formas de participação surgem devido à retração das políticas sociais e da responsabilidade pública, mas se apropriam do momento para conquistar espaço e legitimação, o que poderá — ou não — vir a gerar nova conformação social.

Será este o caminho da efetivação da cidadania no país?

As atividades que se pretendem cidadãs expandem-se em números e em formas sem precedentes, abrindo espaços de afirmação dos direitos sociais, em contraponto ao Estado omisso nas suas responsabilidades básicas, e trazem uma nova questão: o reconhecimento da cidadania para além do Estado.

O novo e o velho terceiro setor

As atividades associativas e baseadas no voluntariado começaram a ganhar impulso nos anos 70 e conquistaram força renovada nas últimas décadas. Tornaram-se expressivos os movimentos e organizações de mulheres, de indígenas, de minorias étnicas, de consumidores, de ecologistas. A defesa das diferenças e da eqüidade foram marcas da segunda metade do século XX.

Hoje no Brasil, como diz Leilah Landim (1993: 5), estas organizações são incontáveis, existindo nos mais diferentes contextos. Atuam nos campos mais variados, como os de saúde, educação, arte, cultura, recreação, assistência social, defesa dos direitos e de minorias, feminismo, ambientalismo, desenvolvimento comunitário, fortalecimento de organizações sociais e outros. Num conjunto absolutamente heterogêneo, mobilizam motivações internas e valores muito diversos, integram agentes e protagonistas com a mais variada formação, dirigem sua missão e atuação de forma a mais distinta e se organizam sob inúmeros feitios. Movimentam grande soma de recursos financeiros e materiais, advindos de fontes diversas —, governos, empresas, igrejas, fundações, associações —, de âmbito nacional e internacional. Não chegam a se organizar em empresas, mas constituem-se em expressivo mercado de trabalho. De natureza privada, constituem-se em campo de ações voluntárias. Geralmente são pequenas, embora seu âmbito de atuação possa ultrapassar as fronteiras nacionais. Atuam sempre em favor de uma coletividade; não são órgãos estatais, embora utilizem rotineiramente recursos financeiros ou outros apoios do Estado. São as chamadas organizações sem fins lucrativos, mais modernamente, organizações não-governamentais ou, como pretende a legislação brasileira dualista, "organizações da sociedade civil de interesse público" — Oscip.

Todavia, este movimento renovador, nem sempre altera a tradicional relação de subalternidade e favor aos mais vulneráveis. Forma-se, assim, um conjunto complexo e heterogêneo que incorpora um sem-número de segmentos distintos, agindo e interagindo simultaneamente sem um patamar político claro de avanço da cidadania. É um conjunto que engloba as formas tradicionais de ajuda mútua e ao mesmo tempo as novas associações civis e organizações não-governamentais; que agrega desde instituições as mais tradicionais, de caráter confessional ou religioso, voltadas para atividades assistenciais e beneficentes, sem qualquer compromisso político, até segmentos "politizados" que lutam por determinada causa, assumindo caráter reivindicatório ou contestatório junto à sociedade ou ao Estado.

Se historicamente o país acumulou um conjunto de entidades beneficentes, a partir dos anos 80 ganha novas organizações derivadas de movimentos sociais, de matizes ideológicos diversos, que, norteadas por uma racionalidade substantiva e em estreita cooperação com organizações internacionais, investem na possibilidade de ampliação dos direitos e da cidadania. Ultimamente ainda, vem se incorporando a este setor um segmento crescente na área de projetos sociais, que é a filantropia empresarial, movimento de forte tradição nos países do Primeiro Mundo e que começa a se formar no Brasil. Este conjunto se expande ainda mais com a tendência do Estado (no processo de reforma administrativa) de amputar e transformar partes da sua própria máquina. Como diz Bresser Pereira (1995):

> "um dos projetos mais importantes do governo Fernando Henrique é o de garantir autonomia financeira e administrativa aos serviços sociais do Estado, ou seja, às universidades, escolas técnicas, museus, hospitais, centros de pesquisa, de forma que possam realizar com muito mais eficiência sua missão. Esse objetivo poderá ser alcançado pela criação da figura jurídica das 'organizações sociais' e do programa de 'publicização', através do qual, entidades estatais serão transformadas em organizações públicas não estatais".

Esta forma de expressão da sociedade civil, este conjunto de atividades e iniciativas privadas toma hoje tal força e complexidade, que passa a ser considerado (num conceito mais norte-americano) um terceiro setor — um setor não-governamental e não lucrativo (*nonprofit setor*) — alternativo aos tradicionais Estado e mercado. Como expressam as próprias organizações sociais no documento "Parceria e transparência":

> *"Este universo de organizações privadas sem fins de lucro representa um capital social inestimável, tanto para o processo de consolidação da democracia quanto para a efetiva redução das desigualdades sociais. Segundo dados da Receita Federal, em março de 1991 encontravam-se registradas no Cadastro Geral de Contribuições 11.076 fundações e 169.260 associações sem fins lucrativos" (20/12/94).*

É a sociedade produzindo bens, realizando serviços com função pública sem passar pela mediação do Estado; portanto, de natureza privada, porém sem gerar lucro.

É no campo do combate à pobreza e da assistência social que este setor ganha mais expressão e, ao mesmo tempo, mais complexidade, por possuir longa história acumulada e sobrepor movimentos inovadores, com propostas progressistas e emancipatórias, ao conjunto de organizações assistenciais tradicionais com ações ainda conservadoras e tutelares. Se tradicionalmente a sociedade civil sempre se fez presente produzindo ajuda social, por meio da benemerência, numa atitude de filantropia, hoje, quando da necessidade de luta por defesa e efetivação de direitos, ela retorna com novo rigor, mas enfrentando sérios condicionamentos histórico-culturais e um marco legal dificultador. São organizações

> *"multifacetadas pinçando problemas e necessidades específicas ou elegendo clientelas locais, nacionais ou supranacionais. Algumas são braços doutrinários de igrejas; outras do empresariado; outras de partidos políticos; e outras ainda, braços solidários da própria comunidade. Mas todas elas constituem, em comum, braços de um Estado inadimplente com os empobrecidos e excluídos" (Carvalho, 1994: 91).*

São organizações de direito privado, mas com fim público, ou seja, aquelas que promovem o bem da sociedade em geral ou o bem comum, diferentemente das que visam benefício mútuo, ou seja, o interesse dos próprios membros integrantes da organização. Sua ação, de caráter humanitário, visa a proteção, amparo, capacitação de segmentos da população socialmente desfavorecidos ou que se encontram fora do mercado de trabalho, como idosos, gestantes, crianças, portadores de deficiência. São organizações cujo

> *"fim público implica considerar, ao mesmo tempo, a população-alvo e a forma como esta população se inscreve nas relações de exploração/exclusão no contexto social, definindo-se como pobres, destituídos; implica ainda considerar a origem dos recursos que é pública, proveniente do Estado ou da sociedade em geral" (Faleiros, 1997: 15).*

Pautam-se portanto, pelo atendimento às necessidades básicas humanas, ainda que nem sempre combinando-o à defesa de direitos e à construção da autonomia de indivíduos e grupos.

Ao que parece, e contraditoriamente, o próprio campo da filantropia e da solidariedade social acaba sendo espaço de recomposição da provisão de atenções sociais. Não como nos países de Primeiro Mundo, por instaurar uma nova lógica, mas por abrigar novas formas talvez cidadãs de reconhecimento dos segmentos tradicionalmente excluídos. Assim, essas novas organizações resultam do processo coletivo de organização popular — como movimentos por terra (MST) e moradia (ONGs de provisão habitacional) — ou de organização de segmentos da sociedade civil, que reproduzem a velha lógica de benemerência como uma nova solidariedade fundada no reconhecimento e expansão da cidadania. Portanto, desenvolve-se um processo ambíguo e contraditório, que acaba reproduzindo as lógicas e compromissos que sempre lhes foram subjacentes como espaço inaugural de novas relações.

A redução e deterioração das políticas e serviços básicos, em confronto com o aumento vertiginoso das demandas sociais, vão provocar iniciativas na sociedade, de maiores exigências de participação. O apelo maior vai se fazer ainda pela situação de miséria e pobreza em que se acumulam enormes contingentes populacionais — com desdobramentos em outros problemas como drogadição, violência, criminalidade —, que, ameaçando a segurança da sociedade e a estabilidade política, provocam a mobilização no sentido da própria defesa.

No entanto, além das contradições inerentes a este contexto de mudanças, este campo vive outras questões.

Pelo vulto que esta participação assume, suas formas de intervenção se fazem absolutamente heterogêneas, com ações próprias e critérios particulares. Ainda que partindo de um valor comum, como a filantropia e a solidariedade, dele derivam significações diversas, muitas vezes antagônicas, conduzindo posturas diferenciadas diante da "questão social". As diferenças se acentuam mais radicalmente em razão de condicionamentos histórico-ideológicos e culturais acumulados. As relações que este campo estabelece com o Estado evidenciam posturas divergentes — de oposição ou de delegação deste por meio da tradicional prática de convênios/subvenções/isenções —, dependendo da história vivida e da correlação de forças de cada momento e ainda em virtude da ausência de definição de uma política pública. Este campo do terceiro setor é, sem dúvida, o mais carregado de complexidade e contradição, visto a longa história de vinculação ideológica e comprometimento político-religioso acumulados e o marco legal ultrapassado que ainda o rege.

Na verdade, as práticas assistenciais deste quadro de organizações sociais repousam sobre as bases de uma filantropia que, regulada inicialmente pela Igreja (principalmente católica) e depois pelo Estado, passou por fases e alianças que lhes deixaram marcas difíceis de superar. Da filantropia caritativa à higiênica, disciplinadora, pedagógica profissionalizante, vigiada e de clientela, foi se construindo uma estratégia de intervenção no espaço urbano, de controle da pobreza e das "classes desviantes", que reduziu indigentes, abandonados, inválidos, doentes e delinqüentes à categoria de "assistidos sociais", para os quais foram se acumulando espaços institucionais próprios, de promoção/educação/reabilitação, com enunciados científicos, técnicos, administrativos, filosóficos e jurídicos que até hoje vigoram fortemente. Muitas das instituições atuais ainda emergem como "pólos complementares de uma estratégia normativa que visa produzir indivíduos economicamente úteis e politicamente dóceis" (Adorno e Castro, 1985: 51).

Olhando retrospectivamente — e tomando como exemplo a cidade de São Paulo —, verifica-se que o quadro de organizações sociais em nosso país vem se formando há mais de quatrocentos anos.[8] A primeira e duradoura instituição de assistência criada em vários pontos do país, transplantada de Lisboa e pautada no modelo da esmola foi a Irmandade da Misericórdia, que inicialmente dava dotes aos órfãos e caixão para enterros dos pobres. A ajuda era muito pequena e destinada a poucos, sendo a irmandade mais importante aos seus integrantes — a quem se atribuía um *status* diferenciado e vários privilégios — do que à população demandatária. Instalou-se em São Paulo em 1560, com uma pequena enfermaria que era ao mesmo tempo albergue e hospital atendendo com alimentação, abrigo e enfermagem a escravos e homens livres, visto que não havia ainda médicos no país. Seguindo este modelo, em São Paulo foram fundados o Convento de São Bento (1598), a Venerável Ordem de Nossa Senhora do Carmo (1594), a Ordem dos Frades Menores Franciscanos (1640), o Recolhimento Santa Tereza (1685), que forneciam refeição a pobres, órfãos, enfermos, alienados, delinqüentes, prestando-lhes, além de ajuda material, apoio espiritual e mesmo abrigo.

Junto com os beneditinos, franciscanos e carmelitas, a Santa Casa de Misericórdia foi exemplo expressivo da ação social das ordens religiosas, sendo o atendimento predominante nesse período. A Santa Casa instalou inicialmente, em

---

8. As informações a seguir foram retiradas das seguintes publicações: *Guia dos documentos históricos na cidade de São Paulo — 1554/1954* (1998), Borges (1980), Adorno e Castro (1985) e Sposati (1988).

São Paulo, serviços ambulatoriais e hospitalares que foram se ampliando gradativamente, até criar novos serviços, como o "lazareto", hospital para hansenianos (1802); a roda dos enjeitados ou dos expostos (1825), sistema que vigorou até 1927, quando foi extinto pelo Código de Menores; asilo para inválidos e assistência a presos e alienados.

Criadas com preocupação caritativa e beneficente, as obras pias, localizadas junto a conventos e igrejas católicas, ampliaram-se de forma acelerada nos séculos seguintes. Inicialmente procuram apenas abrigar necessitados, sem separálos e classificá-los, medida posterior que vai confundir assistência e repressão. Em virtude da superlotação constante, organizam e reorganizam espaços institucionais, e na segunda metade do século XIX são a base para a assistência higienista, desenvolvida em aliança com a medicina social, visando prevenir a sociedade das doenças contagiosas. Novas regras de ação prático-normativas levam a que se associe assistência à prevenção, criando, numa "cruzada filantrópica" que mobiliza toda a sociedade, espaços próprios para órfãos, alienados, inválidos e delinqüentes.

Para proteger a cidade contra a insalubridade e a coletividade contra as enfermidades, a medicina higiênica racionaliza não só a localização espacial das instituições, mas penetra no seu interior, normatizando hábitos e comportamentos, classificando indivíduos, criando setores, seções, quantas fossem as atividades; faz do espaço institucional "um termo mediador entre o espaço urbano e o cidadão, promovendo seu adestramento físico-moral-intelectual" (Adorno e Castro, 1985: 61).

A decomposição do escravismo e a introdução do trabalho assalariado livre acentuam os princípios do liberalismo e, contraditoriamente, exacerbam nas classes em constituição com o capitalismo, o incômodo pela presença nas ruas de órfãos, vagabundos, delinqüentes, escravos e até imigrantes. "Assim, paralelamente ao contrato, criou-se o estatuto da tutela, que permitiu o funcionamento da sociedade contratual e possibilitou estender o controle político sobre as ações dos perturbadores da ordem" (Adorno e Castro, 1985: 61-2).

Aos criminosos, introduziu-se a sanção centrada no encarceramento penal, aliada a técnicas de reeducação; aos loucos, o asilamento associado ao saber psiquiátrico; aos abandonados, a internação combinada com as práticas pedagógicas. Quanto a estes últimos, a preocupação situou-se principalmente na prevenção à delinqüência.

Instituições que eram restritas em São Paulo — como o Seminário Sant'Anna e Seminário da Glória (1824-5), criados pela Irmandade da Santa Casa, respectivamente para meninos e meninas órfãos — foram reformuladas e incentivadas naquele momento. Como marco, foi criada a Sociedade Propagadora de Instrução Popular (1873), transformada no Liceu de Artes e Ofícios em 1882, responsabilizando-se pelo ensino básico e pela complexa área da profissionalização. Criou-se em seguida, em 1874, a Associação Protetora da Criança Desvalida (Instituto Ana Rosa), por iniciativa da família Souza Queiróz, também voltada para a formação profissional de órfãos. Propagaram-se, então, grande número de internatos: Asylo das Meninas Orphãs Nossa Senhora Auxiliadora do Ipiranga (1885), Liceu Sagrado Coração de Jesus (1885), Casa Pia São Vicente de Paula das Damas de Caridade (1894), Orphanato Cristóvam Colombo (1895), Asylo Bom Pastor (1897), Abrigo Santa Maria (1902). Para ambos os sexos permaneciam o Asylo dos Expostos — que utilizava, ainda em 1907, o concurso de amas-de-leite — e a Creche Baronesa de Limeira (1911). Os educandários supriram a carência de ensino público, bem como iniciaram a profissionalização de adolescentes, visando seu disciplinamento moral e intelectual.

Os imigrantes, que chegam à cidade de São Paulo ao final do século XIX e início do XX, começaram a ser olhados com suspeita pela medicina higiênica, e sua inspeção passou a ser feita na Hospedaria do Imigrante (1888), com manutenção de quarentena e vacinação aos recém-chegados. Criada por fazendeiros paulistas e mantida pela Sociedade Protetora da Imigração, em acordo com a Irmandade de Misericórdia, esse espaço resiste até hoje na cidade, como memória do período.

Começaram também a ser fundadas para esses segmentos e, por iniciativa própria, as primeiras sociedades de socorros mútuos, com fins médico-beneficentes e de amparo social. Surgiram inicialmente em São Paulo a Sociedade Beneficente Alemã (1863), a Sociedade Suíça de Beneficência Helvetia (1880), a Sociedade Brasileira de Cultura Polonesa José Pilsudski (1892), a Sociedade Española de Socorros Mútuos (1898), a Societá Italiana de Beneficênza "Vittorio Emanuelle", a Associação de Socorros Mútuos "Artes e Ofícios" e outras. Mas, sem dúvida é a Real e Benemérita Sociedade Portuguesa de Beneficência de São Paulo (1859) que figura como marco do mutualismo e da aliança médico-social em São Paulo. É o período da ajuda mútua — base da solidariedade étnica e comprometida que marca as organizações sociais. Inicialmente a "Beneficência", como é conhecida até hoje em pleno funcionamento aos associados, prestava auxílios materiais e morais aos imigrantes portugueses, ampliando a seguir seu atendimento à defesa do emprego e à assistência médico-social. Inaugura o Hospital da Beneficência Portuguesa em 1876, quando passa a exercitar institucionalmente práticas médicas hoje conformadas em amplo centro hospitalar.

Experiências como esta passam a diferenciar indigentes de mendigos, introduzem inovações quanto à instituição do auxílio mútuo e finalmente vão representar o sucesso da aliança médico-social.

No início do século XX, com a Primeira República, expande-se o número de sociedades de auxílio mútuo a imigrantes — em São Paulo, a Associação Cultural Kagoshima do Brasil para japoneses (1913), a União Brasileira Israelita do Bem-Estar Social — Unibes (1915), a Associação Beneficente São Pedro do Pari para portugueses (1917), a Associação Beneficente Feminina Sírio Libanesa (1924) e a Sociedade Beneficente União Fraterna para Italianos (1925). Começam a surgir também as associações de auxílio mútuo entre categorias profissionais, como a Sociedade de Beneficência e Filantropia São Cristóvão, para motoristas (1911), a União Beneficente Padre Manoel da Nóbrega, para padeiros (1918), a Associação de Socorros Mútuos dos Policiais Militares do Estado de São Paulo (1919), Centro Ideal Ferroviário (1927).

A partir daí, ao lado das instituições de raiz caritativa e mutualista, surgirão novos conjuntos de organizações, incentivados pelo Estado e pela Igreja católica, não distante no entanto, do universo de filantropia acumulado por tantos anos.

Pode-se afirmar, pois, que vai se compondo um quadro tipológico de organizações sociais conforme modelo político que se desenha para a filantropia, solidariedade e assistência social em diversos momentos históricos. De modo sintético, e em caráter preliminar ao que será tratado nos capítulos deste estudo, o Quadro 1 exemplifica essa tipologia e a centralidade do modo de regulação Estado/organizações sociais nos diversos períodos.

Desafios da nova política face aos velhos costumes

A Constituição federal de 1988 e a Lei Orgânica de Assistência Social nº 8.742/93 (Loas) colocam a assistência social no contexto da efetivação dos direitos sociais. Ampliar a participação da sociedade civil não significa desobrigar o Estado e esvaziá-lo das suas competências, mas antes permitir-lhe maior alcance, maior diversidade de atenções, com efetividade e eqüidade na execução dos seus serviços. Não significa, também, substituir ou suprir a ação estatal por um conjunto de intervenções paralelas e sobrepostas, pontuais e fragmentadas, mas possibilitar o estabelecimento de uma rede pública ampla e conectada de serviços e atenções (estatais e privados), que se complementem numa atenção globalizada, dentro de padrões estabelecidos e com garantia e certeza de continuidade e efetividade. Assim, vislumbra-se uma rede que compatibilize tanto o pluralismo de enfoques que as entida-

QUADRO 1
Tipologia das organizações sociais por períodos históricos

	Tipos de Organizações	Tipos de Regulação
Período Imperial até 1889 Filantropia caritativa: *Assistência e repressão*	Obras pias atendimento conjunto (uma só massa) a órfãos, inválidos, enfermos, delinqüentes e alienados	Religiosa Testamentos, subscrições e auxílios provinciais (pela junta da Fazenda Nacional ou Câmara Municipal do Império)
Primeira República de 1889 a 1930 Filantropia higiênica: *Assistência, prevenção e segregação*	Obras sociais Atendimento por especialidades para: • crianças — asilos, orfanatos e internatos • velhos e inválidos — asilos • alienados — hospícios • mendigos — asilos de mendicidade • doentes — sanatórios, dispensários, lazaretos • imigrantes — instituições de auxílio mútuo	Médico-religiosa Auxílios provinciais (Pela junta da Fazenda Nacional ou Câmara Municipal) Jurídica 1º Juízo de Menores no Rio de Janeiro (1923) Código de Menores (Mello Matos) — 1927
Getulismo de 1930 a 1945 Filantropia disciplinadora: *Enquadramento nas normas técnicas e disciplinamento dos indivíduos*	Instituições assistenciais (influência das encíclicas sociais) Materno-infantil: Hospitais, ambulatórios, postos de saúde Proteção à infância: Orfanatos, creches, internatos De educação: educandários, de assistência pré-primária, primária, profissionalizante, educação de anormais, educação e reeducação de adultos Proteção a jovens: Organizações da juventude, escolas profissionais De auxílios mútuos: Instituições étnicas e de categorias profissionais Estatais: Departamento de Assistência Social de São Paulo — 1935 SAM — Serviço de Assistência ao Menor — 1941 Formação: Centro de Estudos e Ação Social, escolas de Serviço Social	Estatal Constituição Federal de 1934 • Presidente da República: Contribuições à caridade oriundas de taxas alfandegárias a bebidas alcoólicas e embarcações • Ministério da Justiça e Negócios Interiores Caixa de Subvenções (31/8/31) Certificado de Utilidade Pública (28/8/35) • Ministério da Educação Criação do CNSS (1/7/38) Subvenção Federal (regulamentação 25/11/35 — 1/7/38)

	Tipos de Organizações	Tipos de Regulação

	Movimento Católico Laico
	Ação católica, círculos operários
	Sindicatos
	Centros assistenciais
	complementares
	Instituições fomentadas pelo
	Estado LBA (1942), Senai (1942),
	Samdu (1945)
	Instituições religiosas —
	protestantes, espíritas e
	evangélicas: Albergues, centros de
	juventude, abrigos, instituições para
	deficientes físicos e mentais
		Estatal •
		Constituição de 1937
		Reitera o CNSS
		• amplia regulamentação de
		  subvenções
		• Isenção: na aplicação de tetos
		  mínimos de salário dos funcionários
		  (1945/46) e de imposto de renda
		  (1943)

Estado Democrático Populista de 1946 a 1964 Filantropia partilhada profissionalizante	Instituições criadas pelo Estado com o empresariado: Senac (1946) Sesc (1946) Sesi (1946) Movimentos comunitários	Estatal Complexificação da burocracia: Registro geral de instituições (1951) Isenção de contribuição da cota patronal previdenciária (1959) Certificado de filantropia (1959)

Estado Autoritário de
1964 a 1988
Filantropia de clientela:
Assistência e repressão
	• Organizações sociais — influência
	  do racionalismo técnico —
	  vertente modernizadora do
	  serviço social frente à
	  reconceitualização (1964)
	• Funabem/Febem — 1964
	• Associações comunitárias:
	• Sociedades de amigos de bairro
	• Associações de moradores
	• Renovação pastoral
	• Comunidades Eclesiais de Base —
	  CEBs
		Estatal
		Assistência por convênios
		Isenção de impostos sobre
		importações (1965)

Transição Democrática Filantropia vigiada 1985-88	• Organizações não- governamentais • Movimentos de defesa de direitos • Novos movimentos sociais	
Estado democrático de 1988 a 1999 Filantropia democratizada	Expansão de: • Conselhos setoriais • Organizações não- governamentais • Organizações civis • Centros de defesa de direitos • Fundações empresariais	Estatal Constituição Federal de 1988 ECA — 1990 LOAS — 1993 Extinção da LBA/CBIA Extinção do CNSS Criação do CNAS Lei do Voluntariado — 1998 Lei da Filantropia — 1998 Lei das Organizações da Sociedade Civil de Interesse Público e Termo de Parceria — 1999

des sociais representam quanto a política geral do Estado. Ou seja, trata-se de construir "uma nova proposta de regulação social mais justa, capaz de repor a equação entre regulação social e emancipação social que constitui a matriz originária da modernidade ocidental" (Santos, 1998a: 7).

Isto significa, acima de tudo, a possibilidade de uma parceria com o Estado na elaboração, implementação e controle de uma política pública de assistência social, com clara definição das responsabilidades deste Estado enquanto normatizador, coordenador e financiador da política, que integra à sua ação as iniciativas privadas, num sistema articulado e coerente de ações. A lei vincula, assim, entidades não-lucrativas e de fins públicos de assistência social não mais na relação de clientelismo, de favores e de interesses pessoais, mas sob novo paradigma — o da participação numa política efetivadora de direitos aos cidadãos.

Neste contexto, a questão das relações Estado/organizações sociais ganha centralidade, já que para avançar na redefinição dessa regulação é preciso conhecer melhor o universo dessas organizações e o papel exercido pelo Estado, pois transformar tal padrão significa o enfrentamento de uma cultura e um comportamento historicamente cristalizados, bem como a ruptura com a ideologia da adaptação, que domina as forças vigentes no espaço de relacionamento público/privado.

No campo social, essa relação foi mediada historicamente por uma burocracia complexa e poderosa e uma orientação de legislação de enquadramento do caráter "sem fins lucrativos" da organização, e menos por suas ações e finalidades.

Apesar de contar com uma multiplicidade custosa de instituições e serviços para reprodução de suas ações, o Estado comumente priorizou a estratégia do repasse, acionando o universo de organizações privadas. Hoje, com a reforma do Estado, esta tendência se acentua radicalmente. E esse comportamento da União, sendo ainda reproduzido pelos estados e municípios, faz com que imperem concomitantemente e de forma desarticulada três instâncias de regulação junto às mesmas organizações. O campo da assistência social, tradicionalmente marcado por transferências sociais superpostas, faz-se mais do que nunca dessa forma, sem integrar nem avaliar o sentido dessas transferências.

Repassando recursos, subsídios, subvenções, atribuindo imunidades, propiciando isenções a essas organizações, o Estado, por meio de suas várias instâncias, dilui sua responsabilidade em uma denominada "supervisão técnica", esvaída de qualquer poder de sanção, até porque não é proposta com base em metas, padrões de ação e construção de direitos por intermédio de uma política social.

Por outro lado, essas organizações, pactuadas com o Estado, há muito se compuseram em um campo complexo, extremamente capilarizado, integrando os setores do voluntariado, da caridade, da benemerência, da filantropia e mesmo das iniciativas privadas de benefícios públicos.

A grande maioria e as mais tradicionais delas saíram das classes média e alta, e sendo bem relacionadas com as elites e grupos políticos, obtêm daí seu poder; assumem geralmente comportamento assistencialista, de apadrinhamento e tutela, e só mais recentemente parte delas reordenou sua atuação, numa direção mais atualizada e progressista. Aquelas oriundas das camadas populares, e que desenvolvem uma ação na linha da resistência e da sobrevivência na pobreza, geralmente não obtêm a formalidade exigida para uma parceria com o Estado, sendo excluídas da distribuição de recursos.

O conjunto dessas organizações mobiliza, assim, significativo montante de recursos, exerce bom nível de poder, e até mesmo por cultivo do Estado desenvolve uma prática personalista e patrimonial, sem critérios universais, bem distante do que é preconizado como política de direitos.

Tal cultura da personalização acaba sendo campo fértil para o clientelismo e o fisiologismo, alimentando uma cultura tecnocrática, de privilégio do ajuizamento do profissional, o que despolitiza ainda mais a população, colocando as organizações e o Estado como "grandes benfeitores", e o benefício, como favor, subalternizando seu público-alvo.

Este universo, apesar dos comportamentos prevalentes, é diversificado e multifacetado, não se podendo fazer qualquer generalização e estigmatização. Há mesmo já parte dessas organizações contrapondo-se a esses aspectos e investindo na alteração desse quadro.

A grande questão é que a cultura da personalização, por marginalizar o indivíduo no seu processo de atendimento, opõe-se frontalmente à realização da cidadania, que supõe direito à seguridade social, com políticas públicas efetivas de proteção social.

Neste processo de reordenamento, o desafio para a política de assistência social é então a reconceituação do terceiro setor compatibilizada com uma política pública de direitos, que supere o sistema de relação estabelecido, incentivado pelo Estado por meio do enquadramento na categoria de "sem fins lucrativos" e de "entidade filantrópica".

A denominação "sem fins lucrativos" parece derivar da combinação entre a lógica capitalista — que rege a tradicional postura do Estado brasileiro diante da "questão social" — com o princípio da subsidiariedade, que sempre caracterizou as políticas públicas.

A atitude estatal diante dos conflitos sociais foi historicamente de emitir medidas de proteção, sempre parciais e voltadas aos grupos de maior força de pressão, cooptando assim reivindicações que teriam de ser solucionadas pela legislação trabalhista, omitindo-se com relação ao desemprego, à insuficiência de renda etc. Dessa forma, os demais trabalhadores permaneceram, ao sabor do acolhimento da sociedade civil.

Tal postura acabou constituindo para a assistência social uma demanda de indivíduos considerados, para a sociedade, como portadores de situações específicas ou especiais, não sendo igualitária para todos os cidadãos, mas voltada para aqueles portadores de uma situação similar.

Na lógica capitalista de acumulação de capital, a ideologia dominante é a prevalência do trabalho como critério de vida normal e como meio de mobilidade social, fazendo com que se estigmatizem os "sem trabalho", estabelecendo diferenças entre os aptos e os inaptos, os capazes e os incapazes: "Cabe à Assistência Social, como mecanismo econômico e político, cuidar daqueles que aparentemente não existem para o capital: o trabalhador parado, o que não possui vínculo formal, o desempregado, o indigente, os deserdados" (Sposati, Falcão & Fleury, 1989: 14).

A pobreza é vista como sina e incapacidade pessoal e como tal deve ser alvo da filantropia e da benemerência. Assim, a questão da não-lucratividade está intrinsecamente ligada à filantropia. Tal correlação vai sustentar uma peculiar forma de reprodução estatal da força de trabalho, pois é a antinomia do mercado lucrativo. Nesta antinomia a referência é o mercado, e não o Estado ou a sociedade, a política e o direito.

A própria expressão "entidade filantrópica" parece prescindir de fundamentação em uma clara doutrina que a embase. Neste contexto, a Constituição de 1988 diversifica as nomenclaturas, alternando os termos "entidade beneficente de assistência social" (art. 195, parágrafo 7º), "entidades beneficentes e de assistência social" (art. 204), "escolas filantrópicas" (art. 227, parágrafo 1º), "entidades sem fins lucrativos" (art. 150, inciso VI e parágrafo 4º), enquanto a Loas faz uma síntese usando o termo "entidades e organizações de assistência social" (arts. 3º e 9º).

Pesquisa elaborada pelo Núcleo de Seguridade e Assistência Social da PUC/SP relata, inclusive, não ter identificado

"um instrumento legal que aprofunde tais interpretações tipológicas ou o significado da relação estado-filantropia privada para além dos usos e costumes e dos ritos institucionais de uso repetitivo das legislações. Conclui: [...] ao que parece, o conceito de filantropia é associado, na terminologia estatal, a uma forma especial de relações, e não a um resultado da ação" (Sposati, 1994b: 12).

Portanto, a seqüência de leis, portarias e resoluções que regeram a vinculação desse setor ao Estado acabaram por criar e formatar a categoria filantropia.

Desde 1935 (Lei federal n° 091/35) já se explicitara apoio às entidades sociais, pelo título de "utilidade pública" concedido pelo ajuizamento do Ministério da Justiça, por meio de um decreto pessoal do presidente da República.

A criação do CNSS — Conselho Nacional de Serviço Social (Decreto lei n° 525/38) veio a seguir e consolidou a estratégia de aliança do Estado com a sociedade civil, via filantropia.

A própria Constituição de 1988, que introduz o conceito de seguridade social, nele incluindo a assistência social como política de proteção social, paradoxalmente favorece as entidades beneficentes com isenções de contribuições para a seguridade social (art. 195, parágrafo 7°).[9]

Além de não vir definida com clareza, a filantropia na nova Constituição é ainda colocada como instrumento para conceder vantagens às associações, e não para garantir direitos à população. Contraditoriamente, reafirma uma relação cartorial, incongruente com o novo padrão de parceria que inaugura com a sociedade civil, no papel decisor e controlador das ações estatais.

> *"Reafirma uma relação marcada pelo cartorialismo e excessiva regulação burocrática, pelo caráter arbitrário e discricionário dos mecanismos de acesso a subvenções governamentais e benefícios fiscais e pela ausência de instrumentos de controle social e transparência que evitem desvios de finalidade no uso de recursos públicos" (Documento "Parceria e transparência", 1994).*

Assim, a abertura de privilégios que estas categorias — filantropia/utilidade pública — encerram não só cria distor-

---

9. O art. 155, § 7° expressa: "São isentas de contribuição para a seguridade social as entidades beneficentes de assistência social que atendam às exigências estabelecidas em lei".

ções, mas faz transparecer a possibilidade do uso indiscriminado desta condição. Como dizem as próprias organizações em documento assinado em dezembro de 1994 no Rio de Janeiro, "Muitas das críticas dirigidas às organizações governamentais resultam da convivência promíscua no setor, entre entidades beneficiárias destas mesmas distorções e organizações comprometidas com a ética e a cidadania" (Idem).

Na realidade, por intermédio da legislação vigente, os certificados de utilidade pública e de fins filantrópicos foram se tornando passaportes eficientes para acúmulo de vantagens — inúmeras isenções, acesso a fundos públicos, subsídios, subvenções, contratos, etc. que não sofrem controle algum.

A Lei Orgânica de Assistência, editada cinco anos após a Constituição, também não enfrenta esses problemas, deixando para o Conselho Nacional de Assistência Social — CNAS dificuldades sérias não só no encaminhamento de todas essas questões, mas também quanto ao acervo herdado do Conselho Nacional de Serviço Social — CNSS, então extinto.

Nem mesmo a legislação mais recente, emanada da reforma administrativa promovida pelo atual governo, que começa a trocar a "lógica da concessão" pela "lógica da restrição", visando diminuir o Estado, altera esta situação. Investe na mudança do marco legal do terceiro setor, qualificando as "organizações da sociedade civil de interesse público", o "termo de parceria" e dificultando a atribuição de "certificado de entidade de fins filantrópicos", mas não modifica o quadro, dirigindo-se apenas a aspectos pontuais do problema. Seu mérito maior é ter colocado a questão na pauta política do país e ter levantado reações e polêmicas ao restringir a concessão do certificado de fins filantrópicos, impedindo a isenção da cota patronal.

No espaço contraditório de elaboração e implementação de uma política pública de assistência social — tangenciado de um lado pela reforma do Estado, que fragiliza sua responsabilidade social e de outro pela Loas, que impõe ao Estado e à sociedade civil a urgência de uma política nacional — coloca-se o CNAS, mecanismo de síntese e agregação, privilegiado para responder a esse macroprojeto.

Criado em 1994, como órgão superior de deliberação colegiada com a prerrogativa básica de aprovar e controlar a política nacional de assistência social, o CNAS teve que assumir também as atribuições herdadas do extinto CNSS. Responsabilizou-se por centralizar o atributo de análise do mérito filantrópico de instituições, possibilitando-lhes acesso a vantagens e privilégios por meio de procedimentos e dispositivos altamente burocratizados e em completo antagonismo com a proposta constitucional de seguridade. E mais, passou a arbitrar as demandas de organizações com finalidades diversas — saúde, educação etc. —, fora de sua área específica, como já fazia historicamente o CNSS. Passou a assumir uma dupla face legal, política e cartorial, submetendo-se ao grande risco de diluir seu propósito maior — que é o de garantir os mínimos sociais aos brasileiros — em operações burocráticas de exame de documentos e emissão de atestados. O padrão de relação público/privado, construído nos sessenta anos de história da assistência social no país, não termina com a extinção do CNSS. Ele persiste no papel híbrido assumido pelo CNAS ao identificar assistência social com as categorias "sem fins lucrativos" e filantropia.

Após décadas comportando-se como um setor colonizado e marginal, pode este conjunto de iniciativas efetivamente enfrentar a "questão social", na gravidade com que ela se apresenta no país?

O risco neste trânsito é o retorno ao Estado caritativo ou assistencialista, "no qual a 'questão social' será deixada à caridade pública ou a uma ação estatal evasiva e eventual" (Oliveira, 1988: 26); ou a volta da "neobeneficência" sem "referência a direitos sociais de cidadania", como expressa Draibe (1993: 99); ou seja, o risco de continuar

"a atuar como amortecedor das tensões produzidas pelos conflitos políticos, (hoje) decorrentes do ataque neoliberal às con-

quistas políticas dos setores progressistas e populares obtidas no período anterior. Se esse for o caso, o terceiro setor converte-se rapidamente na 'solução' de um problema irresolúvel e o mito do terceiro setor terá o mesmo destino que teve anteriormente o mito do Estado e, antes deste, o mito do mercado" (Santos, 1998a: 9).

1

A FILANTROPIA DISCIPLINADORA NO ENFRENTAMENTO DA QUESTÃO SOCIAL (1930-45)

> "Como não há ruptura definitiva com o passado, a cada passo este se reapresenta na cena histórica e cobra o seu preço."
>
> Florestan Fernandes
> *A revolução burguesa no Brasil*

O Conselho Nacional de Serviço Social[1] — CNSS (criado pelo Decreto-lei nº 525, de 1º/7/1938) foi a primeira grande regulamentação da assistência social no país. Antes dele, Ataulpho Nápoles de Paiva,[2] juiz da corte de apelação do Rio de Janeiro, representante do Brasil no Congresso Internacional de Assistência Pública e Privada, em Paris, em 1889, tentara, ao retornar ao Brasil, criar a lei da assistência social como ato inaugural da Primeira República. A exemplo da propositura de Léon Lefébvre, de criação na França do *L'Office Général de L'Assistence*, insistiu em difundir a idéia de um

---

1. Antes da criação do CNSS, o presidente Vargas teve junto a seu gabinete um conselho consultivo — em substituição à Caixa de Subvenções (extinta em 1935), composto por cinco especialistas na área social e nove elementos do governo —, que deveria desenvolver estudos sobre os problemas sociais, coordenar as obras sociais e estudar as concessões das subvenções. Este conselho foi criado a exemplo do *Council of Social Services*, dos Estados Unidos, que tinha as mesmas atribuições.

2. Ataulpho Nápoles de Paiva, advogado, magistrado e orador, nasceu em São João Marcos, RJ, em 10 de fevereiro de 1867, e faleceu no Rio de Janeiro, em 8 de maio de 1955. Cursou a Faculdade de Direito de São Paulo (USP), formando-se em 1887. Foi juiz municipal em Pindamonhangaba, SP. No Rio de Janeiro ocupou os cargos de pretor, juiz do Tribunal Civil e Criminal e presidente da Corte de Apelação do então Distrito Federal. Foi ainda ministro do Supremo Tribunal Federal. Eleito em 9 de dezembro de 1916 para a cadeira nº 25, na sucessão de Artur Orlando, na Academia Brasileira de Letras, onde foi secretário-geral de 1920 a 1922 e presidente em 1937. Foi também presidente da Comissão do Livro do Mérito, presidente da Academia Brasileira de Arte e membro honorário do Instituto Histórico e Geográfico Brasileiro e da Academia Fluminense de Letras.

Representou o Brasil nos congressos internacionais de Assistência Pública e Privada de Paris e Milão. Fez campanhas pela sistematização da assistência pública

A FILANTROPIA DISCIPLINADORA NO ENFRENTAMENTO DA QUESTÃO SOCIAL   57

órgão nacional de controle das ações da assistência social que associasse iniciativas públicas e privadas, rompendo o espontaneísmo da assistência esmolada e introduzindo uma organização racional e um saber no processo de ajuda (Sposati, 1988: 107). Na sua concepção, "o Estado deveria manter posição supletiva à iniciativa privada na atenção àqueles, temporária ou definitivamente impossibilitados de, pelo trabalho ou pelo apoio familiar, prover as necessidades de existência" (Paiva, *apud* Sposati, 1988: 107-8).

Todavia, este brasileiro — possivelmente também influenciado pelas teses altruístas de La Rochefoucauld Liancourt, de afirmação do direito assistencial — só veio a ter um espaço institucional para pôr em prática suas idéias junto ao governo já na Segunda República, em 1938, quando em sessão solene de 5/8/1938, o ministro da Educação e Saúde de Getúlio Vargas, o notório Gustavo Capanema, instala oficialmente o Conselho Nacional de Serviço Social — CNSS, atribuindo a sua presidência a Ataulpho Nápoles de Paiva, então com 71 anos.

Gustavo Capanema, contando no seu Ministério com uma equipe de intelectuais do mais alto nível, além de desencadear ampla reforma da educação e implementar intenso movimento cultural no país, vai investir na assistência social, na sua vertente de filantropia, tentando do mesmo modo fazê-lo em alto grau de competência e seriedade.

O Conselho é criado como um dos órgãos de cooperação do Ministério da Educação e Saúde, passando a funcionar em

---

e privada sob inspeção do Estado, sendo encarregado oficialmente de elaborar a história e estatística da assistência no Distrito Federal. Fundou a Liga Brasileira contra a Tuberculose, o Preventório Da. Amélia, em Paquetá, o primeiro do seu tipo no Brasil e o Serviço de Vacinação Antituberculose — BCG. Escreveu as seguintes obras: *O Brasil no Congresso Internacional de Direito*; *Comparado de Paris* (1890); *Justiça e assistência: os novos horizontes* (1916); *Discursos da Academia* (1944); *Assistência Pública e Privada no Rio de Janeiro*; *Os loucos criminosos e os criminosos loucos*; *Discurso no Centenário do Barão de Loreto* (CD-Rom da Academia Brasileira de Letras, 1997).

uma de suas dependências, sendo formado por figuras ilustres da sociedade cultural e filantrópica e substituindo o governante na decisão quanto a quais organizações auxiliar. Transita pois, nessa decisão, o gesto benemérito do governante por uma racionalidade nova, que não chega a ser tipicamente estatal, visto que atribui ao Conselho certa autonomia.

Nesse momento, selam-se as relações entre o Estado e segmentos da elite: homens (e senhoras) bons, como no hábito colonial e do império, vão avaliar o mérito do Estado em conceder auxílios e subvenções[3] a organizações da sociedade civil.

Assim, foram nomeados como primeiros conselheiros pessoas de expressão na área social.[4] Além de Ataulpho Nápoles de Paiva, fundador e presidente da Liga Brasileira contra a Tuberculose e autor de vários estudos sobre assistência

---

3. Subvenção social é o auxílio financeiro às entidades sociais, que sai da esfera pessoal do governante e passa à esfera oficial. Constitui-se numa ajuda de caráter supletivo, que no início só podia ser aplicada em despesas de manutenção dos serviços e posteriormente como auxílio extraordinário, passando a subsidiar atividades de natureza especial ou temporária, como construção, reforma ou aquisição de equipamentos. As subvenções, como tal, iniciam-se com a criação da Caixa de Subvenções em 1931, que estabelece à sua atribuição certa racionalidade: registro das entidades subvencionadas e fiscalização *in loco* pelo Ministério da Justiça. De início, sua fonte de recursos será a "contribuição da caridade", a mesma da ajuda do governante; a partir de 1935, vai contar com créditos orçamentários adicionais, e em 1951 passa a ser prevista no orçamento geral da República.

4. Todos os integrantes do Conselho possuem vasta experiência pública e na assistência social, pertencendo ao quadro diretor de destacadas instituições sociais como: Liga Brasileira contra a Tuberculose, importante instituição do Rio de Janeiro com vários estabelecimentos, instalados com a mais moderna aparelhagem; Preventório Da. Amélia, em Paquetá, Dispensário Viscondessa de Morais, Dispensário Azevedo Lima e Serviço de Vacinação BCG.

• Serviço de Obras Sociais do Distrito Federal, expressiva instituição de auxílio às famílias pobres, criada pelo corpo de enfermeiras do Departamento Nacional de Saúde Pública — DNSP, que mantinha também internato para meninas, escola doméstica profissional, uma vila com habitação coletiva dividida em quarenta apartamentos, um parque de recreação infantil e a sede central.

• Associação Cristã Feminina do Rio de Janeiro, filiada à Comissão Continental com sede em Buenos Aires, pertencente à Associação Cristã Feminina da Améri-

A FILANTROPIA DISCIPLINADORA NO ENFRENTAMENTO DA QUESTÃO SOCIAL 59

social, foram nomeados: Augusto Sabóia da Silva Lima,[5] juiz de menor e também com publicações nesta área, e pertencente ao conselho diretor do Serviço de Obras Sociais do Distrito Federal; Olinto de Oliveira e Eugenia Hamann, diretores também desse mesmo órgão, sendo ainda o primeiro diretor da Assistência à Maternidade e Infância e a segunda pertencente à Associação Cristã Feminina do Distrito Federal; Raphael Levy Miranda, alto funcionário do Banco do Brasil de Salvador, trazido por Vargas ao Distrito Federal para fundar e dirigir o Abrigo Cristo Redentor; Ernani Agrícola da mesma instituição e Stela de Faro,[6] fundadora da Associação de Senhoras Brasileiras e do Instituto de Educação Familiar e Social do Distrito Federal (que integrava o Curso de Educação e o Cur-

---

ca do Sul. Objetivava auxiliar a educação de crianças e moças, mantendo vários cursos de língua, datilografia, taquigrafia e uma revista literária.

• Abrigo Cristo Redentor, obra de assistência aos mendigos e menores desamparados do Distrito Federal, contando com inúmeros serviços na área de capacitação profissional e geração de renda: charutaria, sapataria, oficina de colchoaria, de costura, de vassoura, de renda, saboaria e carpintaria. E ainda mantinha o Instituto Profissional Getúlio Vargas, com ensino de agricultura, cozinha, alfaiataria, serviço de copa e oficina de torrar e moer, além de um destacado coro de menores.

• Associação das Senhoras Brasileiras, importante instituição da Ação Social Católica, de amparo a "moças desprotegidas", com três setores de atendimento — sede central, onde funcionava a Escola Comercial Feminina, o restaurante e a residência. Possuía ainda biblioteca, agência de trabalhos manuais e agência de colocações (Pinheiro, 1939: 191-203).

5. Sabóia Lima é autor de "Assistência Social aos Menores Abandonados na Argentina e Uruguai"

6. Stela de Faro nasceu em 19/6/1888 e faleceu em 21/7/1972 no Rio de Janeiro. De formação católica, criou em 1920 a Associação das Senhoras Brasileiras, obra de finalidades sociais importantes para a época, pelo caráter oportuno e inovador. Criou nessa instituição uma biblioteca circulante, uma residência feminina e um restaurante. Elaborou cursos de aperfeiçoamento cultural, que foram precursores da Faculdade de Filosofia e Letras do Rio de Janeiro. Escreveu tese sobre educação familiar, que foi apresentada por personalidade masculina no IIº Congresso Católico Brasileiro do Rio de Janeiro, visto não existir o hábito de mulheres conferencistas. Foi nomeada pelo cardeal D. Sebastião Leme, em 1920, para a presidência da Comissão Arquidiocesana de Obras Sociais, que lhe incentivou a colaborar posteriormente com o CNSS. Em 1930, foi convidada pelo mesmo cardeal para dirigir a Ação Católica, criada por ele, naquele ano. Em 1936, foi convidada

so de Serviço Social — hoje Escola de Serviço Social da UERJ), conselheira do Ministério da Educação e Saúde e ainda componente do Conselho Consultivo do qual derivou o CNSS.

Parte da composição do Conselho se manteve por muitos anos — Ataulpho de Nápoles Paiva (por dezessete anos), Stela de Faro (por dezenove anos), Eugenia Hamann e Raphael Levy Miranda (por 24 anos) —, tendo alteração nos cargos de juiz de menor e diretor do Departamento Nacional da Saúde e Departamento Nacional da Criança, que passam, a partir do Decreto nº 5697/43, a ser membros natos.

Assim, em 17/3/39 perdem a figura de juiz de menor Augusto Saboia Lima — que é alçado ao cargo de desembargador do Tribunal de Apelação do Rio de Janeiro e substituído por Saul Gomes, que também será substituído por Alberto Mourão Filho, empossado na Vara de Menores em 10/12/45 — e Ernani Agrícola, substituído em 2/3/42 por João de Barros Barreto, que é empossado no cargo de diretor geral do Departamento Nacional de Saúde.

Percebe-se, pela ata de instalação do CNSS, o tom inaugural dessa relação com a sociedade civil, que assume maior vulto, na medida em que vigorava o Estado de exceção, marcado pela ditadura do Estado Novo:

"O Sr. Ministro Gustavo Capanema, aos cinco dias do mês de agosto de 1938, às 14: 00 horas em seu gabinete — no Edifício

---

pelo governo federal, juntamente com mais quatro especialistas, a integrar o conselho substituto da Caixa de Subvenções, embrião do CNSS. Representou o Brasil no Congresso da União Internacional das Ligas Femininas Católicas, em Lucerna, Suíça e na 8ª Assembléia da Comissão Interamericana de Mulheres. Em 1941, foi convidada pela American Association of Social Work e pelo Children´s Bureau para visitar as escolas americanas de Serviço Social com a finalidade de intercâmbio. Fundou a Escola de Serviço Social do Rio de Janeiro (atual UERJ) — Instituto Social, com o patrocínio da Associação de Educação Familiar e Social, juntamente com Alceu Amoroso Lima. Foi convidada a fazer apresentação na Conferência Internacional de Serviço Social realizada em Atlantic City. Em 1949, organizou o IIº Congresso Panamericano de Serviço Social (Ottoni Vieira, 1984: 76).

Rex, 16° andar, perante os muitos e altos funcionários do Ministério, que aí se encontravam, representantes da imprensa etc., empossou, solenemente, este grupo de notáveis, nas funções para as quais haviam sido distinguidos pelo governo. S.Exc. o Sr. Ministro Gustavo Capanema teve então oportunidade de interpretar o sentido altamente patriótico do recente decreto expedido pelo Sr. Presidente da República, criando os Serviços Sociais e estabelecendo o Conselho, ali reunido, cujas finalidades encareceu, e a cujos membros louvou, individualmente, reportando-se às atividades de cada um no terreno da ação social, e nas funções públicas de que se desincumbiram zelosamente.

Exteriorizando os seus pontos de vista diante da lei, que de início considerava ampla, mas ainda não completa, S.Exc. reconheceu as dificuldades inúmeras que se apresentariam diante daqueles a quem o governo havia confiado tão importante tarefa, acrescentando, todavia, que, tinha a certeza de ver, dentro em pouco, aplainadas essas dificuldades, tamanha era a sua confiança nos propósitos que animavam aqueles que, dando ainda uma vez, as provas do seu patriotismo, aceitaram, imediatamente, a missão para que foram chamados.

Demorou-se ainda, S.Exc., examinando um por um, os artigos fundamentais da lei, que reputava excelente, no seu conjunto, e concluiu por se felicitar a si mesmo, não tanto pela parte que lhe cabia, pessoalmente, disse-o S.Exc., mas justamente pela satisfação de ver ali, reunidos e animados dos mesmos propósitos de bem servir à coletividade, os cidadãos ilustres e as ilustres senhoras de cujas inspirações e decisões, dependeriam de agora por diante, os altos destinos de um pequeno serviço que, talvez de futuro, viria a ser o fundamento de uma ampla instituição social.

Em nome do Conselho falou o Dr. Saboia Lima que agradeceu, inicialmente, em seu nome e interpretando os sentimentos dos seus colegas, as palavras generosas de S.Exc., passando depois, a se congratular com o Sr. Ministro e com o Governo, pela criação desse serviço, do qual esperava os melhores benefícios para as instituições destinadas ao amparo social.

Durante alguns instantes, S.Exc. discorreu brilhantemente acerca dos propósitos da lei, que merecia os aplausos de quantos

verdadeiramente se interessam pelos assuntos a ela correspondentes, finalizando por declarar que, de sua parte, assim como dos seus eminentes companheiros do Conselho, os poderes públicos poderiam estar certos de que, tudo fariam para corresponder à confiança que neles depositara.
Nada mais havendo a tratar, S.Exc. o Sr. Ministro Gustavo Capanema deu por encerrados os trabalhos de instalação do Conselho Nacional do Serviço Social, tendo sido, por mim, Phocion Serpa, lavrada a presente ata, que assino: Aprovada em 9 de agosto de 1938. Ataulpho Napoles de Paiva — Presidente" (Ata do CNSS de 5/8/38).

A lei referida pelo ministro é de fato ampla em seus propósitos, o que não significa sua aplicação em tal escopo, como se verá.

Chama a atenção, ainda, o conceito de amparo social direcionado à então concepção de assistência social, identificando-a com benemerência. É de se notar também que o Conselho não é denominado como assistência social, e sim serviço social, área profissional emergente no Brasil, no mesmo período, o que causa surpresa, visto que no âmbito desta formação, os profissionais, via de regra, serão alheios a tal Conselho. Possivelmente a terminologia tenha se dado por influência da fundadora da Escola de Serviço Social do Rio de Janeiro, Stela de Faro, que apesar de conselheira do CNSS, não conseguiu integrar os dois organismos, trazendo ao Conselho elementos da área acadêmica.

O CNSS vai avaliar os pedidos de subvenções ordinárias e extraordinárias, encaminhando-os ao Ministério de Educação e Saúde para aprovação e remessa ao presidente da República para designação da quantia subsidiada.

Constitui-se de fato, num conselho de auxílios e subvenções, cumprindo, na época, o papel do Estado, de subsidiar a ação das instituições privadas. Não se refere à assistência social tratada como política social, mas da função social de amparo, em contraponto ao desamparo disseminado que as populações, principalmente urbanas, traziam explícitas pela conformação da "questão social". O amparo, nesse início, aparece travestido de serviço social, enquanto manifestação da sociedade civil, sendo apenas posteriormente assumido pelo Estado.[7]

Pelas atas de reunião do Conselho parece que havia um volume considerável de pedidos de subvenções que se encontravam aguardando apreciação.

Devido a esse grande número de pedidos, tanto novos como de renovação (estes últimos inclusive já julgados desembaraçados pela contabilidade e no dizer de seu diretor — em ata do CNSS de 9/8/38 — "de instituições já acreditadas pelo seu longo passado"), só no primeiro mês o Conselho examinou 352 processos, tendo de 5 de agosto a 11 de outubro julgado 908, em 38 sessões de duração de três horas, o que atribui uma média de sete minutos e meio por processo. Tal média de produção denota a alta confiança depositada nos conselheiros, bem como o nível de poder que possuíam. O total de processos acumulados em 1938 foi de 1288, tendo sido examinados 1911 até o final do ano (1272 aprovados, 238 indeferidos e 401 em diligência) com subvenções que iam de 1 mil réis a 30 mil réis perfazendo um total de 15.449 mil réis (Ata do CNSS de 11/11/38).

Pelas atas de reunião de agosto a dezembro daquele ano, observa-se que a grande concentração de instituições solicitantes pertencia aos estados de São Paulo (421 entidades recebendo 2.464 mil réis), Rio de Janeiro (381 entidades recebendo 4.082 mil réis), Minas Gerais (322 entidades recebendo 2.340 mil réis), Rio Grande do Sul (109 entidades rece-

---

7. É importante destacar que as ações iniciais do Serviço Social foram no Brasil catalisadas pela Igreja católica e mesmo em outros países, por iniciativa da sociedade civil e não do Estado. A forma histórica do Estado social provedor ocorre após a Segunda Guerra Mundial e na Europa, não no Brasil. Destaca-se também que a Secretaria Nacional de Assistência Social se constituiu ao final da ditadura militar, no início dos anos 80, sendo reorganizada no governo Sarney. Até então, a Legião Brasileira de Assistência — LBA catalisava, desde 1942, as ações voluntárias e profissionais no campo da benemerência como assistência social.

bendo 613 mil réis), Ceará (85 entidades recebendo 669 mil réis), Bahia (75 entidades recebendo 531 mil réis), sendo diminuto o número e o recurso dos demais estados.

A maioria das solicitações era de Santas Casas de Misericórdia (243), hospitais (171), dispensários contra a lepra (32) e tuberculose (22), escolas (profissionais, ginásios, faculdades e liceus de artes e ofícios — 368), asilos de menores, orfanatos, patronatos (158), asilos para velhos (64), asilos de mendicidade (39), sociedades São Vicente de Paula (71), Associações de Damas de Caridade (94) e ainda prelazias, círculos operários, sindicatos, cooperativas, caixas escolares, sodalícios e outras.

O número de processos era tão grande, que fez com que o Conselho passasse a funcionar de duas para três vezes por semana, acrescentando ainda reuniões extraordinárias. Realizou também a admissão de "senhoritas do Instituto de Educação Familiar e Social" como estagiárias colaboradoras no trabalho administrativo, como registra a ata de reunião do dia 21/10/38.

Mesmo nessa situação adversa, o Conselho parece ter sido sério e comprometido com o trabalho, buscando proceder às análises e seleção dos processos com racionalidade e com observância rigorosa da lei, elaborando, inclusive, formulários que trouxessem mais dados sobre as instituições. Os estudos de processos eram realizados individualmente, mas os pareceres eram consolidados em reunião regulamentar; os casos mais complexos recebiam "vistas", sendo discutidos em equipe, e diante das situações não previstas em lei eram tiradas jurisprudências com o aval de todos. Observa-se também nesse primeiro período, o interesse pela realização de visitas *in loco* para conhecimento das instituições.

Na falta de documentos, os processos ficavam em diligência; no caso do não enquadramento aos critérios, eram indeferidos, devendo se adequar às normas para voltar à solicitação. Um exemplo dessa medida é o indeferimento de pedidos de instituições educacionais de propriedade privada e de instituições que prestavam auxílio ao seu próprio quadro social, logo nos primeiros meses de funcionamento.

Com relação ao conhecimento sobre as instituições, nas atas das reuniões do dia 5 e 19/9/38 foram detalhadas as visitas realizadas ao Serviço de Obras Sociais — SOS, à Instituição de Educação Familiar e Social e ainda a indicação de visita de um dos conselheiros, Ernani Agrícola, ao Nordeste (Bahia e Pernambuco), com realização, inclusive, de reuniões com seus dirigentes sobre as dificuldades por eles enfrentadas e a possibilidade de ação conjunta. Pelas atas dos anos seguintes, observa-se um grande número de visitas às entidades.

Nessa primeira fase o Conselho realiza não só a função cartorial de cadastro e atribuição de subvenções, mas ensaia uma função normatizadora e fiscalizadora para a área, que com o tempo será abandonada. Apresenta projetos de lei ao governo, bem como elabora propostas de criação de serviços, como centros sociais e outros. Observa-se ainda que, nesses primeiros meses de funcionamento, o Conselho respondeu às expectativas governamentais, tendo por vezes sido prestigiado com a visita do ministro Gustavo Capanema e recebido telegramas de congratulações pelo trabalho realizado.

O próprio presidente Vargas acompanhava seu funcionamento, e segundo Maria Isolina Pinheiro (que na época já lutava pela criação de uma Escola de Serviço Social no Rio de Janeiro), o seu interesse pelo serviço social era muito grande e ele examinava pessoalmente muitas das solicitações de subvenções, atendendo as justas, segundo o parecer do Conselho (Pinheiro, 1985: 43).

A expectativa dos meios mais técnicos com relação ao Conselho nesse momento também parecia ser favorável. A própria Maria Isolina Pinheiro, profissional de destaque na área, em publicação de 1939, expôs a importância e oportunidade de um organismo que promovesse "a conjugação das forças do governo e dos particulares na assistência social [...] que comporta uma variedade considerável de instituições, porque são, por sua vez, múltiplas as necessidades que se acumulam a solicitar amparo e solução" (Pinheiro, 1939: 211). Ela sugeriu a filiação das organizações em nível estadual, e reunidas por área de atendimento em federações nacionais, ressaltando que

> "o problema que deve merecer atenção é o do preparo técnico do pessoal nos serviços (enfatizando a necessidade da criação de Escolas de Serviço Social para isto) [...] e que do ponto de vista financeiro, o governo tem que assumir maiores responsabilidades, porque os recursos particulares são precários, apesar da generosidade dos brasileiros" (Pinheiro, 1939: 213).

No entanto, pela documentação disponível, não se percebem novas menções ao CNSS na historiografia do serviço social, criado no momento do primeiro curso de serviço social e com o qual parece não ter estabelecido nenhuma relação. Pode ser que a atitude de negação da assistência social, típica do serviço social por muitos anos, originou-se com o próprio surgimento da profissão.

Também o Iº Congresso de Serviço Social (previsto na lei de criação do CNSS) só veio a ocorrer em 1947, já em diferente momento político e por iniciativa da Escola de Serviço Social de São Paulo (hoje Faculdade de Serviço Social da PUC/SP), não havendo notícia de nenhuma conferência nacional realizada por determinação do decreto de 1938.

Sempre pressionado "pelo enorme vulto dos processos e pela premência de tempo" (Ata do CNSS de 22/8/38), tudo leva a crer que a atuação do CNSS, desde a sua instalação, tenha se voltado mais para o controle da filantropia privada, deixando distantes os amplos e ambiciosos objetivos propostos pelo decreto-lei que o instituiu.

O CNSS foi, portanto, a primeira forma de presença da assistência social na burocracia do Estado republicano brasileiro, ainda que na função subsidiária de subvenção às orga-

A FILANTROPIA DISCIPLINADORA NO ENFRENTAMENTO DA QUESTÃO SOCIAL 67

nizações sociais que prestam amparo social. Assim, atuou como uma forma pautada na ajuda ao setor privado, sem relação direta com a população. Desta maneira, a regulação estatal da assistência social começa na década de 30, com Getúlio Vargas, que faz três investidas neste sentido. Primeiramente ele mesmo atribuiu diretamente auxílios a organizações sociais, segundo seus próprios critérios e preferências, utilizando-se da "contribuição da caridade" cobrada na alfândega sobre a importação de bebidas alcoólicas (moralizando as bebidas, como vai moralizar no futuro o jogo, pela interface com a filantropia) e distribuída em cotas, por meio de um direito anual[8] (Sposati, 1994b: 11).

A seguir, em 1931, Vargas criou a Caixa de Subvenções (Decreto-lei nº 20.351), utilizando o Ministério da Justiça como instituição mediadora, atribuindo ao ministro e funcionários a seleção e fiscalização dos processos, já seguindo algumas normas legais; e finalmente, em 1938, ao criar o CNSS (Decreto-lei nº 525), inaugura um pacto com as elites e instala uma legislação de controle.

Durante a Primeira República, o Estado não intervinha. Era um Estado fraco. O que existia na área da assistência era desenvolvido pela Igreja católica, com quem o Estado republicano não se relacionava, por considerar que o social não era função pública. A modalidade de organização política de então "era marcada pelo simultâneo enfraquecimento do Estado (em benefício das oligarquias regionais) e da sociedade civil (infantilizada pela 'política dos governadores' e pelo coronelismo)" (Nogueira, 1998: 61).

Com a chamada Revolução de 30, o Estado terá que assumir funções maiores, superando a função apenas de coerção. Terá papel de regulamentação, organização, coordena-

---

8. Desde a Primeira República, a "contribuição da caridade" era advinda do quilo do vinho e demais bebidas alcoólicas (equivalente em 1928 a 200 réis/kg), conforme decreto presidencial (como o de nº 5432 de 10/1/28) que arrolava por cotas a participação das entidades beneficiadas em cada Estado (o que foi reproduzido também pelo Decreto nº 19.550 de 31/12/30)" (Sposati, 1994b: 60).

ção, intermediação e até de educação, enquanto promotor de uma nova cultura, afinada a diferentes exigências. Terá que desempenhar funções econômicas, políticas e administrativas bastante amplas para produzir efeitos revolucionários na sociedade, ainda dominada pelas velhas oligarquias latifundiárias. Ajustando-se às novas tendências mundiais, constituirá uma burocracia pública forte e tecnicamente preparada e estabelecerá nova relação com intelectuais, elites e massas. Estruturará aparelhos centralizadores para o Estado, destinados ao exercício do controle e repressão, ao oferecimento de serviços sociais e à regulação econômica, numa época em que emerge o proletariado industrial e avança o capitalismo.

Criam-se, assim, mecanismos para mediar a relação entre as massas emergentes e o Estado-governo, fundando uma nova relação com a sociedade civil baseada na acomodação.

O país vive uma problemática concreta, formada por grandes massas empobrecidas ainda em conseqüência da libertação dos escravos e agravada pelo intenso êxodo rural, pela forte imigração da virada do século, pela desqualificação e despreparo dos trabalhadores e pelo trabalho precário, limitado e explorado da época. O Estado se vê na contingência de admitir sua responsabilidade social para com os mais pobres, o que não estava na agenda liberal que dominava o pensamento até então.

Na Europa, o modelo bismarckiano de seguro social[9] encaminhava tais questões já de forma avançada. Aqui somente se iniciava a discussão sobre a responsabilidade pública na educação, e não em outras áreas.

---

9. As primeiras três grandes leis sociais na Alemanha foram propostas durante o governo conservador de Bismarck, entre 1883 e 1889, e objetivavam o seguro-doença, seguro contra acidentes de trabalho e seguro-velhice/invalidez. Visando combater a influência do Partido Social Democrático sobre os trabalhadores, por meio de outra tática que não a repressão, procurou desenvolver políticas sociais. Tal estratégia não surgiu efeito, pois a partir daí a classe operária na Alemanha veio a se fortalecer ainda mais (Rosanvallon, 1984: 116-7). Mas o modelo de seguro social passou a vigorar em quase todo o mundo.

A "questão social" — como um problema concreto que se forma a partir do processo de industrialização e do surgimento do operariado e suas reivindicações — antes de 1930 não se inscrevia como tema no pensamento dominante. Ainda que já discutida por Evaristo de Morais ("Apontamentos do direito operário") em 1905 e por Rui Barbosa (conferência pronunciada no Teatro Lírico do Rio de Janeiro) em 1919, era vista apenas como "fato excepcional e episódico, como questão para o pensamento marginal e dominado". A classe dominante, detendo o monopólio do poder político — e por conseqüência o poder de definir o que tinha legitimidade —, colocava a "questão social" como ilegítima, subversiva, a ser tratada pelos aparelhos repressivos do Estado. Daí a ser sentenciada na Primeira República como "caso de polícia" (Cerqueira Filho, 1982: 59).

O conceito restrito de liberalismo — pautado na política do *laissez-faire, laissez passer* — não permitia, por parte do Estado, uma intervenção direta nos problemas, ou um comportamento de proteção social que amenizasse a situação, mas apenas mecanismos de censura. Proteger-se era questão do próprio indivíduo. Os direitos do trabalho eram quase inexistentes e, quando muito, aceitos para categorias profissionais consideradas importantes para a economia extrativa de então, pouco restando a quem não era ferroviário ou portuário.

Tal mentalidade abriu caminho para a Revolução de 30 e para a era Vargas e conduziu Washington Luís ao exílio. Isso vai servir de munição ao novo regime e revestir o discurso ideológico e o comportamento governamental de então, com um novo tônus.

O movimento armado de outubro de 1930[10] que depôs o presidente constitucional Washington Luís e levou Getúlio

---

10. Para Luiz Werneck Vianna (1978: 87) o impacto da crise no final dos anos 20 se reveste de pelo menos três grandes dimensões: "econômica, marcada pela lenta e gradual decadência dos negócios da agroexportação do café, que a crise

Vargas[11] ao Governo Provisório vai se justificar pela necessidade de libertação da trágica experiência liberal da Primeira República: da total falta de autoridade; do esgotamento das fórmulas de conciliação política; da ameaça da anarquia generalizada e do total descontentamento popular, materializado na chamada "questão social".

O compromisso desse movimento intervencionista pautava-se na democratização e moralização da vida pública, no ordenamento do sistema jurídico-político baseado na federação e na modernização da economia por meio do estímulo à industrialização e na regulamentação da proteção social. No entanto, apesar dessas premissas e da efervescência vivida nas áreas da ciência, da cultura, das artes e da política, o país acabará entregue ao domínio do Executivo, com um sistema político rígido e burocrático, como se um governo forte resolvesse todas as questões.

É importante ter presente que a primeira metade do século XX foi marcada pelas experiências totalitárias, de estados fortes e ditatoriais de esquerda e de direita. A categoria democracia era ainda tênue e demarcava de forma restrita a possibilidade eventual do exercício do voto. As mulheres passaram a ter reconhecido esse direito em 1932, e os estados totalitários impediam o seu uso.

É compreensível, portanto, que inicialmente o presidente Vargas também concentrasse em si a outorga de auxílios a

---

cíclica do capitalismo em 29 acelerará; política, pelo acirramento das dissidências intra-oligárquicas e pelo levantamento em armas da juventude militar contra o sistema da ordem prevalente; social, com o início da organização político-ideológica das classes subalternas, especialmente do proletariado — a constituição do Bloco Operário e Camponês indica a profundidade do fenômeno — que passam a postular uma estruturação alternativa para a sociedade, para não se falar no banditismo rural, que já demonstrava a debilidade do coronelato em controlar como antes as massas rurais".

11. Getúlio Vargas foi chefe do Governo Provisório de 1930 a 1934, quando então foi eleito constitucionalmente pelo Congresso como presidente. Em 1937, pelo golpe de Estado, manteve-se no poder até 1945, exercendo assim o mais extenso mandato presidencial republicano.

instituições sociais, adotando o gesto imperial, ainda de um monarca generoso, que faz caridade a seus súditos.

Apesar da amplitude da sua proposta — do manejo forte da economia e da política de proteção e amparo social que desencadeia —, este será um governo incapaz de responder efetivamente aos problemas sociais, às necessidades da economia e da sociedade. Na essência, não altera a situação de dominação social, fazendo variar apenas as fórmulas propostas facilitadoras do seu aprofundamento.

A proposta de Vargas, embora se manifeste como tentativa de atualizar a modernidade prometida pela República de 1889, não se constituirá numa ruptura revolucionária, que venha a alterar os fundamentos estruturais da sociedade, mas numa ruptura reformista, que muda somente certos quadros institucionais, sem qualquer modificação estrutural básica (Ianni, 1968: 8). Nem superará o pensamento liberal, apesar de criticá-lo.

O mesmo acontece com a assistência social, que à primeira vista parece ser tratada como área de inclusão, mas na realidade será influenciada e determinada pelo caráter seletivo do pensamento liberal, que considera a proteção social do âmbito privado e não público. Portanto, embora o governo varguista tenha inovado ao instalar o CNSS, ao final cria apenas uma política de incentivo ao amparo social privado e filantrópico, por meio do mecanismo da subvenção.

E lembre-se que, em 1942, isto é, quatro anos depois do CNSS, ao criar a Legião Brasileira da Assistência, Vargas funda no Brasil o atrelamento do social ao primeiro-damismo — na figura de Darci Vargas —, do qual até hoje o país não se desembaraçou, pois permanece, ainda no ano 2000, a figura da primeira-dama no governo.

Esse será um governo que terminará por produzir conciliações, negociações elitistas, novas composições de força e exclusão da população, fazendo o velho regime ainda que reformado conviver com o "quase novo", reiterando as palavras de Florestan Fernandes, cujo epígrafe abre este trabalho: "como não há ruptura definitiva com o passado, a cada passo este se reapresenta na cena histórica e cobra seu preço". Será, ao final, um governo fundado no compromisso entre as elites para industrializar aceleradamente o país, utilizando um novo sistema de poder, o fortalecimento do Estado e a subordinação das massas emergentes, e não um governo que se paute em dar ao trabalho um estatuto igualitário ao atribuído ao capital.

Assim, na área social, a estratégia será a utilização do setor privado de organizações sociais já existentes, incentivando a sociedade civil para sua ampliação, demonstrando a persistência do componente liberal e do princípio de subsidiariedade, que sempre orientarão o Estado. Esta aliança interessará ao Estado, pois as organizações sociais — marcadas ou pelo trabalho das congregações religiosas ou pelas associações de auxílio e defesa mútua das etnias e das corporações — possuíam trabalhos dedicados a órfãos e crianças carentes, filhos de operários, ou ensino e alfabetização das classes populares. A escola pública era ainda uma quimera, e as organizações sociais produziam internatos para disciplinar e preparar os jovens — meninos e meninas — para as novas relações industriais de produção.

A escalada da violência, a supressão das liberdades individuais dessa vez são impostas persuasivamente, como troca pela crença no desenvolvimento econômico, na possibilidade de amparo social e na ascensão social pelo trabalho.

Instalado pelo processo intervencionista, que vai legitimar o uso da força, o governo Vargas necessita de uma proposta política positiva. Reconstruindo primeiramente o conceito de revolução, livrando-o da conotação negativa de estratégia de superação de estruturas obsoletas, evolui para a construção de um discurso ideológico que preconiza o novo. De início, o discurso se caracteriza por certo ecletismo, contemporizando divergências e ansiedades, tomando forma mais definida com os pactos que vão sendo alinhavados.

Marcada pelo aprofundamento do modelo corporativista, que se traduz na necessidade de controlar os novos setores

A FILANTROPIA DISCIPLINADORA NO ENFRENTAMENTO DA QUESTÃO SOCIAL

emergentes, os quais crescem aceleradamente a partir dos sucessivos surtos de industrialização, a nova dimensão política vai inovar levantando a bandeira do reconhecimento e enfrentamento da "questão social".

O alvo central dessa proposta, inaugurada em 1930 e realizada definitivamente em 1937, serão seus propósitos sociais. A retórica insistirá na promoção do bem-estar nacional, caracterizado como a realização do bem comum — marcas distintivas e legitimadoras dessa nova ordem, encobrindo a dureza do autoritarismo presente. Daí esta proposição encontrar eco na Igreja e poder assimilar o conjunto de instituições sociais, que na maioria eram de orientação católica.

A reforma que seus promotores idealizam para o país focalizará muito mais a "questão social" que a política. A política precisava ser esvaziada pela força do poder central da ditadura varguista. E na perspectiva da criação do novo, a implantação da legislação trabalhista de um lado e do CNSS de outro, constituir-se-ão em mecanismos de reafirmação e concretização deste propósito.

Assim, reconhecer a "questão social" e o direito à proteção social, desatrelada do referencial "trabalho", é quase impossível no pensamento liberal. Ele é o eixo divisor e agregador, fazendo com que a matriz do pensamento da assistência social, vista como amparo social privado, fique imiscuída neste modo de pensar. A persistência do componente liberal fará com que se determine o equacionamento da assistência social, sempre tendo como referência, de um lado, o trabalho e, de outro, o princípio da subsidiariedade, que desresponsabiliza e libera o Estado desta intervenção.

A classe operária, embrionária no início do século, ainda reduzida em número e débil em organização nos anos 20, mais situada no eixo Rio — São Paulo devido ao processo de industrialização (nos setores industriais de tecidos, alimentos e em atividades como as de alfaiate, sapateiro, carpinteiro, marceneiro, pedreiro, ferreiro, tipógrafo) expande-se significativamente a partir de 1930. A estimativa de trabalhadores em 1935, no país, para uma população de 43 milhões de habitantes era um número próximo a 12 milhões[12] com a grande maioria ainda sem carteira profissional, visto que esta havia sido instituída em 1932 e só gradativamente assimilada pela classe trabalhadora e patronal.

A "questão social" foi então colocada como legítima, como "questão eminentemente política", pertinente à esfera do Estado, "fenômeno que requer soluções mais sofisticadas de dominação" do que a intervenção da polícia (Cerqueira Filho, 1982: 75). Será reconhecida como fenômeno mundial, no qual a classe operária é componente necessário ao novo arranjo do poder. No entanto, ao legitimar os conflitos sociais como inerentes à sociedade capitalista, o governo destaca que estes não geram no país nenhuma inquietação. Com esta concepção tratará a "questão social" no nível ideológico, interpretando-a à luz da teoria da integração social, que oculta e mascara o conflito, e criando para isso instituições estatais.

O Ministério do Trabalho, Indústria e Comércio (chamado o Ministério da Revolução) — criado em 1/12/30 e tendo como primeiro ministro Lindolfo Collor — terá grande poder na desmobilização da classe operária e administrará a legislação trabalhista como obra exclusiva do governo, e não como processo de conquista anteriormente iniciado pelo operariado; já o Ministério da Educação e Saúde (criado também em 1930) assegurará a capacidade de trabalho da mão-de-obra, garantindo a saúde e a qualificação do trabalhador; e o CNSS, regulador da assistência social, enfrentará a situação em que são colocados trabalhadores empobrecidos e desempregados.

Ao reconhecer a "questão social", o governo Vargas faz seu enquadramento jurídico, intervindo no domínio das relações entre capital e trabalho. A compreensão da natureza es-

---

12. Boletim do Ministério do Trabalho de dezembro de 1936 (Cerqueira Filho, 1982: 82).

pecífica desta "questão" será colocada no discurso governamental como dever do Estado nacional, que reconhece a sua função de velar pelo bem-estar da sociedade e de proteger os mais fracos, propiciando-lhes uma situação mais digna e humana (é claro que de forma ocasional e não universal).

A legitimação da autoridade dar-se-á exatamente, por se concentrar nos problemas coletivos, no campo das novas questões econômicas e sociais, abandonando os problemas políticos, alvo prioritário dos regimes anteriores, que, no entanto, segundo a crítica da época, só ficavam na esfera das discussões teóricas.

A própria idéia de política é revista, passando a significar a intervenção técnica do governo na resolução da "questão social" e na integração do povo no direcionamento do país.

Enquanto implementa uma política industrialista, que consolida progressivamente o pólo industrial como centro motor da acumulação capitalista, o governo coloca o trabalho como meio de valorização do indivíduo e de reconstrução nacional.

O trabalho, antes forma de escravidão, será enfocado no novo discurso oficial como valor social. Passa a ser um direito e um dever do homem, uma tarefa moral e um ato de realização, uma obrigação para com a sociedade e o Estado e uma necessidade do próprio indivíduo. É colocado como fonte de propriedade privada justa, como forma de conquista de prosperidade, de cultura intelectual e da proteção do Estado. Por meio dele, o homem conseguirá posição na sociedade e relacionamento com o Estado. E mais, diferentemente do regime político anterior, pelo trabalho, a classe operária será chamada a participar da emancipação econômica e dos destinos do país. E, nesta ótica, o não-trabalhador será estigmatizado e colocado como pária do sistema, como não-cidadão.

Por esta proposta, a missão do governo será salvar o operariado da pobreza. Instala-se uma estratégia político-ideológica de combate à pobreza, centrada justamente na valorização do trabalho. O interesse público e o bem comum serão o centro das discussões econômicas e sociais, e a justiça social será a meta a conquistar pela eliminação da miséria, conforme aconselhava a doutrina social da Igreja desde a *Rerum Novarum* de Leão XIII, em 1891. Diante dessas diretrizes,[13] Estado e Igreja buscam se aliançar novamente, num acordo de interesse mútuo.

O problema da pobreza — que começa a se tornar incômodo e até perigoso, visto que já relacionado às relações de trabalho e à omissão do governo — deixa de ser visto como inevitável e até funcional à ordem socioeconômica, para ser colocado como preocupação do Estado. A extrema pobreza da classe operária no final da década de 20 é tal que não há como desconhecê-la. Não sendo fixados por um teto mínimo (o que só vai acontecer em 1940), os salários eram muito baixos.

São Paulo, por exemplo, possuía uma população de 203.736 trabalhadores (na sua maioria imigrantes e filhos de imigrantes), dos quais 55.717 eram "autônomos" (pedreiros, pintores, motoristas, carroceiros, jornaleiros, eletricistas e carpinteiros), e o restante trabalhava em 3.629 fábricas e estabelecimentos comerciais (fiação, tecelagem, construção, massas alimentícias, manufatura de ferro, estrada de ferro, hotéis, bares, padaria, artefatos de couro, manufatura de madeiras, estabelecimentos gráficos, indústria de vidros, automóveis e acessórios, produtos químicos, papel, papelão, borracha e mármore, viação e transporte).[14] A relação capital-tra-

---

13. Segundo Vianna (1978: 159), com a *Rerum Novarum* "abre-se para a sociedade civil católica a oportunidade de praticar a política, numa ação de sentido 'cristianizador' do capitalismo, liberando-o da mistificação liberal e reorganizando-o sob o imperativo ético do comunitarismo. A utopia de uma nova hegemonia católica, a partir de posições abandonadas pela burguesia liberal da sociedade civil, se institui num projeto de poder. Reconhecendo-se como um partido no mundo moderno, e sem perder o horizonte da totalização, torna-se um contendor a mais no plano temporal, visando a realização de objetivos políticos específicos".

14. Recenseamento Operário da Capital — Departamento Estadual do Trabalho, SP, 1927 (Decca, 1987: 15).

balho localizava-se em bairros antigos e distantes para a época (Brás, Mooca, Ipiranga, Belenzinho, Pari, Cambuci, Casa Verde, Freguesia do Ó e outros), sendo os bolsões de pobreza situados em regiões de chácaras que começavam a ser loteadas (Itaim, Saúde, Indianópolis etc.). As fábricas ficavam na melhor parte dos bairros e os operários nas "baixadas", residindo em "espeluncas", "cortiços sórdidos" ou "casebres insalubres" que, na grande maioria alugados, consumiam em torno de 25% dos baixos salários recebidos, que raramente passavam de 200 réis mensais para os homens e quase a metade para as mulheres e menores. As moradias possuíam de 28 a 48 metros quadrados, com três ou quatro cômodos e com média de moradores de 5,42 (2,7 por cômodo), grande número situando-se em porões e aglomerados, que não contavam com água encanada e esgoto.[15]

A caracterização de tais áreas de pobreza condicionará inclusive a localização das instituições sociais, que começarão a se aproximar destes contingentes de trabalhadores para um melhor atendimento.

Segundo estudo realizado pelo Instituto de Higiene nos anos 1932, 1933 e 1934 (Decca, 1987: 35), apesar de gastarem, em média, 50% dos salários em alimentação, os trabalhadores restringiam-se ao consumo de trigo, pão, arroz, macarrão, apresentando uma defasagem nutricional, considerada por especialistas na época, muito grande (27% dos adultos viviam com menos de 2.600 calorias)[16] e com problemas de saúde eminentemente sociais, apesar de toda preocupação higienista.[17] Havia para tal população apenas três centros de

---

15. Expressões usadas e situação descrita por técnicos e engenheiros no I° Congresso da Habitação realizado pelo Instituto de Engenharia de São Paulo, em 1931, segundo Decca (1987: 27-8).

16. Estudo do Instituto de Higiene realizado em 1932/33/34 (Deca, 1987: 35).

17. É interessante, neste aspecto, observar que, tanto pelo referencial do governo daquela época e ainda mais para o atual, tal redução poderia ser muito maior, pois a cesta básica, pelo Decreto n° 399/38, indica 2.200 calorias/dia e a do Prodea, atualmente, apenas 550.

saúde — o Centro de Saúde Modelo, anexo ao Instituto de Higiene, o do Brás e o do Bom Retiro.

Ao que tudo indica, até 1935, o operariado mais bem situado se beneficiava das sociedades de auxílio mútuo, sendo ainda a Santa Casa de Misericórdia, o hospital procurado pela população pobre em geral (Lowrie, 1986).[18]

Para avaliar a situação de saúde da época, Maria Isolina Pinheiro cita, em publicação de 1939, estudos que indicavam a questão da mortalidade infantil no país, apontando para São Paulo 141 óbitos em mil e em Fortaleza 342, enquanto em Berna o índice já era de 32 e em Nova York de 59; cita ainda o estudo do dr. Oscar Clark, que aponta a mortalidade intrauterina em cerca de trezentos em cada mil gestações; a "mortinatalidade" com aproximadamente setenta em cada mil partos, e a mortalidade no primeiro ano de vida, com média de 250 por mil crianças (Pinheiro, 1939: 33 e 36).

O operariado era em sua maioria alfabetizado, visto que os imigrantes já vinham com alguma escolaridade. O *Anuário Estatístico do Estado de São Paulo* de 1928 identificou entre 102.654 operários do estado de São Paulo pesquisados (60,3% homens e 39,7% mulheres — 51,9% maiores de 21 anos e 48,1% menores) que 68,8% sabiam ler e escrever e 31,2% eram analfabetos (Decca, 1987: 43).

Tal situação é também confirmada por Samuel Lowrie, em pesquisa junto a operários da limpeza pública de São Paulo em 1936, que aponta 58% dos chefes de família e 56% dos outros membros acima de sete anos como alfabetizados. No entanto, pela dificuldade de acesso às poucas escolas públicas, mais de um terço das crianças estava fora delas, e as que freqüentavam tinham apenas os educandários religiosos para um aprendizado rudimentar (idem).

A Fábrica Maria Zélia, mais tarde Cotonifício Scarpa, era a única iniciativa-modelo na assistência habitacional,

---

18. Samuel Lowrie foi o sociólogo que, a convite do governo do Estado de São Paulo, integrou o grupo de intelectuais que implantou a USP.

hospitalar, escolar e recreativa para os seus operários naquele momento. A partir de então, várias fábricas passaram a oferecer alimentação ou construir vilas operárias, mas quase sempre apenas para seus mestres, contramestres e operários especializados.

A estabilidade dos salários (praticamente os mesmos entre 1927 e 1935) e a sua inadequação face à alta contínua dos preços de alimentação, habitação etc., levava o operário a um padrão de vida bastante precário e por vezes miserável — o que os conduzia a constantes lutas em prol de melhores salários e condições de trabalho, criando situações de tensão social.

O amparo social, mobilizado pelo conjunto privado de filantropia, visava, portanto, alcançar o próprio trabalhador regular, que era mão-de-obra espoliada por um salário aviltante.

Também o desemprego (60 mil numa população de aproximadamente 888 mil habitantes em 1930, em São Paulo)[19] e a diminuição de jornada e salário em muitas fábricas, após a crise de 1929, passam a ser responsáveis pelo aumento da miséria.

Assim, a "questão social", na sua dimensão simbólica, passa a representar todos os males e problemas por que passa o país, e a fala governamental é que toda a sociedade deve se unir no seu enfrentamento.

O governo Vargas articula-se essencialmente sobre uma política ideológica com marca de inovação, legitimando seu formato político-institucional perante os protagonistas significativos da sociedade. Fundamenta-se na configuração do poder que se instala enquanto mecanismo de controle do comportamento político, tanto das facções dominadas quanto dos próprios grupos dominantes, traçando as relações sociais que

---

19. Dados do Relatório da Diretoria do Centro Industrial do Brasil — 1928/1931, utilizados por Eulália M. Lahmeyer Lobo, "História do Rio de Janeiro", 1978 (Gomes, 1979: 200).

entre eles devem se estabelecer. Daí a combinação elite/massas empobrecidas, numa relação de cooperação e harmonia. Dentro do pensamento autoritário e elitista hegemônico, forjam-se também as idéias de nacionalismo.

A "revolução" é colocada assim pelo Governo Provisório de Getúlio Vargas, numa dimensão não só política, mas também subjetiva e transcendental, voltando-se para a recuperação da nacionalidade e da cultura nacional. Ela apela aos valores humanos e cristãos do povo brasileiro, abandonados no regime político anterior, procurando fazer renascer o espírito de nação em suas tradições culturais e cristãs. Neste sentido, o Estado, em íntima parceria com a Igreja católica, é reconhecido por se colocar em conformidade com as tradições religiosas do povo, cuja "re-educação" não se pode realizar, a não ser no cristianismo.

Este projeto, objetivando transformar o perfil socioeconômico e político da nação, compromete-se em efetivar a democracia pela justiça social, e não pela liberdade, que no liberalismo era apenas fonte de autonomia, de libertação. A seu ver não se a conquistará pelo *laissez-faire*, mas pela justiça social. Porém propõe efetivamente um grau de proteção social destinado só aos trabalhadores formais e com a presença do Estado.

Apoiado na crítica ao liberalismo — que, consagrando o intervencionismo estatal e o valor do individualismo, acabara criando uma ordem social de privilégios políticos e profundas desigualdades sociais —, o novo projeto colocará ênfase no interesse coletivo, e não no livre arbítrio individual.

No entanto, o conceito de justiça social para os mais pobres será diverso do atribuído aos trabalhadores. Para estes, o Estado atua diretamente, introduzindo decretos para um trabalho e ganho justos. Para os demais, o Estado se esconde atrás de um conjunto de organizações da sociedade civil. O quadro resultante é algo intermediário: nem é propriamente um liberalismo de arbítrio individual, nem uma justiça de proteção estatal.

É interessante notar que o próprio serviço social, seguindo os conceitos da Escola Normal Social Franco-Belga, reforça o traço do arbítrio individual, dogmatizando-o, influenciado mais pelo liberalismo do que pelas novas tendências trazidas pela concepção dos direitos sociais.

O governo rechaça o liberalismo, mas não o supera completamente, insistindo em atitudes liberais. Reconhece "a questão social", mas não equaciona uma democracia social. Mantém a contradição.

Tal dilema, porém, não é novo. Já fora salientado por Rui Barbosa em 1919, em conferência realizada no Teatro Lírico do Rio de Janeiro, quando, ao denunciar os sérios problemas vividos pelo país, pronuncia-se a favor da social-democracia, propondo uma reforma social que reveja as posições doutrinárias em voga, face ao surgimento da questão social. Segundo ele,

> "A concepção individualista dos direitos humanos tem evoluído rapidamente, com os tremendos sucessos deste século, para uma transformação incomensurável nas noções jurídicas do individualismo restringidas agora por uma extensão, cada vez maior, dos direitos sociais. Já não se vê na sociedade um mero agregado, uma justaposição de unidades individuais acasteladas cada qual no seu direito intratável, mas uma entidade naturalmente orgânica, em que a esfera do indivíduo tem por limites inevitáveis, de todos os lados, a coletividade. O direito vai cedendo à moral, o indivíduo à associação, o egoísmo à solidariedade humana" (Barbosa, 1988: 19).

Neste sentido, o discurso do governo avança, mas com incongruências que se justificam pela necessidade de satisfação de interesses antagônicos para sua legitimação e manutenção no poder.

O problema a ser vencido será o de amparo aos necessitados (a grande massa restante da escravidão, de "homens livres" e imigrantes empobrecidos), e não o da liberdade. A conquista da democracia deverá assim se firmar pela conquista do bem-estar do povo, e o princípio da autoridade será o único meio legítimo desta realização. Propaga-se nesse momento o "ente mítico chamado povo" (Moisés, 1978), desapropriado de sua classe, de conflitos, de contradições sociais, descaracterizado na sua cidadania. Cria-se a imagem do povo-massa, disforme e sem vontade. Assim para o governo,

> *"um regime autenticamente democrático não era o regime da pseudo representação eleitoral de indivíduos iguais, que na verdade não existem, mas o da organização corporativa[20] dos indivíduos em sindicatos diferenciados e dotados de poder político. A nova democracia seria a democracia das corporações, em que estas constituíssem centros de organização e orientação dos indivíduos para o bem público, verdadeiras fontes originárias da vontade popular" (Gomes, 1982: 132).*

As corporações,[21] formadas na realidade por uma elite de trabalhadores, seriam os mecanismos de organização da

---

20. A ideologia corporativa, tornada evidente no decreto sobre sindicalização — de nº 19.770, de março de 1931 — vai tornar o Estado autônomo, agindo politicamente acima das classes, mas sempre se orientando em função dos interesses econômico-sociais. Por esse decreto, o sindicato passa a ser o órgão de colaboração do poder público, pára-choque entre os conflitos capital-trabalho (Vianna 1978: 117).

21. Para Oliveira Viana, intelectual dos mais representativos das tendências dominantes dentro do nacionalismo brasileiro da época, e partícipe do governo como consultor jurídico do Ministério do Trabalho (de 1932 a 1940) e ministro do Tribunal de Contas da União, numa concepção realista de mundo dizia: "As corporações representam o papel de mediação entre os dois países (o país real e o país legal) sob a direção de um Estado forte, que submete a liberdade ao princípio da autoridade. Tal Estado Corporativo, sem qualquer tipo de partido, mesmo único e sem ideologia organizada, é um Estado Autoritário, propício ao Brasil" (Vieira, 1981: 69).

Defensor do fortalecimento do Poder Executivo e da administração, julgava que o Estado corporativo tinha condições de buscar a modernização da economia capitalista brasileira num processo de conciliação entre capital e trabalho; que por meio das corporações, o Estado podia se legitimar, articulando a nação de cima para baixo; que o Estado corporativo faria nascer a democracia por intermédio da ditadura e que o princípio da autoridade daria origem à liberdade da nação. Não se trata, portanto, da democracia social, orientada pela luta de classes, explicava ele, mas da democracia corporativa fundamentada nas classes organizadas, que concede vida econômica e política do país. Compatibilizariam desigualdade e complementaridade, pois ao mesmo tempo que separam os indivíduos por atividade profissional, reúnem-nos pela hierarquia global da ordem corporativa, obtendo o consenso, a unidade da vontade do povo trabalhador e pauperizado em geral.

O corporativismo é visto, então, como mecanismo "que opõe e une simultaneamente, pois só desta forma é capaz de integrar em uma ordem estável (sem conflitos) uma realidade social mais que diversa, isto é, uma realidade naturalmente desigual (Gomes, 1982: 139).

Com esta concepção o governo idealizava um modelo de democracia, distinguindo-a das formulações liberais de um lado e impedindo-a de se abater ante à ameaça totalitária de outro. Não aprovava o dissenso, o conflito, argumentando pela necessidade de unidade nos aspectos políticos e sociais; daí não necessitar de partidos, mas de um único — "o partido" do Estado.

A identificação entre Estado e nação sob esta ótica eliminaria a necessidade de intermediários entre a população e o governo, assumindo assim o perfil populista. As corporações, transformadas em órgãos públicos sob a tutela estatal, teriam poder de representação da vontade popular e competência para colaborar na organização da vida nacional. O conflito não teria espaço, pois a unidade da vontade do povo seria garantida pelo líder do governo, personificada na autoridade do presidente.

Nessa dinâmica complexa, que combina elementos contraditórios, Vargas se coloca, corporificando funcional e pessoalmente o Estado. Ele se relaciona diretamente com o povo,

---

aos cidadãos uma participação igual na "direção dos negócios públicos". A sociedade brasileira não estava, a seu ver, preparada para ultrapassar a fase da liberdade política. A democracia corporativa e a liberdade civil seriam o primeiro passo da ação revolucionária do Estado, como elemento da revolução conservadora. O Estado corporativo seria uma das respostas intelectuais e políticas à crise do Estado liberal e a essência deste projeto de contra-revolução (Vieira, 1981: 135-44).

a quem se dirige como fonte e base de governo. Transforma-se no terminal da vontade popular e, por conseguinte, em líder da nação, sobrepondo-se ao próprio projeto que dirige.

Desta forma, o bem-estar é oferecido "paternalmente" por intervenção do Estado (personificado na figura do presidente) para categorias selecionadas (como ferroviários e portuários) e esvaziado da idéia de participação política. E mais, "é como se ocorresse uma politização do privado, já que é apenas através do trabalho e do pertencimento às corporações que o homem se transforma em cidadão do Estado" (Gomes, 1982: 141).

Isto equivale a dizer que a construção da democracia se dá por vias não democráticas, ou que se constrói uma "democracia autoritária", pois esvazia-se a idéia de participação política e o conflito de classes: "A ordem corporativa proposta vinha confirmar, como se declarava então, a substituição do negativo conceito de luta de classes pelo conceito político de colaboração de classes" (Lenharo, 1986: 22). Os ricos ajudando os pobres, sem conflitos, numa perfeita integração social.

Assim, entende-se o motivo de a assistência social ser mediada pelas organizações da sociedade civil e por que a Caixa de Subvenções é transmutada em CNSS, saindo a responsabilidade de arbitrar os auxílios da área governamental para a sociedade civil.

O discurso ideológico constitui, sem dúvida, a base do novo regime e a propaganda firmada em conteúdos míticos de ramificações românticas e religiosas, no meio eficaz utilizado. Neste sentido, a ação das organizações sociais, na maioria de orientação religiosa, encaixar-se-á duplamente nas intenções governamentais: no conformismo à pobreza pela religião e no amparo emergencial devido pelo Estado. No dizer de Alcir Lenharo, o governo "dirige-se politicamente ao que interessa, sem a necessidade de precisá-lo, de demonstrá-lo; o convencimento é alcançado por outras vias, à margem das tensões ideológicas e das contradições que uma definição comporta" (1986: 16).

No entanto, com o evoluir das reivindicações o próprio discurso enfatiza que a construção nacional vai se dar não por meio das idéias e das promessas, mas por atos concretos, que garantam aos trabalhadores melhores níveis de vida.

O governo começa a relacionar então as práticas ideológicas — elaboração de um discurso de legitimação da dominação — com as práticas políticas, não manifestamente ideológicas, como por exemplo, a produção de regras legais para a montagem de uma polícia política e de formas de amparo social (Gomes, 1982: 153).

A legislação social já iniciada[22] mas não regulamentada devido à resistência patronal, vai ser nesse momento o expediente fundamental, vinculado a outras medidas políticas, para a necessidade de hegemonia que se impõe ao governo. E o amparo social será a estratégia para os excluídos desse conjunto.

Gradativamente começa-se a regulamentar: o horário de trabalho no comércio e indústria (respectivamente Decretos nº 21.186/32 e 21.364/32), o trabalho de mulheres e menores de dezoito anos (Decretos nº 21.417/32 e 22.024/32); as Comissões Mistas de Conciliação (Decreto nº 21.396/32), as Juntas de Conciliação e Julgamento (Decreto nº 22.132/32), as Convenções Coletivas de Trabalho (Decreto nº 21.761/32); a nova lei de férias dos comerciários e operários da indústria (Decretos nº 23.103/33 e 23.768/34) e a nova lei de sindicalização (Decreto nº 24.694/34). Quanto à área previdenciária, procede-se à extensão aos mineiros (Decreto nº 22.096/32), aos comerciários (Decreto nº 24.273/34), aos estivadores (Decreto nº 24.275/34) e aos bancários (Decreto nº 24.615/34),

---

22. Desde 1931 já haviam sido elaborados seis anteprojetos de leis sociais (horário de trabalho, regulamentação do trabalho feminino, regulamentação do trabalho de menores de idade, convenções coletivas de trabalho, juntas de conciliação e julgamento e salário mínimo). Foram promulgadas também duas leis — a de sindicalização (março) e a de nacionalização do trabalho (agosto), além de trabalhos sobre a reforma da lei das Caixas de Aposentadoria e Pensões (que até então só beneficiavam ferroviários e marítimos (Vianna, 1978: 148).

embora todos estes projetos só venham a ser consagrados na Constituição de 1934 e 1937 (Vianna, 1978: 148).

Tal legislação não impede, no entanto, que a jornada de trabalho de oito horas, a proibição do trabalho noturno, a manipulação do salário de crianças, adolescentes e mulheres, a proibição de mais de duas horas de trabalho extra e a falta de creches aconteçam, pouco punidas pelo Ministério do Trabalho e Justiça do Trabalho, que pendiam inequivocamente para o lado dos empresários (Lenharo, 1986: 27). Assim, tal legislação, ao lado dessas instituições, vai se constituir mais como uma armadilha de envolvimento e enquadramento dos trabalhadores do que em sua defensoria.

Cada vez mais, tais medidas vão se voltar para as categorias formalmente contratadas e sindicalizadas, desconsiderando que dos quase 12 milhões de trabalhadores em 1935, só 2 milhões se encontrariam na indústria, transporte e comércio (971 mil, 365 mil e 752 mil, respectivamente), com a possibilidade de carteira profissional, contra quase 9 milhões no setor agropecuário, onde só 20% eram assalariados, sendo os demais colonos, meeiros ou agregados, conforme as normas de parceria da época; e ainda 700 mil na construção civil — serventes e trabalhadores não especializados, a maioria não registrada, conforme dados do Boletim do Ministério do Trabalho em dezembro de 1936 (Cerqueira Filho, 1982: 82). A nova legislação desconsidera ainda os crescentes índices de proletarização do país (só São Paulo recebe entre 1936-40 mais de 295 mil imigrantes de outros estados, a maioria sem carteira profissional), conforme aponta a estatística de imigração do Departamento de Imigração e Colonização da Secretaria da Agricultura do Estado de São Paulo/1961 (Lenharo, 1986: 26). Aqui já se reforça a segmentação dos trabalhadores no acesso ao direito, priorizando os urbanos aos rurais, e dentre os urbanos, aqueles dedicados às ocupações consideradas fundamentais para a economia da época. É o início do chamado "Bem-Estar Ocupacional", caracterizado por Sposati, Falcão & Fleury (1989: 14).

A FILANTROPIA DISCIPLINADORA NO ENFRENTAMENTO DA QUESTÃO SOCIAL

Desta forma, não somente os desempregados e os sem possibilidade de exercer trabalho serão o alvo das organizações sociais, mas também segmentos de trabalhadores excluídos das medidas recém-implantadas. Daí o interesse governamental em incentivar e apoiar esta rede privada, regulando-a por meio de subvenções.

Com o crescimento desmedido do proletariado urbano,[23] com a grande massa de trabalhadores excluída desta legislação lançando no contexto político cada vez maior número de reivindicações e com o esgotamento das fórmulas de conciliação política, o governo vai abandonar as idéias reformadoras da ordem liberal e instalar-se definitivamente como um Estado Novo. O antiliberalismo e a proposta de um Estado forte, centralizador e essencialmente regulador, apoiado pela matriz ideológica conservadora — que vinha se desenvolvendo no mundo desde o início do século — vão caracterizar os acontecimentos de então.

O golpe de novembro de 1937 jogará o país em uma das mais perversas ditaduras de sua trajetória republicana: o Estado Novo. "Se em 1930 o caráter interventor e tutelar do Estado já se evidenciara, que dizer de 1937, quando o Estado se apresenta como o portador de uma nova e unitária proposta para o conjunto da sociedade?" (Lenharo, 1986: 21).

O novo regime político, definindo-se como uma obra de reajustamento do país às suas fontes históricas, étnicas, polí-

---

23. Desde a década de 20 observa-se alteração no crescimento populacional das principais capitais do país. No entanto, de 1930 a 1937, tal crescimento será mais intenso que de 1920 a 1930. São Paulo, com população de 590.033 em 1920, passa a ter 887.810 habitantes em 1930, e 1.268.827 habitantes em 1937, com aumento de 69% de população. A migração interna rural-urbana será prevalente à migração estrangeira, que também continua, devido ao intenso crescimento urbano industrial do Centro-Sul. Em 1940, 27% dos nordestinos (saídos de apenas quatro estados — Pernambuco, Alagoas, Sergipe e Bahia) acorreram para São Paulo. Nesta capital, de 1930 a 1935, o número de fábricas têxteis se eleva de 450 para 552; o ramo fabril de preparação de materiais, de fabricação de máquinas e aparelhos, de 852 para 1625, enquanto o total de novas fábricas cresce 70% em relação a 1930. Assim, o exército industrial ocupado salta para 971 mil em 1934 e 1.112.162 em 1939 (Vianna, 1978: 131-2).

ticas e culturais, terá como o seu grande articulador e verdadeiro criador, o próprio presidente Getúlio Vargas.

Contrariamente ao Brasil liberal, que jamais se expressou por uma individualidade, todo o movimento de 37 será concebido como reflexo da personalidade de Vargas. Tentando tornar consciente o que existia apenas no subconsciente da nação, encarnará em sua pessoa a nova proposta, em seu dizer direcionada ao povo, em suas mais genuínas e espontâneas manifestações e aspirações. Para tanto, valer-se-á novamente do expediente da legislação trabalhista e do amparo social, instalando inclusive o CNSS.

Em 1940, estabelece a primeira tabela[24] de salário mínimo (Decreto nº 2.162), figura constitucional de 1934 só aprovada pela Lei nº 185, de 14/1/36, e regulamentada dois anos depois pelo Decreto-lei nº 399/38, mas não adotada até então. Desta forma, na década de 30 não havia um salário médio mensal de regulamentação estatal, mas apenas um "salário modal", que tinha como referência o preço/hora (mil-réis a hora) e oscilava conforme a natureza do acordo (empreitada ou mensalista) e da jornada (apesar da lei, muitos excediam as oito horas) (Decca: 1987: 21).

---

24. Segundo Vianna (1978: 236), "A decretação da primeira tabela foi antecedida de um 'Censo do Salário Mínimo', realizada pelo Serviço de Estatística da Previdência e Trabalho, no objetivo de fornecer subsídios às Comissões de Salário Mínimo — compostas por representantes do Estado, dos empregados e empregadores — para o estabelecimento do nível mínimo salarial". O inquérito estratificou os salários em dois grupos: a seco e com bonificações (gratificações etc.) em duas categorias — para adultos e menores. Tendo incluído a remuneração rural, puxaram para baixo as médias observadas, em razão dos salários aviltados que recebiam, como apontam os dados do Boletim do MTIC nº 57, maio/39 (Vianna, 1978: 236).

Já em 1935, o sociólogo Samuel Lowrie elabora o primeiro estudo sobre "Padrão de vida dos operários da cidade de S. Paulo", publicado na *Revista do Arquivo Municipal*, vol. 13, para cálculo da cesta básica e orientação do valor do salário mínimo. A atualização desses dados permaneceu com correções anuais até 1958 no DIEESE (Departamento Intersindical de Estatística e Estudos Sócio-econômicos) (Sposati, 1988: 125). Este estudo foi reutilizado por Sposati na comparação feita sobre a vida do trabalhador do lixo em São Paulo, entre 1938 e 1990 e compõe sua pesquisa de pós-doutorado.

Tal tabela confirmava a acanhada fórmula do salário mínimo "biológico", resultante do somatório das despesas diárias de um trabalhador adulto em alimentação, vestuário, higiene e transporte, adequando às variações regionais.

Para São Paulo, os salários foram escalonados, tendo as cidades paulistas sido divididas em quatro grandes grupos, com salários de 220 réis o primeiro grupo; 200 réis o segundo; 180 réis o terceiro; e 160 réis, o quarto.

O salário se situou em torno da remuneração média encontrada, o que, para o operário industrial, não constituiu elevação do padrão de vida, reproduzindo as condições do contingente mais mal remunerado. Para as demais ocupações das classes subalternas urbanas traduziu-se numa pequena melhora, fazendo com que os primeiros financiassem a ascensão de outros trabalhadores (Vianna, 1978: 238-9).

O governo criou também o SAPS (Serviço de Alimentação da Previdência Social), destinado a fornecer "alimentação adequada e barata aos operários", e ainda desenvolveu diversas campanhas de sindicalização sob o patrocínio do Ministério do Trabalho.

Em 1943, é criada a Consolidação das Leis do Trabalho (Decreto nº 5.452 de 1/5/43) como o instrumento mais importante de intercâmbio de interesses entre assalariados e empresários, sistematizando toda a legislação trabalhista e previdenciária formulada desde 1930, num todo orgânico e congruente (Vianna, 1978: 240). Põe-se em prática um conjunto de instrumentos legais, que permitem aos trabalhadores formais reclamar perante o Estado a atenção aos seus direitos; e ao mesmo tempo, ao governo munir-se de apoio jurídico e de uma burocracia habilitada a manipular novos objetivos, novos procedimentos e novas técnicas.

O governo busca, assim, a incorporação de algumas reivindicações dos trabalhadores mais categorizados (valendo-se da repressão para os demais) e a mobilização da economia para arrefecer a crise. Reprime as reivindicações da grande massa de trabalhadores e deixa pouco espaço à sua vocalização, com a proibição do direito de greve e do direito a reclamações perante as Juntas de Conciliação e Julgamento, só facultadas aos sindicatos, cujo acesso era restrito aos trabalhadores com carteira assinada.

A repressão não se faz indiscriminadamente sobre os movimentos reivindicatórios da classe trabalhadora em geral, mas sobre os segmentos que tentam fugir aos canais institucionais criados para absorver e dissolver esses movimentos dentro da estrutura corporativa.

Mesmo os benefícios outorgados aos trabalhadores formais vêm combinados com um controle rígido e eficaz das organizações trabalhistas, principalmente pelo Ministério do Trabalho, que conjugará os efeitos ideológicos e repressivos e procurará circunscrever as soluções trabalhistas à ótica dos grupos sociais dominantes. O alvo é forjar o trabalhador despolitizado, disciplinado e produtivo.

A "questão social", embora tratada como questão legal, legitimada pelo poder, será novamente "caso de polícia", mas dessa vez forçando o governo a um discurso sofisticado e falacioso, com a finalidade de combinar um tratamento repressivo com a atitude reconhecedora da sua legitimidade e legalidade (Cerqueira Filho, 1982: 108). De forma contraditória, propiciará apoio ao processo de industrialização capitalista, que gerará conflitos na relação capital/trabalho e usará a repressão para abafá-los, mas não de modo radical, usando mais mecanismos indiretos, como fazer desaparecer o sindicalismo autônomo e melhorar o tratamento da "questão social".

A legislação social, embora coíba os maiores excessos cometidos na extração do trabalho excedente, no final vai reafirmar a dominação do capital. Apesar de ter como objetivo preservar a classe operária de uma pauperização drástica, ao mesmo tempo destina-se a manter as relações de produção em conformidade com as exigências do desenvolvimento econômico. Não impede que os níveis de salário real continuem abaixo dos índices de custo de vida, mantendo o progresso da reprodução do capital.

O Ministério da Educação e Saúde será, então, acionado para garantir a capacidade de trabalho do operariado e o aprimoramento educacional, colocado pelo governo como fundamental ao progresso social e à manutenção da ordem pública. Devido a essa premissa, instala-se a intenção de dar escola para todos, começando a se reconhecer a responsabilidade do Estado.

E considerando que os problemas da educação se relacionam com os de alimentação, saneamento e transporte — ou seja, com as condições de vida do povo —, o governo vai associá-los às questões de saúde e de amparo social, uma vez que o caráter da saúde era até então mais "campanhista", e o da pobreza era visto também como de educação.

Dois campos se distinguem então na filantropia incentivada: a assistência médico-hospitalar e o atendimento à criança. Nesta área, "não se desenvolvem, no entanto, nem uma política de assistência à saúde da população e nem uma política educacional para a criança. São asilos e hospitais filantrópicos, que ocasionalmente atendem as vicissitudes em suas vidas" (Sposati, 1988: 115).

Explica-se, assim, a força do CNSS junto ao Ministério nessa época. Com ele referenda-se a necessidade de amparo e educação do povo e o pacto com a sociedade civil, realizando, para tanto, o controle da filantropia por meio do seu enquadramento às normas técnicas e à legislação.

Com tal visão, a estratégia de controle da vida na pobreza e do cotidiano operário dentro e fora das fábricas será extremamente complexo e exercido nem sempre por agentes do capital, mas por instituições de natureza diversa — educacional, assistencial, de saúde — ligadas ou não ao poder público. Em São Paulo, institutos de pesquisa como o Instituto de Higiene e a Escola Livre de Sociologia e Política desenvolvem, na época, inúmeros inquéritos sobre a situação de alimentação, saúde e vida dos operários, visando subsidiar a administração pública no estabelecimento de níveis salariais e de condições de reprodução da força de trabalho.

Nunca ouvido o próprio operário, tais questões recebiam tratamento eminentemente técnico, quase sempre considerando a alimentação e a saúde como um problema de educação, configurando assim, embora nem sempre de forma explicitada, estratégia de controle e amenização das tensões sociais (Decca, 1987: 52). "Assim aos métodos repressivos vão sendo contrapostos métodos educativos e preventivos quanto à higiene e à saúde do proletariado urbano, com finalidades eugênicas, onde o interesse do Estado e da produção se colocavam primordialmente" (Decca, 1987: 75).

Estudos sobre a habitação do operariado seguem também esta direção: "A dispersão espacial da classe trabalhadora na cidade se iniciava pelo 'confinamento' do operariado em locais cada vez mais distantes, onde nem a qualidade nem o preço das moradias populares se alterava, substancialmente" (Decca, 1987: 68). A questão era tratada de forma técnico-administrativa por engenheiros, arquitetos, mas com ausência total do operariado.

Também o esporte e o lazer passam a ser direcionados visando melhorar o rendimento do trabalhador. Pela Portaria nº 68 de 6/9/43 e associado ao Ministério do Trabalho (Lenharo, 1986: 101), é criado o Serviço de Recreação Operária que, atendendo menores e adultos, oferece três setores básicos de recreação: cultural, escotismo e desportivo. A orientação dessas modalidades se dirige à nova concepção de vida a ser incutida no trabalhador e sua família.

Principalmente a Igreja católica investe fortemente neste aspecto, criando em São Paulo o Centro Católico Metropolitano, que se desdobra em vários outros (Lapa, Moóca, Penha, Barra Funda, Itaquera, Ipiranga e Brás), fazendo a sindicalização católica dos operários, doutrinação, realizações sociais e conferências sociais e educativas com temas como "A alegria no trabalho", "Higiene no lar como fator de felicidade" e outros (Decca, 1987: 91). Espera-se, assim, que os operários incorporem hábitos de higiene, alimentação, padrões de moralidade e sociabilidade e que se tornem disciplinados e produtivos, embora continuem em situação de pobreza muito grande.

As contradições do modo de produção levam ainda a outros caminhos. Além da manutenção desta capacidade de trabalho, o desenvolvimento capitalista traz novas necessidades de produção e, conseqüentemente, novas exigências para o operariado. O manuseio de um número maior de máquinas passa a demandar não só a intensificação do ritmo de trabalho e atenção, mas também novas necessidades para a regulação do padrão de expropriação e acumulação, como a diminuição da jornada, férias etc.; surge principalmente a necessidade de preparo de mão-de-obra e maior especialização.

Getúlio Vargas cria o Serviço Nacional de Aprendizagem Industrial — Senai, que, gerido pela Confederação Nacional da Indústria, vai se tornar rapidamente um grande empreendimento de qualificação da mão-de-obra, principalmente juvenil. Com esta medida, o Estado passa não só a investir nas atividades profissionalizantes, mas a pressionar o empresariado industrial a assumir diretamente encargos no processo de qualificação tecnológica da força de trabalho coletiva.

Implementa-se o comportamento filantrópico-disciplinador do Estado e do empresariado, até então muito tímido em relação aos trabalhadores e ao exército de reserva. As atitudes repressivas cedem lugar a uma política com nova racionalidade. A intervenção necessária na "questão social" não terá mais só o sentido da proteção física do trabalhador e do desempregado, e sim o objetivo da organização de um sistema de instituições sociais, que permita a harmonização dos interesses de patrões e operários (Gomes, 1979: 208).

Num movimento de aperfeiçoamento dos mecanismos de intervenção do Estado estão implícitos o amparo e a educação das classes, no sentido da solidariedade coletiva para o controle do conflito interclasses, dentro da teoria da integração social, com a conseqüente despolitização da participação social que, segundo diretrizes técnicas e institucionais, deve se dar em moldes corporativistas. Dessa forma, dificulta-se a participação política e estimula-se a participação privada.

Com estas diretrizes, principalmente nos grandes centros, começa um incremento à filantropia, não só como resposta às necessidades e reivindicações dos trabalhadores, mas como enfrentamento à pobreza, no entendimento de que, se disciplinados, o operário e sua família terão reduzidas suas mazelas e o país, os males sociais.

O conjunto de instituições sociais composto desde o século XVI, sob a inspiração da caridade religiosa e ampliado e reordenado pelo modelo higienista em vigor no final do século XIX, não será suficiente e adequado às novas exigências. O interesse colocado nas práticas assistenciais nesse momento é a recuperação de meninos e meninas com vista a prepará-los para sua futura incorporação à força de trabalho. É a nova filantropia disciplinadora.

Ainda que o discurso conservador religioso seja contra a emancipação feminina e apregoe "a volta ao lar" da mulher trabalhadora para a "preservação da família", a preocupação do governo e da sociedade será a criação de espaços institucionais, especialmente concebidos para "regenerar e educar o menor proletário". A questão a ser enfrentada é "o flagelo das mães que trabalham", que expõem seus filhos à "auto-educação nas ruas, foco de perigo físico e moral". Ou ainda, retirar crianças e adolescentes do "ambiente nocivo e pernicioso do lar proletário", geralmente associado à miséria, à promiscuidade de cortiços e favelas, às doenças como a tuberculose, a sífilis e o alcoolismo. A intenção clara é substituir a "vadiagem" por hábitos sadios de trabalho (Decca, *apud* Lenharo, 1986: 103). Como afirma Luzia Margareth Rago (1984: 15):

"No discurso dos higienistas e industriais, a representação imaginária do trabalhador pobre estrutura-se em função da imundice. O pobre é o outro da burguesia, ele simboliza tudo o que ela rejeita em seu universo, portanto ele é feio, animalesco, fedido, rude, selvagem, ignorante, bruto, cheio de superstições. Nele a classe dominante projeta seus dejetos psicológicos; ele representa seu lado negativo, sua sombra" (apud Lenharo, 1986: 103).

A criança e o adolescente — depreciados e explorados como mão-de-obra dentro das fábricas — passam a ser contemplados como objeto de investimento, como o "futuro corpo trabalhador do país", daí a necessidade do seu enquadramento moralista o mais cedo possível.

Dois decretos, principalmente, incentivarão a ampliação da rede de filantropia. Em 17/2/1940, por meio do Decreto-lei nº 2.024, o "governo fixa as bases da organização da proteção à maternidade, à infância e à adolescência em todo o país", que no seu cap. I, art. 1º define que

"buscar-se-á de modo sistemático e permanente criar para as mães e para as crianças favoráveis condições que, na medida necessária, permitam àquelas uma sadia e segura maternidade, desde a concepção até a criação do filho, e a estas garantam a satisfação de seus direitos essenciais no que respeita ao desenvolvimento físico, à conservação da saúde, do bem-estar e da alegria, à preservação moral e à preparação para a vida".

Embora criado o Departamento Nacional da Criança, havia poucos serviços públicos de atenção à mãe e à criança; era necessário então lançar mão do setor privado.

E em 19/4/1941, pelo Decreto-lei nº 3.200,[25] o governo dispõe sobre a proteção das famílias em situação de miséria, estabelecendo no art. 30 que

---

25. Tal decreto foi elaborado por Stela de Faro, conselheira do CNSS na época (Ottoni Vieira, 1984: 78).

"as instituições assistenciais já organizadas ou a se organizarem para dar proteção às famílias em situação de miséria, seja qual for a extensão da prole, mediante a prestação de alimentos, internamento dos filhos menores para fins de educação e outras providências de natureza semelhantes, serão de modo especial subvencionadas pela União, pelos Estados e Distrito Federal e pelos municípios".

As atenções à saúde, à educação e ao amparo social continuam associadas, confundidas entre si e tratadas de maneira uniforme. O Estado se capilariza por intermédio de organizações sociais na função disciplinadora do pobre.

O governo e as igrejas de modo geral passam então a incentivar a criação de ambulatórios e dispensários para mães e recém-nascidos; creches, educandários, internatos para crianças pequenas; e escolas de ofício, institutos de ensino profissional, sociedades instrucionais para adolescentes, com o objetivo de iniciá-los bem cedo na capacitação para o trabalho.

A agilização do CNSS com relação aos pedidos novos de subvenção e a serem renovados possivelmente deve ter estimulado também a criação de instituições, que passam a ver concretizado o interesse governamental por esta área. Infelizmente a dispersão do acervo de dados não permitiu, no âmbito desta pesquisa, a comprovação por números desta hipótese.

Com esta ampliação, a prática da institucionalização de crianças pequenas muito pobres, mesmo possuidoras de família, será implementada, com o argumento de que a internação evita a marginalidade. Por outro lado, o trabalho infanto-juvenil precoce será utilizado para prevenir a delinqüência e capacitar para o trabalho. Na cidade de São Paulo esse momento vai ser expressivo.

A exemplo do Serviço Social de Menores em São Paulo (reorganizado pelo Decreto n° 9.744/38), que preconiza a instalação do ensino primário e técnico-profissional, de pensionatos, fazendas-modelo, para abrigo e educação de adolescentes, são criadas inúmeras instituições privadas.

A própria Liga das Senhoras Católicas, criada em 1921, vai ampliar significativamente, nessa época, seus serviços por meio do Departamento de Menores Abandonados, que atingirá, em 1936, doze asilos com 509 crianças, a Casa da Infância, com 230 e a Cidade de Menores Abandonados (com pavilhões de residências, igreja, grupo escolar, escola profissional, campo de esportes) com vagas para quatrocentos garotos.

Há a proliferação de grande número de internatos e educandários, passando a ser usual o hábito da internação desnecessária (Pinheiro: 1939: 181).

Inicia-se também o confinamento de adolescentes com pequenas práticas infracionais, tanto que o Decreto-lei n° 2.024, que fixa as bases da proteção à infância e adolescência, define a cooperação do Departamento Nacional da Criança e demais órgãos da administração das três instâncias à Justiça de Menores, para que assegure plena proteção à criança "colocada por qualquer motivo sob a vigilância da autoridade judiciária" (Cap. V. art. 16). E em parágrafo único institui a criação de "Centros de Observação destinados à internação provisória e ao exame antropológico e psicológico dos menores, cujo tratamento ou educação exigiam um diagnóstico especial".[26]

Serão ainda predominantemente as ordens terceiras, irmandades e confrarias católicas a se responsabilizar pela maioria das instituições criadas, agora com a participação de grupos laicos e também de outros grupos religiosos, como espíritas, protestantes e evangélicos.

É grande a vinda de congregações católicas européias nessa época. Em São Paulo, por exemplo, se instalam promovendo práticas assistenciais e educacionais as seguintes: Terceira Ordem Regular de São Francisco (1932), Congregação das Irmãs de Nossa Senhora do Calvário — Calvarianas, que

---

26. Talvez se possa olhar a Febem em suas formas coercitivas e disciplinadoras como uma continuidade deste pensamento.

criam a Sociedade de Educação e Beneficência Pedro Bonhomme para deficientes auditivos (1933), Congregação dos Padres do Sagrado Coração de Jesus — Dehonianos, com o instituto para meninos e creche (1933), Ordem Premonstrantense (Norbertinos), com a Associação de São Norberto (1936), Sociedade do Apóstolo Católico (Palotinos) em 1936, Congregação de Santa Dorotéia de Frassinetti, com várias obras filantrópicas (1937), Ordem de Santo Agostinho com a Sociedade Agostiniana de Educação e Assistência (1940), Congregação das Irmãs de Nossa Senhora Imaculada Conceição (1941), com inúmeras instituições assistenciais, Congregação do Apostolado Católico (Irmãs Palotinas) em 1943, Irmãs Franciscanas de São José com a Fraternidade Nossa Senhora Aparecida (1943) e outros (*Guia dos documentos históricos na cidade de São Paulo — 1554/1954*, 1998).

Em São Paulo se instalam também: Centro Espírita Nova Revelação, que mantém internato para crianças (1932), Federação Espírita do Estado de São Paulo, com várias instituições, Mesquita Brasil, com a Sociedade Beneficente Muçulmana (1930), Diocese das Igrejas Anglicanas — Paróquia de São João (1933), Paróquia São Lucas (1939), Igreja Batista de São Prudente (1932), Igreja Adventista do Sétimo Dia (1940), Associação das Senhoras Evangélicas de São Paulo na Lapa (1932).

As congregações, igrejas e mesmo as indústrias criam escolas noturnas e profissionais para operários e seus filhos; em São Paulo, o próprio Estado dá novo impulso ao ensino técnico profissional, transformando as escolas noturnas de educação de adultos em cursos populares e profissionais, com o objetivo de dar ensino primário elementar, instrução técnica sobre agricultura, comércio, indústria e cultura geral (sobretudo higiene cívica e social). Os programas destes "cursos de ofício" sempre se adaptam às necessidades do meio industrial onde estão instalados. Neles, os alunos confeccionam ainda objetos para a venda, recebendo "diárias" de acordo com a capacidade de trabalho (Decca, 1987: 45). Para a coordenação dessas "escolas de ofício" é criada, em 1934, a Superintendência da Educação Profissional e Doméstica.

Só o Instituto Frederico Ozanam mantinha sete escolas, e a Associação das Escolas Populares, onze (conforme semanário *O Operário*). Segundo a própria Superintendência da Educação, em 1934 existiam em São Paulo 182 escolas profissionalizantes registradas, além de grande número sem registro. A partir desse ano, elas proliferam muito mais, sendo comum os anúncios de cursos gratuitos de artes e ofícios em indústrias (Decca, 1987: 45).

Por outro lado, o governo faz com que os sindicatos deixem de se envolver com questões políticas e sejam transformados em agências de colaboração ao poder público, mais precisamente em centros assistenciais complementares à Previdência Social, substituindo seu esvaziamento político por um movimento assistencial cada vez mais crescente. Assim, instalam escolas, "centros de aprendizagem", "centros de cultura social e operária": Alguns dentro do espírito governamental, mas outros preocupados com a preservação de sua autonomia e sua união como classe.

Segmentos da sociedade civil vão criar também instituições que se tornarão tradicionais, como a Fundação da Casa do Pequeno Trabalhador (1939), a Associação Santo Agostinho (ASA) em 1942, a Cruzada Bandeirante (1943) e a própria Liga das Senhoras Católicas, que nessa área instalará Escola de Educação Doméstica (com curso primário profissional e curso secundário), Escola de Comércio com vários cursos anexos (Pinheiro, 1939: 180).

Para crianças até doze anos são criados ainda os Parques Infantis, onde elas receberão instrução moral e intelectual, alimentação e educação física, atendimento odontológico e diversão instrutiva. Em São Paulo, Mário de Andrade, secretário municipal de Educação, ao criar os parques infantis, instala o primeiro serviço municipal dedicado à criança, fundado no recreacionismo, ainda presente em algumas cidades brasileiras.

Práticas como o escotismo também são incentivadas, objetivando a preparação de novas gerações de trabalhadores.

Evolui também o "mutualismo" étnico com instituições de apoio a grupos específicos de cada nacionalidade, principalmente aos de categorias profissionais.

Os sindicatos e associações mutualistas ampararão os imigrantes muito empobrecidos pelas condições de trabalho — e mesmo as categorias com menor poder de barganha junto ao governo — com alimentação, vestuário, auxílio-moradia, em questões de saúde e até na educação/recreação de crianças e adolescentes. São construídas casas para operários, alojamentos para imigrantes, serviços de colocação em emprego e outros atendimentos.

Vai se consolidando, assim, uma filantropia disciplinadora, que combina educação intelectual, moral, física, saúde e higiene, amparo social e iniciação ao trabalho, respondendo às exigências de relações sociais disciplinadas para se obter massas e elites sincronizadas: "estas, dirigentes e criadoras; aquelas, aptas para produzir" (Lenharo, 1986: 103-4).

A filantropia disciplinadora será instrumento político importante na moldagem do corpo do trabalhador que se idealiza. E se desenvolverá por meio de ações assistenciais esparsas, fragmentadas, paliativas e emergenciais, longe de se constituir uma política de assistência social —, o que somente alcançará cinqüenta anos depois, pela Constituição federal de 1988, quando passa a ser considerada política integrante do sistema de seguridade social.

A legislação trabalhista, empreendida como estratégia para obter adesão dos trabalhadores ao projeto político e econômico governamental, dar-se-á ao preço da descaracterização das funções históricas e da subalternidade do movimento sindical.[27] Nesta mesma lógica, será instituída a legislação de

---

27. O movimento sindical já há muito vinha perdendo força. De 1933 a 1934, enquanto a sindicalização patronal quadruplica seu número, as entidades dos assalariados decresce em cerca de 52% (Vianna, 1978: 146).

proteção, social visando a legitimação do regime em vigor, e como uma espécie de compensação pela perda de direitos políticos. Dessa forma, terá caráter paternalista e dirigir-se-á às categorias especiais mais reivindicadoras e nas fases mais agudas dos conflitos de classe, devido às pressões e principalmente como forma de desmobilização das demandas não incorporadas pela legislação trabalhista. E a filantropia disciplinadora, finalmente, será o contraponto para a "questão social", como forma de compensação pela não-inclusão da grande massa restante.

Assim, o Estado passa a exercer um sistema de dupla regulação: aos trabalhadores do mercado formal pela Previdência Social e aos do exército de reserva pela via da benemerência e da filantropia.

Cria-se, assim, um "fator de dualização social, contribuindo para a crescente polarização do bem-estar entre os 'incluídos' e os 'excluídos' do mercado de trabalho, com todos os custos sociais e políticos que lhe estão associados" (Monteiro, 1999: 30).

Não há, portanto, como analisar a questão da proteção social e, por conseguinte, da assistência social, desatrelada da questão trabalho. A idéia centrada desta forma no trabalho, não permite outro modo de incursão.

A legislação que se dirige à filantropia nesse período (marcada por dez medidas) será quase toda no sentido de criar o espaço institucional, que mediará a regulação sobre este setor e formalizará a transferência de recursos financeiros, especificamente via subvenções sociais. No final do período, nova fonte de benefício para as organizações será aberta pela criação da isenção de imposto de renda.

O processo de institucionalização dar-se-á em três etapas, com características bem marcadas. Em 31/8/31, pelo Decreto-lei nº 20.351, o governo cria a Caixa de Subvenções para auxiliar instituições de caridade já com certa racionalidade, exigindo atestado de funcionamento e gratuidade dos serviços e atribuindo ao Ministério da Justiça e dos Negócios Interiores a fiscalização aos requerentes bem como o seu registro. Em 25/11/1935, pela Lei nº 119, extingue a Caixa de Subvenções, criando em seu lugar um conselho de caráter consultivo, formado por cinco especialistas da área e nove representantes governamentais, vinculado ao próprio presidente da República, e amplia o universo de instituições, incluindo as de saúde e educação. E finalmente, em 1/7/1938, cria o CNSS, que será composto por sete especialistas da área, incluindo, em suas funções, estudos, pesquisas e organização do serviço social no país, que será reafirmado pelo Decreto nº 5.697 de 22/7/43.

Portanto, a institucionalização evolui de um organismo estatal para um conselho paritário e, finalmente, da sociedade civil, criando gradativamente uma racionalidade para regular a forma de subsídio, através dos Decretos-lei nº 527, de 1/7/1938, e nº 5.698, de 22/7/1943, que se amplia para "quaisquer instituições de assistência social".

Em 28/8/1935, a Lei nº 091 estabelece também a atribuição do título de "utilidade pública", que terá por muito tempo apenas caráter honorífico. E no final do período abre-se a possibilidade de renúncia fiscal, que depois será bastante ampliada pelo Decreto-lei nº 5.844/43, que prevê a isenção de imposto de renda a uma gama ampla de instituições.[28]

E como últimos decretos (nº 7.961 e 9.573) antes de sua queda, Vargas libera as entidades do piso salarial mínimo, começando pelos funcionários de atividades médicas e posteriormente abrangendo todos os profissionais. Desta forma, desqualifica os trabalhadores das instituições, nivelando-os ao voluntariado.

---

28. Ficam isentas de imposto de renda "as sociedades e fundações de caráter beneficente, filantrópico, caritativo, religioso, cultural, instrutivo, científico, artístico, literário, recreativo, esportivo e as associações e sindicatos que tenham por objetivo cuidar dos interesses de seus associados", desde que não remunerem suas diretorias, nem distribuam "lucros sob qualquer forma".

A FILANTROPIA DISCIPLINADORA NO ENFRENTAMENTO DA QUESTÃO SOCIAL 103

A legislação do período (ver Quadro 1) pode assim ser reunida em dois grupos distintos: as referentes às alianças que o Estado estabelece com instituições filantrópicas, pela concessão de benefícios; e as referentes às formas pelas quais o Estado reconhece as instituições filantrópicas dentre as associações civis sem fins lucrativos (Sposati, 1994b: 11).

O usufruto de toda essa legislação (trabalhista, previdenciária e de regulação da filantropia) atrelará o movimento operário ao Estado, sendo que os benefícios recebidos devem ser assim retribuídos pela obediência social. Esta reciprocidade é que vai reger a lógica de legitimidade do governo, a ser controlada pelo Estado.

As reivindicações dos trabalhadores, ao serem incorporadas por intermédio de ações assistenciais, em vez de terem como resposta a melhoria salarial e de condições de trabalho, sofrem, então, um processo de controle e burocratização, a serviço dos interesses de classe hegemônicos dentro do Estado: a acumulação e o enquadramento da força de trabalho. As instituições sociais passam a figurar como instrumento deste controle social e político, disciplinando as relações sociais vigentes.

Começa a se acentuar então o populismo, que vai ser a forma de o governo se legitimar no poder e obter aprovação popular. A concessão de benefícios passa a ser utilizada como forma de abrandamento das pressões sociais. O Estado assume o papel de ativador social, formando, pelo discurso oficial, a imagem de Estado-pai, Estado-*benefactor*, sendo "fetichizado" pelas classes populares.

Com a regulamentação das relações entre capital e trabalho e o exercício do controle social da exploração da mão-de-obra pela via jurídica, o governo passa a distinguir assim as ações voltadas para a mão-de-obra ativa, com registro em carteira profissional,[29] que passam a ser mais expressivas, ga-

---

29. A instituição da carteira profissional, já inutilizada pelas mudanças no mundo do trabalho hoje, é estabelecida pelo Decreto nº 21.175, de 21 de março de

QUADRO 1.1
Síntese da Legislação — 1930/1946

Dispositivo Legal	Data	Descrição	Situação
DL nº 20.351	31/8/31	Cria a Caixa de Subvenções — destinada a auxiliar estabelecimentos de caridade, de ensino técnico e serviços de nacionalidade do ensino.	Tornado sem efeito pela Lei nº 119/35
Lei nº 091	28/8/35	Determina as regras pelas quais são as sociedades declaradas de utilidade pública.	Em vigor
Lei nº 119	25/11/35	Regula a distribuição de subvenções a instituições de assistência, educação e cultura.	Tornado sem efeito pela Lei nº 525/38
DL nº 525	1/7/38	Institui o Conselho Nacional e fixa as bases da Organização do Serviço Social em todo o país.	Revogado pela Lei nº 8.742/93
DL nº 527	1/7/38	Regula a cooperação financeira da União com as entidades privadas por intermédio do Ministério da Educação e Saúde (amplia para dois tipos — ordinárias e extraordinárias.	Revogado pelo Dec. nº 5.698/43
DL nº 4830	15/10/42	Institui a Legião Brasileira de Assistência — LBA.	
DL nº 5697	22/7/43	Dispõe sobre as bases da organização do Serviço Social em todo país a que se refere o Decreto-Lei nº 525/38.	Revogado pela Lei nº 8.742/93
DL nº 5698	22/7/43	Dispõe sobre a cooperação financeira da União com as entidades privadas a que se refere o Decreto nº 527/38 e indica o registro de instituições subvencionadas ou não.	Alterado pelo Art. único da Lei nº 8.459/45
DL nº 5844	7/7/43	Institui a isenção do imposto de renda às instituições de caráter beneficente e filantrópico.	
DL nº 7961	18/9/45	Dispõe sobre a isenção na aplicação dos pisos salariais mínimos aos funcionários em atividades médicas.	Alterado pelo Dec. nº 9.573/46
DL nº 9573	12/8/46	Possibilita a isenção total ou redução na aplicação dos pisos salariais não mais restrito apenas aos quadros médicos das instituições caritativas.	Altera o art. 22 do Dec. nº 7.961

nhando o *status* de direito, restando à grande massa de trabalhadores autônomos, desempregados e à mão-de-obra de reserva apenas a filantropia privada, que já começa, em parte, a ser apropriada, subvencionada e controlada pelo governo, via CNSS e seu sistema de subvenções.

A própria Constituição de 1937 coloca que o trabalho é dever de todos (art. 136), o que implica crime o não-trabalho. Assim, como que num movimento de punição, define que não merece garantia de atenção aquele que não trabalha e não produz.

Criando uma dualização entre a atenção previdenciária e as ações assistenciais, a legislação faz diferenciar as garantias de direito, das práticas de concessão, construindo uma forma peculiar de reprodução estatal da força de trabalho. Instalando o primado do trabalho, alija o trabalhador sem carteira assinada da regulamentação jurídica, reservando-lhe apenas a caridade e a benesse.

Enquanto os trabalhadores formais, geralmente os da indústria, são transformados em sujeitos coletivos pelo sindicato, os informais são enquadrados como pobres, dependentes da ação das instituições sociais, dissolvidos em atenções individualizadas e não organizadas. Tal realidade ainda se dá hoje, no âmbito da assistência social, onde quem ocupa o espaço coletivo é a organização das entidades sociais, pelo peso dos *lobbies* que exercem, e não a população, que é demandatária de suas atenções.

Instala-se um pacto interelites, no qual as instituições sociais — não sendo vistas e pensadas como parte de movi-

---

1932, e regulamentada pelo Decreto nº 21.175, de junho do mesmo ano, e vai funcionar como evidência jurídica fundamental para o pleno gozo das garantias trabalhistas, que por sua vez só eram extensivas na sua totalidade àqueles que estavam vinculados ao sindicato público, deixando de lado grande número de trabalhadores (Cerqueira Filho, 1982: 181). Deve-se ter presente que a França já abolira, desde o século XIX, pela luta dos trabalhadores, a carteira profissional, por entendê-la como uma forma de controle, pelo patrão, da vida do empregado, que deveria estar preservada na sua privacidade como cidadão.

mentos sociais mais amplos ligados à cidadania — são reduzidas à condição assistencial que a imagem das vítimas impõe à consciência culpada dos privilegiados, tendo sua ética transmutada.

"Pensada dessa maneira, a ética se torna pura e simples ideologia e como tal, propícia ao exercício da violência. Em primeiro lugar porque o sujeito ético ou o sujeito de direitos está cindido em dois: de um lado, o sujeito ético como vítima, como sofredor passivo, e de outro lado, o sujeito ético piedoso e compassivo que identifica o sofrimento e age para afastá-lo. Isto significa que, na verdade, a vitimização faz com que o agir ou a ação fique concentrada nas mãos dos não-sofredores, das não-vítimas que devem trazer, de fora, a justiça para os injustiçados. Estes, portanto, perderam a condição de sujeitos éticos propriamente ditos para se tornarem objetos de compaixão. Isto significa que para que os não-sofredores possam ser éticos é preciso duas violências: a primeira, factual, é a existência de vítimas; a segunda, o tratamento do outro como vítima sofredora passiva e inerte" (Chaui, 1998: 35).

Desta forma, a ética transmutada em ideologia vai transformar o trabalhador sem carteira assinada, da atividade informal ou desempregado, em pobre, pária do sistema e, portanto, em "sujeitado", e a classe dominante em sujeito público, em instrumento de "justiça social".

Numa atitude de negação do direito, de contraponto à provisão da assistência como proteção social, o Estado alimenta práticas marginais de atenção, baseada numa lógica clientelística e de favor, paralelamente às formas regulamentadas, sujeitando os benefícios a condições particularistas, sempre incertas, imprevisíveis e dependentes de critérios nunca conhecidos previamente.

Transformando as provisões que deveriam ser estatais em benesses particulares, rebaixa a possibilidade e a qualidade desta atenção paralela que, sempre insuficiente e precária, molda a cultura de que "para o pobre basta qualquer coisa pobre".

A FILANTROPIA DISCIPLINADORA NO ENFRENTAMENTO DA QUESTÃO SOCIAL

Assim, o Estado não só incentiva a benemerência e a solidariedade, mas passa a ser responsável por ela, regulando-a por meio do CNSS. E a sociedade, ainda que não queira se imiscuir explicitamente no Estado, justapõe-se a ele, convergindo e fazendo sua unificação no plano político.

O que se vai observar nesta área é que mudanças virão marcar o período, mas sem alterar significativamente a atenção à pobreza do país, que permanece sem a definição de uma política global e articulada, não acompanhando os ganhos trabalhistas e previdenciários, restritos a poucas categorias.

No começo dos anos 40, como resposta à situação aflitiva do proletariado, o governo, aproveitando o "esforço de guerra" que se impunha à sociedade naquele momento, lança a primeira campanha assistencialista de âmbito nacional, que tomará forma por meio da Legião Brasileira de Assistência — LBA.[30] Surge então a relação entre assistência social e o primeiro-damismo: Getúlio Vargas encarrega sua esposa, Darci Vargas, dessa nova função.

É criada a grande instituição federal de assistência social (em 1942), com a intervenção direta do Estado, inaugurando a benemerência estatal e valendo-se da mobilização do trabalho civil, feminino e de elite, em apoio ao esforço nacional representado pela entrada do Brasil na Segunda Guerra Mundial. Instalada em nível federal, é registrada no Ministério da Justiça e Negócios Interiores e nucleada por todo país, para atendimento às famílias dos pracinhas. Voltada para

---

30. O Decreto-lei nº 4.830, de 15/10/1942, institui a Legião Brasileira de Assistência — LBA com o objetivo de prestar assistência social, diretamente ou em colaboração com instituições especializadas, reconhecida como órgão de cooperação do Estado e de consulta no que concerne ao funcionamento de associações congêneres. Pelo Ministério do Trabalho, Indústria e Comércio receberá contribuição mensal constituída por 0,5% sobre salário de contribuição dos segurados e mesmo índice dos empregadores, a ser pago à Caixa de Aposentadoria e Pensões, e de uma cota paga pela União de igual valor ao da arrecadação.

aglutinar as organizações assistenciais, integrará a iniciativa privada à do Estado intervencionista de Vargas, assegurando estatutariamente a presidência à primeira-dama da República.[31]

Desloca-se o papel direto do Estado, que vai assumir dupla figura: uma mediada pelas organizações filantrópicas, outra pela bondade da mulher do governante.

Dentro do princípio de subsidiariedade, o governo começa, de forma intuitiva, a estimular o voluntariado, especialmente o feminino, por intermédio das amigas da primeira-dama e dos governos de estados. A intervenção governamental nesse campo dá-se efetivamente pela delegação de responsabilidade à sociedade civil, mobilizada não só pelo discurso ideológico governamental, mas também pelas novas teses da Igreja católica[32] que, como em todos os momentos críticos, é levada a desempenhar importante papel de intermediação.

---

31. Para tanto, distribui também auxílios financeiros e depois subvenções sociais às instituições sociais desde a sua fundação. Em 1942, distribui apenas Cr$ 382,60, em São Paulo, mas no ano seguinte o montante distribuído nesta capital passa a Cr$ 1.389.956,20. Em 1944 o total passa a Cr$ 2.194.779,00. O valor para as instituições do total dos estados, em 1943, será de Cr$ 12.456.669,30 e em 1944 de Cr$ 19.752.091,30 (*Boletim da LBA*, 28/8/45). Futuramente instalará o sistema de convênios com as instituições sociais, delegando, por meio de instrumento jurídico, a execução de seus programas.

32. A Igreja católica, expulsa por fortes estados em três ciclos da revolução burguesa — a reforma luterana e as revoluções inglesa e francesa — tentará principalmente até o início da Segunda Guerra Mundial, articular um novo projeto de hegemonia em todo o mundo, diferente do anterior prevalente "bloco católico-feudal" e adequado às novas condições. Pio XI, ao beatificar Belarmino, jesuíta autor da fórmula do poder indireto da Igreja sobre as soberanias civis, anuncia a "nova práxis católica" para recuperar a hegemonia perdida. Em 1930, o pontificado santifica-o e no ano seguinte declara-o doutor da Igreja, o que vale dizer como fonte doutrinária. Esta orientação coincidirá com as concordatas — tratado internacional de outorga dos países europeus, de soberania ao Vaticano para promover sua coesão orgânica. A Igreja não retoma seu papel totalizador do anterior bloco católico-feudal, mas retoma agências fundamentais das sociedades civis, como a escola, e reforça sua posição doutrinária e normativa no interior da formação social chegando a organizar-se como um partido (PDC) para exercer o jogo político. Utilizará dos movimentos laicos como a Ação Católica para praticar a política numa ação de sentido "cristianizador" do capitalismo, liberando-o da mistificação liberal e reor-

A FILANTROPIA DISCIPLINADORA NO ENFRENTAMENTO DA QUESTÃO SOCIAL 109

Abre-se definitivamente amplo espaço de intervenção para a Igreja e para o seu movimento laico. A sua "força disciplinadora" é chamada a colaborar para estabilidade do novo regime político e com ele disputará subliminarmente o controle social e ideológico sobre a sociedade.

Com base na encíclica social *Quadragésimo Anno* (1931), que vai confirmar quarenta anos depois os princípios da encíclica *Rerum Novarum* (de 1891), a Igreja procurará desenvolver "um projeto de cristianização" da sociedade, munindo principalmente o movimento laico com uma série de programas e respostas aos problemas sociais, pautando a justiça social nos princípios da cristandade.

Segundo este projeto, a tarefa de recristianização deverá se dar pela redução das distâncias sociais, harmonização das classes em conflito, restabelecendo entre elas relações de cooperação. Para tanto, deverá livrar o proletariado de lideranças negativas e ordenar as relações de produção a partir da restauração "dos costumes cristãos", que impeçam a exploração e a ambição excessiva por riqueza.

A partir de então, a Igreja passa a conceber o capitalismo por uma terceira via, em que o liberalismo é substituído pelo comunitarismo ético-cristão, radicalizando-se na postura anticomunista, identificando-se assim com as teses governamentais.

Reforça-se o pacto entre o governo e as diferentes facções burguesas, objetivando um projeto comum, sob a égide do corporativismo estatal, de integração e controle do movimento operário.

Para difundir este ideário, a Igreja católica amplia e diversifica definitivamente o aparato do movimento católico laico, fazendo surgir instituições como os círculos operários,

---

ganizando-o sob o imperativo ético do comunitarismo. A encíclica *Quadragésimo Anno*, que recupera os princípios da *Rerum Novarum*, orientará esta *práxis* do poder indireto (Vianna, 1978: 159-60).

a Ação Universitária Católica, o Instituto de Estudos Superiores e a Liga Eleitoral Católica, além de uma série de instituições centralizadoras do apostolado social, que se firmará por intermédio da Ação Católica Brasileira, criada em 1935 e expandida então. Em São Paulo, os círculos operários serão implantados em todos os bairros operários, como foram o Círculo Operário do Ipiranga, fundado em 1936, e o Círculo dos Trabalhadores Cristãos de Vila Prudente, existentes até hoje. Expande-se principalmente o número de instituições sociais, como reação à "questão social" e reafirmação da influência da Igreja sobre a sociedade civil.

> *"O missionarismo doutrinário que começa a atuar através e tendo por base o equipamento assistencial desenvolvido pela Igreja e pela filantropia, não se caracterizará apenas como uma forma nova de benemerência. Mas, como uma forma de intervenção ideológica, que se baseia no assistencialismo, como suporte de uma atuação, cujos efeitos são essencialmente políticos: o enquadramento das populações pobres e carentes, o que engloba o conjunto das classes exploradas [...] Ao pretender atuar sobre a 'questão social', negarão as transformações econômicas e sociais, isto é, a ação sobre as causas materiais da 'questão social', para atuar sobre os efeitos. No entanto, esta lógica será particular também no sentido inverso. Os efeitos não conduzem a agir sobre as causas, mas sobre as percepções" (Carvalho, 1980: 60).*

Assim, a assistência se reduz mais a uma prática de ajustamento social, a uma política integrativa: harmonizar as classes em conflito, substituir a "vadiagem" por hábitos sadios de trabalho. As instituições serão também bastante limitadas ao protagonismo do operariado.

Tal aumento do quadro institucional será fundamental ainda na afirmação e legitimação do saber técnico e, portanto, do serviço social, que não estará isento destas marcas ideológicas.

Em São Paulo, havia sido criada em 1933 a primeira escola de Ciências Sociais da América Latina (Escola de Sociologia e Política) e em 1934 a primeira universidade brasileira

(USP), ambas destinadas a qualificar as elites em novas bases técnicas.

Em 1936 foi criada a cadeira de Serviço Social na Escola de Sociologia e Política, onde Pacheco e Silva discute a racionalização da atuação leiga no social e apresenta as escolas de Serviço Social inglesa e alemã, como formas modernas de assistência social (Sposati, 1988: 114).

Em São Paulo, desde 1932, o Centro de Estudos e Ação Social mantinha também a formação especializada de pessoal para prestação da assistência social. Derivam daí as primeiras escolas de Serviço Social, como desdobramento da Ação Católica, impregnadas da doutrina social da Igreja e de um projeto de capitalismo "recristianizado", ou seja, de um projeto de desenvolvimento harmônico para a sociedade.

Visando a conquista de eficiência, as questões defrontadas na prática são remetidas à solução de situações-problemas, de casos individuais ou de pequenos grupos, redução esta que vai tornar o atendimento bastante limitado e sem nenhuma dimensão política.

É a assistência social que, a cargo da sociedade e fundamentada em conhecimento científico e princípios da Igreja, mantém sua radicalização na postura anticomunista e passa a servir de freio ao operariado, reforçando, neste sentido, a conduta de controle governamental. É nesse contexto que o CNSS se instala e toma suas decisões como uma primeira forma de regulação nacional de assistência social.

2

A FILANTROPIA PARTILHADA SOB O ÂMBITO EDUCACIONAL (1946-64)

Com a queda de Vargas, a retomada do Estado de direito e a promulgação da Constituinte de 1946, o país entra no período democrático-populista[1] e recebe novo impulso.

Até 1945, os acontecimentos políticos ficaram vinculados à necessidade de reduzir o poder político e econômico dos setores agroexportador e importador, que tinham como atividade preponderante a cafeicultura. Com o fortalecimento de outros setores, as classes dominantes tradicionais rompem o pacto corporativo que até então as ligara a Vargas, que tenta manipular as classes subalternas usando o afrouxamento do controle social.

Os setores urbanos emergentes — classe média em crescimento, proletariado em ampla expansão, burocracia civil e militar, empresariado — colocam em pauta novas demandas, conflitando com as oligarquias tradicionais, acirrando as contradições entre a economia agroexportadora e a economia industrial em formação. A sociedade despoja-se, assim, das te-

---

1. O período democrático populista terá quatro presidentes da República eleitos pelo voto popular: general Eurico Gaspar Dutra, que governará de 1946 a 1951; Getúlio Vargas, de 1951 a agosto de 1954; Juscelino Kubitschek de Oliveira, de 1956 a 1961; Jânio da Silva Quadros, de março a agosto de 1961. Em substituição a Vargas, seguem-se três governos provisórios: Café Filho, então vice-presidente, que governa apenas até novembro do mesmo ano, sendo por motivo de doença substituído por Carlos Luz, presidente da Câmara dos Deputados e que também logo se afasta da presidência por imposição dos militares. Assume então Nereu Ramos, presidente do Senado, que vai governar o país até a posse de Juscelino Kubitschek. Em substituição a Jânio Quadros, assume o vice, João Goulart, que governa de agosto de 1961 a março de 1964.

ses de colaboração, de harmonia entre classes, firmando sua aliança com o Estado em novas bases, pondo em confronto a força de cada segmento.

Os efeitos da participação direta do Brasil na Segunda Guerra Mundial, a elevação do custo de vida, o aumento da inflação, o aviltamento salarial[2] e as medidas coercitivas aumentam gradativamente a impopularidade do governo Vargas, fazendo crescer a pressão liberalizante.

Finalmente, o descumprimento de disposições essenciais da Carta de 1937, principalmente no que se refere aos artigos 175 e 187, que dispunham sobre o período presidencial e o plebiscito que referendaria ou não o presidente no poder a partir de 1943, acirrou a crise política institucional e, conseqüentemente, a erosão do Estado Novo. A queda de Vargas constitui, assim, um reflexo dos conflitos de interesse e das lutas que, inclusive, transcendem o âmbito nacional.

A situação internacional, abalada pela Segunda Guerra Mundial, as novas composições de poder, o movimento pela Constituinte, principalmente, fazem ampliar as atividades políticas e sociais, criando uma cultura urbana diferente e autenticamente nacional, fortalecendo, inclusive, as organizações políticas de esquerda. Desta forma, em 29 de outubro de 1945 Getúlio Vargas é deposto por uma composição civil-militar.

Com o golpe de Estado contra Vargas e com a Constituição de 1946 abrem-se ao país novas perspectivas no sentido de uma maior liberalização da vida política nacional, embora as exigências de "desenvolvimento" preservem ainda alto grau de arbítrio e centralização.

O padrão getulista de ação política, paternalista e protetora, construído durante o Estado Novo, vai se transmutar,

---

2. O Decreto-lei nº 5.821/43 praticamente congelou os salários, ao ajuizar que para os dissídios coletivos os sindicatos dependeriam de autorização do Ministério do Trabalho, pois os mesmos, acostumados à submissão, não tinham o expediente de pressioná-la (Vianna, 1978: 248).

passando a expressar-se por meio do nacionalismo e da democracia.

O período do presidente general Eurico Gaspar Dutra inaugura um novo sistema de governo e se constitui, assim, no interregno do getulismo, que volta ao poder em 1951, utilizando-se das alianças articuladas anteriormente e valendo-se das pressões de grande parte da população, sobretudo a urbana.

Com o voto universal e secreto e as novas normas estabelecidas pela Constituição de 1946, intensifica-se a vida política, abrindo espaço para a participação das classes trabalhadoras.

Com a Nova Carta, o cumprimento da legislação trabalhista passa a ser regulado não mais pelo Ministério do Trabalho[3], mas pela Justiça do Trabalho, que acabará por se constituir no principal eixo da política trabalhista dirigida às classes subalternas. São introduzidas ainda, a estabilidade no emprego e a participação dos trabalhadores nos lucros das empresas, embora esta última não tenha sido regulamentada por lei e, conseqüentemente, nem adotada.

Surgindo no processo político brasileiro, de forma ampliada, novos atores sociais, reorganizam-se as reivindicações populares.

Ao lado das aspirações de bem-estar de um proletariado cada vez mais numeroso e de uma classe média também numericamente crescente, surgem, de forma inédita, os reclamos dos trabalhadores agrícolas em várias regiões do país. A migração rural acirra o problema do desemprego e a demanda por proteção social.

---

3. O art. 134 da Constituição de 1946 diz: "Compete à Justiça do Trabalho conciliar e julgar os dissídios individuais e coletivos entre empregados e empregadores e as demais controvérsias oriundas de trabalho, regidos por lei especial". E no parágrafo 1º: "A lei especificará as hipóteses em que as decisões nos dissídios coletivos poderão estabelecer normas e condições de trabalho".

As pressões se fazem por grupos políticos de esquerda que se multiplicam e por uma juventude universitária que se organiza como força política ativa.

O governo do general Eurico Gaspar Dutra explicitará os limites do liberalismo e do novo sistema de poder. Já em 1946, proíbe o Movimento Unificado dos Trabalhadores — MUT (que surgira em 1943) e o movimento sindical, refreados pelo Ministério do Trabalho, e em 1947 coloca o Partido Comunista na ilegalidade.

Mas, apesar dessas medidas, a necessidade de legitimação faz com que o governo redefina as formas de dominação política, levando a redemocratização de 1946 a se constituir em fase importante da política no país.

Dutra instala um novo perfil de relação com a nação, sem levar o Estado a atuar fortemente sobre o sistema econômico-financeiro, como virá a proceder seu sucessor, no seu novo período na presidência. No entanto, traz para a área social um novo aporte. Pela primeira vez o Estado brasileiro admite sua responsabilidade social, não só pela regulação do trabalho, mas também, pela educação pública.

Não bastam as organizações de benemerência e ação voluntária do primeiro-damismo. É preciso um novo aparato social aliançado com a elite industrial emergente. O Estado já cumpriu seu papel de consolidador da burguesia nacional. Agora, cabe a esta burguesia ocupar-se também do social por meio da criação de macroorganismos sociais.

Logo no início do seu período (em 1946), assume com maior proximidade a "questão social", criando macroorganismos como o Serviço Nacional de Aprendizagem do Comércio — Senac, Serviço Social do Comércio — Sesc, e Serviço Social da Indústria — Sesi, e dando ampla capilaridade aos já existentes, como LBA e Senai, que, por intermédio de suas unidades regionais, desencadearão inúmeros programas e projetos de execução direta. Dutra incentiva, inclusive, a criação de serviços nas esferas municipais e estaduais de governo para atuação na área. Tais organismos, e principalmente secretarias de Estado e a LBA, lançam mão ainda da incorporação de instituições sociais para ampliar sua ação, reproduzindo, assim, o comportamento tradicional do governo federal.

Já o amparo social — que é o conceito ainda vigente, inclusive na legislação editada na época — será mantido com certa coerência, reafirmando o CNSS como instituição mediadora da regulação estatal da filantropia, que será utilizada como estratégia persistente no trato à pobreza, não só dos "sem condições de trabalho", mas dos trabalhadores empobrecidos em geral. A tendência continuará a ser a valorização do empreendimento particular, apoiado pela ação governamental, mas já alçado a um outro patamar.

Com a criação das escolas de Serviço Social, difunde-se gradativamente a necessidade da introdução de profissionais nas instituições e de qualificação do voluntariado. Portanto, a política de aliança com a sociedade civil para amparo à pobreza e a mediação do CNSS para esta regulação continuarão a ser enfatizadas.

O CNSS não se alterará, continuando basicamente com a mesma composição — Ataulpho de Nápoles Paiva, referendado na presidência, Stela de Faro, Eugenia Hamann e Rafael Levy Miranda. Alteram-se apenas as cadeiras dependentes de cargos, como o juiz de Menores, que passa para Alberto Mourão Filho (em 10/12/45, substituindo Saul Gomes), o diretor geral do Departamento Nacional da Criança, que passa a Milton Carlos Braga Neto (em 25/3/46, substituindo Olinto de Oliveira) e o diretor geral do Departamento Nacional da Saúde, Mário Pinotti (em 11/11/46, em substituição a Ernani Agrícola).

Funcionando com ações predominantemente voltadas para arbitrar auxílios e subvenções, não apresenta nenhuma iniciativa quanto a elaborar estudos, propostas e articulações entre as áreas pública e privada, embora tenham sido previstos no Decreto nº 5.697/43.

É possível que tal orientação tenha se imposto devido à maior concretude do Decreto nº 5.698 (que amplia as regras para as subvenções), em comparação ao de n° 5.697 (que amplia as funções do CNSS), muito mais genérico e teórico. O grande fluxo de pedidos de subvenção a ser arbitrado, ampliado pela criação contínua de novas instituições, deve ter se imposto mais fortemente que qualquer outra atividade.

A ampliação de instituições sociais nesse período vai ser estimulada também pela Constituição federal de 1946. Com a Carta Magna, que possibilita ao país o retorno à democracia, é criada para as instituições sociais uma nova perspectiva. Embora não estabeleça uma política para a área social nem clareie a concepção de assistência social ou filantropia, esta Constituição isenta de imposto as instituições de assistência social, desde que suas rendas sejam aplicadas integralmente no país e para os respectivos fins (art. 31, V, letra b). Generaliza assim a possibilidade de um benefício fiscal, que até então era atribuído de forma particularizada a pouquíssimas instituições.

Tal determinação, no entanto, será regulamentada só onze anos após, em 1957, pela Lei n° 3.193, que veda "à União, Estados e Municípios lançar imposto sobre templos de qualquer culto, bens e serviços de partidos políticos, instituições de educação e assistência social" (art. 1°), com a mesma condição constitucional.

Esta Constituição determina ainda que são isentos do imposto de consumo os artigos que a lei classificar como mínimo indispensável à habitação, vestuário, alimentação e tratamento médico das pessoas de restrita capacidade econômica (art. 15, § 1°). Inicia-se aqui uma seleção dos brasileiros pela renda.

Pela Lei n° 909 de 8/11/49, o presidente Dutra autoriza o Poder Executivo a realizar, por intermédio do Ministério da Viação e Obras Públicas, a partir de 1950, durante a Semana de Combate à Lepra, a emissão de selos de dez centavos, cujo produto de venda deverá ser entregue à Federação das Sociedades de Assistência aos Lázaros, para amparo à prole dos hansenianos.

Com Dutra (seu ex-ministro da Guerra) no poder, Vargas se rearticula e regressa à chefia do Executivo em janeiro de 1951, dessa vez por meio de eleição, num momento bastante significativo do populismo. Como seu idealizador, saberá manejá-lo com sucesso nesse segundo governo, já dominado pelas regras da liberal democracia e do novo surto de nacionalismo econômico que flui.

O Estado, alterado pelos antagonismos sociopolíticos e pelo envolvimento das massas populares na cena política, exige um comportamento diverso do novo governo. A imagem de chefe da nação construída no Estado Novo — onipotente e autônomo — já não convencia, e nem mais cabia um governo autoritário, organizado dentro dos princípios corporativos. Sua ideologia se converte, então, num ideário mais restrito.

O reconhecimento popular e as alianças partidárias[4] sofriam agora o impacto da crescente força das reivindicações dos trabalhadores, então mais livres para agir e apoiar o seu líder eventual ou fazer seus próprios líderes. "De novo a 'questão social' deixa de ser caso de polícia *strictu sensu* e ganha estatuto de política" (Cerqueira Filho, 1982: 153).

Assim, adaptando-se ao novo momento e superando a limitação dos acordos e alianças partidárias, Vargas ressurge no papel titular de porta-voz dos trabalhadores, comprometendo-se com eles, passando-lhes a impressão de não possuir outras vinculações.

Embora tentasse controlar os impactos reivindicatórios, canalizando-os aos órgãos estatais de um lado, e à filantropia de outro, dedicava cada vez maior atenção às massas populares, dirigindo-se a elas sempre num tom próximo e coloquial.

Vargas volta-se para uma política previdenciária, que reforçará o paternalismo nos termos de uma proteção

---

4. Nesse período, a política sustentava-se basicamente pelos partidos criados por Vargas: PTB (representante dos trabalhadores urbanos), PSD (que expressava certo agrarismo) e pela UDN, partido conservador que lhe fazia oposição.

A FILANTROPIA PARTILHADA SOB O ÂMBITO EDUCACIONAL

assistencialista. Injeta mais recursos financeiros nos institutos e caixas de aposentadoria e pensão para um atendimento mais amplo aos trabalhadores, principalmente quanto à saúde.

Por outro lado, edita, logo após sua posse, o Decreto-lei n° 29.425/51, reafirmando as funções do CNSS e detalhando o processamento das subvenções e contribuições da União. Amplia a possibilidade de subvenções também a instituições públicas, autárquicas e semi-estatais, definindo que, para estas, os auxílios se farão por lei, decreto ou convênio.

Nas funções do órgão, reafirma a atribuição de coordenar estudos relativos aos problemas sociais de cada região do país e prevê sua estreita relação com os órgãos públicos e privados que tratam de "problemas assistenciais em geral".

Em seguida edita ainda a Lei n° 1.493/51 que institucionaliza definitivamente as subvenções, incluindo seus recursos no orçamento geral da República. Por esta lei, regulamenta o Registro Geral de Instituições no CNSS, que, embora indicado em 1943, só havia sido regulamentado para as subvencionadas. Estabelece, assim, novo estatuto para as organizações sociais e expande significativamente as funções do órgão, que passa a regular não só a concessão de auxílios, mas também reconhecer oficialmente as instituições sem fins lucrativos. Esta lei ainda se encontra em vigor, direcionando o registro das instituições bem como orientou o arbitramento das subvenções até sua extinção em nível federal (em 1993).

No governo de Vargas, o controle da ação social continua centralizado na instância federal, por meio do CNSS, da LBA e dos demais macrorganismos, que estenderão com ampla capilaridade sua atuação, mas apenas desconcentrando programas e serviços. Inicia-se também a implantação de setores de assistência social nos governos municipais e estaduais, mas reproduzindo a ação federal.

O voluntariado será amplamente estimulado por meio das comissões municipais da LBA, que se espalharão por todo o país.

Em São Paulo, a partir de 1951, a Prefeitura instala a área de assistência social, no modelo da benemerência, reproduzindo a orientação nacional getulista, com Leonor Mendes de Barros, esposa de Adhemar de Barros, à frente da Caixa de Assistência Social do Município — Casmu.

A partir daí, o mesmo acontece em muitos municípios e estados. No entanto, esta reprodução não garante a articulação e integração necessárias para que se caminhe no sentido de uma política efetiva; pelo contrário, mantém a dispersão e fragmentação tradicional, no sentido emergencial e paliativo de sempre, impondo apenas uma uniformidade autoritária que fere as peculiaridades locais e regionais.

Em 1953, com o desmembramento do Ministério da Educação e Saúde, o CNSS fica estranhamente anexado ao da Educação, apesar de, em termos governamentais, sempre ter mantido a participação de elementos ligados à área de Saúde, continuando assim até 1964. Este fato demonstra maior vinculação (em termos governamentais) da saúde com a filantropia do que com a educação.

Durante todo o segundo governo, grande parte dos discursos de Vargas refere-se às dificuldades e problemas enfrentados pelos trabalhadores e pelo povo em geral, condicionando sempre a construção da democracia a uma satisfatória situação de vida para todos. Seu populismo se fundamenta, por um lado, na dificuldade de organização dos trabalhadores, o que os colocava na contingência de depender do próprio presidente como mediador; e, por outro lado, na conciliação de diferentes forças que se sobrepunham na luta pelo poder.

O "populismo", embora já vigorasse no período anterior, nesse momento é a forma encontrada para a legitimação no poder e a aprovação popular, sendo a concessão de benefícios a forma de abrandamento das pressões. O Estado assume o papel de grande ativador social, fortalecendo pelo discurso ainda mais a imagem de Estado-protetor.

Num contexto de crise de hegemonia, o populismo se apresenta como forma objetiva de encaminhamento da supremacia burguesa, que se baseia, de um lado, nas alianças políticas entre a burguesia industrial e a oligarquia agrária e, de outro, na incorporação de amplos setores das camadas populares a este pacto de dominação burguesa:

> *"Do ponto de vista ideológico, a peculiaridade do populismo está em combinar elitismo, conservadorismo, autoritarismo, com as garantias constitucionais e até certo ponto liberais da Carta de 1946, que abre um espaço para a expressão dos anseios populares" (Cerqueira Filho, 1982: 147-8).*

Assim, Vargas consegue nos primeiros anos de seu governo, manter a ordem social e, por conseguinte, sua liderança política. Atua mais fortemente que seu antecessor sobre o sistema econômico-financeiro, tentando sanar os problemas ligados a ele: conter a inflação, equilibrar a balança de pagamentos, incrementar os setores de energia e de transporte, melhorar o abastecimento nas grandes cidades, modernizando ainda a tecnologia do país. Investe na ampliação do setor industrial, confiando que o aumento da produção reduziria a dependência econômica do exterior.

No estado de São Paulo, o crescimento em 1951, em comparação com o da década anterior, foi de 294% nas indústrias mecânicas, metalúrgicas e de material elétrico, 159% no transporte, 190% na indústria química e farmacêutica, 107% na fiação e tecelagem, 103% na indústria de alimentação e 128% na de vestuário (Juarez Brandão, *in* Cerqueira Filho, 1982: 159).

Um pacto entre as forças políticas, econômicas e sociais põe em pauta um outro modelo econômico, que orientará as novas funções do Estado. Regidos pelos princípios republicanos do federalismo, essas forças, longe de efetivarem um processo de democratização, apesar da pressão social, caminharão ainda na linha da centralização da União e da subordinação do poder local e estadual.

O governo Vargas apresenta um programa de combate à inflação (Plano Aranha) em outubro de 1953, prometendo restrição de crédito e novo sistema de controle cambial. Leva o Estado a soldar o projeto desenvolvimentista com uma aliança de classe que vai, por vezes, desde a burguesia industrial até as massas populares, não tirando do populismo o forte conteúdo autoritário, diferenciando-o apenas do autoritarismo do período anterior, por efeitos ideológicos, em vez de efeitos repressivos pelos aparelhos do Estado (Cerqueira Filho, 1982: 151):

> *"[...] esta época da transição para uma economia industrial no Brasil, assinalando essa etapa crucial do desenvolvimento, pode ser simbolizada pela 'política de massas', como padrão de organização política e sustentação do novo estilo de poder. A 'política de massas' — portanto, diferente da política de partidos — é o fundamento da 'democracia populista', que se organizou paulatinamente nas décadas que antecederam a mudança repentina ocorrida a partir do golpe de Estado de 1º de abril de 1964" (Ianni, 1968: 9).*

O crescimento da classe operária — não só industrial, mas abrangendo trabalhadores braçais, do setor terciário, autônomos e do setor informal — dá-lhe um novo peso no jogo político, com maior poder de pressão sobre o Estado e o mercado.

Em razão da alta do custo de vida, que fora significativa, embora menor que a do final da década anterior, aumenta consideravelmente o salário mínimo por duas vezes (Cr$ 1.200,00 mensais em 1952 e Cr$ 2.400,00 em 1954), da mesma forma que o aumentara em 1940 e 1943, conseguindo, no entanto, apenas restituir parte do poder aquisitivo perdido.

Apesar destas medidas, no final do seu terceiro ano de governo agrava-se a situação política e as dificuldades com relação ao capital estrangeiro no país.

Administrando a greve geral de 1953, Vargas possibilita a ascensão de João Goulart ao Ministério do Trabalho, o que fará fluir ainda mais o populismo, ao usar a revalorização das organizações sindicais. A "questão social" ganha aí sua plenitude como questão política, o que abre espaço para uma crescente participação dos militares na política, que terá como desfecho o golpe militar de 1964 (Cerqueira Filho, 1982: 162).

Por outro lado, para os setores ligados aos investimentos externos, preocupavam o nacionalismo econômico do governo, a intervenção estatal na economia e a influência das massas populares no poder. Além disto, a política externa norte-americana reagia desfavoravelmente à tendência ao monopólio estatal do petróleo brasileiro, às altas de preço do café, forçando um ambiente conveniente aos seus capitais privados.

Essas pressões externas afetam ainda mais as precárias condições econômicas do país, fazendo ressaltar a inviabilidade do ideário getulista. Assim, a crise econômica interna, os embaraços do investimento estrangeiro e principalmente a pressão dos grupos mais conservadores da sociedade brasileira — frontalmente contrários ao nacionalismo econômico e à participação das massas populares no jogo político — levam o presidente ao suicídio em 25 de agosto de 1954.

Já Juscelino Kubitschek de Oliveira, eleito presidente da República na seqüência desses fatos e enfrentando sérias atitudes golpistas da oposição, vai pautar sua proposta na conservação da ordem legal, na consolidação do regime democrático e na ideologia do desenvolvimentismo, ou seja, na crença em um futuro de grandeza nacional do país e no seu alinhamento com o chamado "mundo livre".

Justifica a inevitabilidade do auxílio do capital estrangeiro ao país pela necessidade de conquista de uma industrialização de alto nível tecnológico, capaz de concorrer no mercado internacional, implementando a exportação não só de matéria-prima, mas, fundamentalmente, de produtos manufaturados. Assim, Juscelino propicia o deslocamento do controle de decisões econômicas dos empresários nacionais para os estrangeiros. Implementa um setor moderno e avançado na indústria, que cresce significativamente: nas áreas metalúrgica, de material de transporte, elétrico e mecânico, o pessoal ocupado passa de 205.740 em 1955 para 294.165 em

1959, e na área têxtil passa de 246.734 para 306.122 (Weffort, *in* Cerqueira Filho, 1982: 164).

Se em 1910 a classe trabalhadora correspondia a 3% da população economicamente ativa, em 1940 representa 5,4% e em 1960, 5,6%.

Juscelino cria, assim, as condições de liquidação do padrão de desenvolvimento econômico-social de Vargas, ou seja, do desenvolvimento nacionalista apoiado na política externa independente, associando "de forma brilhante a política de massas e os compromissos crescentes com o capital externo [...] provocando o mecanismo básico de início da transição política de substituição de importações, à política de associação com capitais estrangeiros" (Ianni, 1968: 9-10).

Desta forma ameniza a ameaça ao poder político conservador por parte da política de massas e do nacionalismo esquerdizante e se alinha com os Estados Unidos, que assumem efetivamente, nesse momento, a liderança do mundo capitalista, colocando a América Latina sob seu domínio.

O modelo de associação e internacionalização da economia brasileira será implantado nesse período, como decisão governamental, com a instalação do Programa de Metas do governo Kubitschek[5], que omite completamente a área social. Este modelo vai ser radicalizado e assumirá caráter também político a partir do Golpe de Estado de 1964.

O governo põe pela primeira vez um plano nacional em execução, destacando a todo momento a importância de planificar o desenvolvimento para solução dos grandes problemas e a inclusão do Brasil entre os países desenvolvidos.

Assim, o levantamento de recursos estrangeiros (a título de empréstimo) passa de 80 milhões de dólares registrados

---

5. O Programa de Metas era eminentemente econômico, e combinava recursos públicos e privados na realização de projetos em trinta setores tidos como prioritários, para os quais se direcionariam fortes investimentos: cinco metas para energia, sete para transporte, seis para alimentação e doze para indústria de base, não havendo praticamente nada para o social (Vieira, 1983: 85).

em 1955, na Superintendência da Moeda e do Crédito, para 302 e 261 milhões em 1956 e 1957, respectivamente, sendo que em 1958 elevam-se a 397 milhões (Kubitschek, *in* Ianni, 1968: 30).

Como analisa Ianni (1968: 33), na primeira fase (com Vargas), o Estado tem atitude mais conservadora, pela necessidade de preservar certos níveis de renda e emprego em determinados setores da produção — regulando produção e criando instrumentos de defesa de setores com nível de renda ameaçado por desajustes ou crises. Na segunda fase (com Kubitschek), de forma mais reformista e dinamizadora, ingressa nas diversas esferas da economia, colaborando, incentivando e realizando a criação de riqueza.

Forma-se no país um setor industrial vigoroso associado ao grande capital, com efeitos multiplicadores sobre todos os outros setores da economia, diferenciando sensivelmente a estrutura econômica nacional. O Estado continua, como no governo precedente, o centro máximo das decisões no plano interno, dessa vez usando como instrumento a orientação e o direcionamento dos investimentos, empréstimos, incentivos fiscais e assistência técnica. Decresce a preocupação com a situação de contínuo empobrecimento da classe trabalhadora e do povo em geral, quando se investe mais nas teses desenvolvimentistas, apesar do populismo e do movimento internacional em prol da construção do Estado do Bem-Estar Social. Vai se elaborando gradativamente o conceito de que pelo desenvolvimento econômico o país solucionará seus problemas sociais.

Assim, a coordenação da área social continua centralizada na União, exercida pelo CNSS e LBA na regulação da filantropia e pelos macrorganismos estatais, na execução de programas que, sem concorrência entre si, parecem estar conectados no apoio às instituições privadas. O CNSS, no entanto, com a morte de Ataulpho Nápoles de Paiva, em 8/5/1995, vai sofrer radical mudança de comando, passando sua composição à área governamental, encerrando uma fase de prevalência da sociedade civil e que parece ter sido rigorosa e criteriosa no arbitramento das subvenções sociais.

Com composição governamental, as indicações provavelmente passaram a ser negociadas pela área política. E pelo que se observou por meio das atas, a partir de 1955 o Conselho não vai mais arbitrar as subvenções, que devem ter passado praticamente a ser atribuição da Câmara de Deputados e Senado. Começa aí o processo de manipulação política do CNSS.

Tal interferência fica ainda mais séria, por se ampliarem nesse momento as funções do Conselho, que passa a assumir maior amplitude de poder.

Juscelino Kubitschek alarga de forma significativa os incentivos à filantropia. Inicialmente começa (pela Lei nº 2.756 de 17/4/56) concedendo apenas a isenção de selo nos recibos das contribuições destinadas a quaisquer instituições de assistência social registradas no CNSS. Em seguida, abre também para as instituições filantrópicas nova possibilidade de auferir recursos financeiros, alterando a legislação de imposto de renda em 1958, pela Lei nº 3.470. Autoriza a dedução na renda bruta das pessoas naturais ou jurídicas, para efeito da cobrança de imposto de renda, das contribuições e doações feitas a instituições filantrópicas. E com o Decreto nº 3.830/60 amplia tal benefício para instituições de educação, de pesquisas científicas ou de cultura, portadoras da Declaração de Utilidade Pública.

Finalmente, pela Lei nº 3.577, de 4/7/59, oficializa a possibilidade de isenção com relação à cota patronal da contribuição à previdência social, introduzindo, para este acesso, o certificado de fins filantrópicos, abrindo grande precedente fiscal. Defasa, desta maneira, os recursos da Previdência Social, que se referem ao trabalhador formal — a sua aposentadoria e cobertura de riscos — e que lhe são assegurados como direito, para privilegiar instituições sociais que darão a trabalhadores excluídos deste sistema, "retornos minguados" e prestados como benesse ou favor.

A FILANTROPIA PARTILHADA SOB O ÂMBITO EDUCACIONAL

QUADRO 2.1
Síntese da Legislação — 1946-64

Dispositivo Legal	Data	Descrição	Situação
DL nº 29.425 (Getúlio Vargas)	2/4/51	Dispõe sobre o processo das subvenções (estendendo às instituições autárquicas e públicas) e regulamenta o registro geral de instituições subvencionadas.	Revogado pela Lei nº 1.493
Lei nº 1493 (Getúlio Vargas)	13/12/51	Dispõe sobre o pagamento de subvenção, prevendo seus recursos no Orçamento Geral da República e define o registro geral no CNSS.	Em vigor e alterado pelas Leis nº 2.266/54 e 4.762/65
Lei nº 2.266 (Getúlio Vargas)	12/7/54	Modifica os arts. 3º, 6º, 11º e 21º da Lei nº 1.493, estabelecendo os trâmites de pagamento de subvenções extraordinárias e a órgãos estatais.	Em vigor com alterações da Lei nº 4.762/65
Lei nº 2.756	17/4/56	Isenta de selo as contribuições às instituições sociais inscritas no CNSS.	
Lei nº 3.193	1957	Veda à União, estados e municípios lançar impostos sobre instituições de assistência social.	
Lei nº 3.470	1958	Autoriza dedução no imposto de renda de doações às instituições filantrópicas.	
Lei nº 3.577 (Kubitschek)	4/7/59	Isenta da taxa de contribuição à previdência, as entidades de fins filantrópicos, introduzindo o certificado de fins filantrópicos.	Revogada pelo Dec. nº 1.572/77
DL nº 50.517 (Jânio Quadros)	2/5/61	Regulamenta Lei nº 091/35, que institui a Declaração de Utilidade Pública.	Em vigor
Lei nº 3.933 (Jânio Quadros)	4/8/61	Concede anistia às instituições caritativas quanto a recolhimento de contribuições atrasadas à Previdência.	Revogada pelo Dec. nº 1.572/77
DL nº 1.117 (Goulart)	1/6/62	Regulamenta a Lei nº 3.577, que dá competência ao CNSS de certificar a condição de entidade filantrópica para isenção prevista nesta lei.	Alterada pelo Dec. nº 72.819 e revogada pelo de nº 1.512/77
DL nº 1.118	1/6/62	Regulamenta a Lei nº 3.933, que anistia as instituições caritativas das contribuições em atraso.	Revogada pelo Dec. nº 1.572/77

Tal alargamento das vantagens fiscais só pode ter sido assim utilizado visando justificar a completa omissão do Estado com relação ao social e a transferência da sua responsabilidade para a sociedade civil.

Desta forma, acrescenta às funções anteriores do CNSS a de certificar o caráter "de fim filantrópico" às instituições, expedindo para as mesmas o respectivo certificado, fixando-lhe, definitivamente, um perfil de cartório.

Para tanto, coloca como exigência a Declaração de Utilidade Pública, que deixa de ser apenas um título honorífico, tornando-se um "passaporte" para vantagens criadas.

A legislação desse período terá, portanto, duas marcas distintas: de institucionalização definitiva da subvenção, que ganha maiores exigências e controle, e da instituição do cadastramento das entidades sociais, pelo Registro Geral no CNSS, na primeira fase do período; e do alargamento das vantagens fiscais, na segunda fase.

Cresce o âmbito de poder do CNSS e crescem significativamente os benefícios e vantagens à filantropia propiciados pelo Estado, que passa assim a ter amplos mecanismos de transferência da responsabilidade social à sociedade civil e de regulação da ação desenvolvida nesta área. O Estado, indiretamente, financia a dedução do pagamento de impostos. E a assistência torna-se, assim, álibi da redução de impostos, desenhando uma característica da filantropia brasileira, a de viver às custas de imunidades e isenções.

A falta de preocupação com o social, no período Kubitschek, advém da premissa de que o alcance do desenvolvimento, com base no planejamento, será tão amplo, eficiente e ágil, que dará conta de todas as questões, até da melhoria de condições de vida das populações mais pobres.

O CNSS e o apoio às organizações sociais são postos, então, como paliativo e ação intermediária até a obtenção desse estágio, e também como "abrandamento" para as pressões feitas pelas classes populares.

Esta construção ideológica ganha força e divulgação ainda pelo Instituto Superior de Estudos Brasileiros (ISEB),

A FILANTROPIA PARTILHADA SOB O ÂMBITO EDUCACIONAL   131

criado por Café Filho, mas projetado de forma mais efetiva no governo Kubitschek. Pela concepção de desenvolvimento, a aliança de classes interessaria a todos e aconteceria em decorrência. A paz social seria resultante da ausência de luta de classes, de antagonismos ideológicos e da crença no desenvolvimento do país, como previra também Vargas.

Todavia, embora tivesse construído uma estrutura industrial integrada, com modernização tecnológica na produção e no controle da economia, isto não repercute nas condições sociais do país a ponto de diminuir as desigualdades.

O progresso econômico, com alto índice de expansão da produção, não será homogêneo, e a inflação acelerada vai penalizar principalmente as classes trabalhadoras e os mais pobres. O êxodo rural recrudesce ainda mais os problemas sociais decorrentes da industrialização e urbanização acentuadas.

Em decorrência de tal modelo econômico, o processo de pauperização da força de trabalho se acelera e são fortes os movimentos reivindicatórios dos trabalhadores. E a construção de Brasília para a mudança da capital federal, que ocorre em 1960, acaba por onerar e penalizar ainda mais a economia do país.

Instala-se uma espécie de colonialismo interno, com o predomínio progressivo de centros como São Paulo, Rio de Janeiro e Belo Horizonte, deixando defasados os demais, que não reagem nem aos programas regionais.

A estabilidade obtida é transitória e decorrente de um pacto entre latifundiários, empresários e determinados líderes sindicais com interesses identificados na ideologia desenvolvimentista e pela confiança depositada no governo, pelos militares.

O propagado desenvolvimento e planificação acabam também se reduzindo mais à industrialização, não atingindo a emancipação econômica prevista, nem as questões sociais, que permanecem prejudicadas pelo tecnicismo.

O processo de politização cresce, e com ele o número de greves e a resistência da classe patronal em ceder aos aumentos pleiteados. Coloca-se em xeque a estrutura sindical aliançada ao Estado populista. Assim os conflitos se acirram.

A demanda pela assistência social se impõe concretamente, ainda que a premissa seja de que o desenvolvimento econômico resolva os problemas sociais.

Duas questões principalmente expõem o governo às críticas da oposição: a emissão exagerada de papel-moeda (de 69 bilhões para 156 bilhões de cruzeiros) e o total da dívida externa, alcançando 1,5 bilhão de dólares (Vieira, 1983: 90-1). Assim, no final do seu mandato, o governo apesar de todos os seus feitos, já não contava com a aprovação popular para sua política econômico-financeira.

Jânio da Silva Quadros, a seguir,[6] procura se distanciar das diretrizes de Juscelino Kubitschek, construindo um ideário com base em um desenvolvimento econômico mais equilibrado, contrapondo-se à elevada dívida externa, ao balanço de pagamento e à alta do custo de vida, ressaltando a importância da recuperação econômico-financeira, juntamente com a recuperação da administração e da política social.

Resgata o nacionalismo, apontando para a necessidade de independência da política externa, de fortalecimento da soberania nacional e de implementação de uma nova política de "desenvolvimento global" para o país, revendo a remessa de lucros para o exterior e a política de minérios. Segundo sua visão de desenvolvimentismo, destaca a necessidade de elaboração de planos diretores que atenuem as diferenças regionais. Salienta a urgência de ampliação das exportações e a necessidade de alterar o sistema de câmbio.

Assim, investe numa política antiinflacionária com efeitos positivos para as classes populares, baseada no processo

---

6. Jânio da Silva Quadros se elege em outubro de 1960 por uma ampla coligação partidária que inclui, inclusive, o partido da oposição UDN (União Democrática Nacional).

de industrialização e no incentivo à agricultura. Reitera a estratégia de apoio às instituições sociais, regulamentando a Lei nº 091/35, que institui a Declaração de Utilidade Pública, reafirma o decreto de Kubitscheck quanto à isenção das taxas de contribuição à Previdência, possibilitando anistia às instituições caritativas com débitos acumulados (Lei nº 3.933/61), reafirmando o modelo de filantropia partilhada.

Sua proposta de governo pauta-se em uma série de reformas estruturais: reforma cambial para estimular as exportações, reforma bancária, reforma agrária, reforma do ensino universitário, reorganização das instituições sociais, reforma dos códigos, reformas relacionadas à remessa de lucro ao exterior, reforma relativa ao abuso do poder econômico e lei antitruste.

Com relação às instituições sociais, prevê a moralização na aplicação das subvenções, mas nada faz de concreto: não instala nenhuma auditoria na área, nem edita nenhuma medida alterando a relação estabelecida entre instituições e Estado.

A solução do problema do campo, a seu ver, dar-se-ia por intermédio do "estatuto da terra", que protegeria o trabalhador agrícola e os pequenos produtores, incentivando o desenvolvimento rural.

No entanto, suas posições quanto à política externa, eram muitas vezes confusas. Preconizava obediência aos compromissos internacionais já ajustados e ao mesmo tempo defendia relações com países comunistas e afro-asiáticos. Ora parecia adepto do neutralismo, ora aliado do Ocidente.

Sua face populista se utilizava do moralismo para o envolvimento do povo. A moralização seria a resposta para a crise de autoridade nos organismos oficiais e privados, fazendo valer os preceitos éticos na aplicação dos fundos públicos. Daí a criação de várias comissões de inquérito e a adoção de medidas fiscalizadoras e punitivas.

Com tais atos voltados para a política externa e para as medidas moralizadoras, granjeia enérgica oposição no Congresso Nacional, que por intermédio de manifesto imputa-lhe a responsabilidade de estar tramando um golpe contra o regime.

Diante da pressão e do desgaste rápido da sua imagem de líder político, Jânio Quadros renuncia em 25 de agosto de 1961, conduzindo o país a um impasse político-militar, visto que muitas das forças políticas eram contrárias à posse de João Goulart, seu vice-presidente, alegando motivos de segurança nacional.

No entanto, com o apoio de outros setores como a Igreja católica, sindicatos, Forças Armadas e parte do Congresso, que habilmente lançam mão do parlamentarismo, João Goulart consegue sua posse na Presidência da República em 7/9/61, colocando-se como discípulo de Vargas, identificado com as classes trabalhadoras e suas reivindicações.

Tendo Tancredo Neves como primeiro-ministro, o parlamentarismo mantém-se até 6 de janeiro de 1963, quando um plebiscito popular possibilita o retorno ao presidencialismo, permitindo a Goulart o exercício pleno de suas funções.

A reação a Goulart era provocada por seu ideário, em parte já conhecido. Referindo-se sempre a Vargas, reporta-se à Constituição para defender a legalidade, a democracia e as liberdades públicas. Coloca no desenvolvimentismo, na planificação, no aumento das exportações e especialmente no incentivo à agricultura, a emancipação econômica do país. Concilia a ideologia nacionalista com o capitalismo internacional, defendendo a autodeterminação dos povos.

Sempre preocupado em manter a ordem pública e o entendimento entre as classes, coloca a lei como fundamento para as reformas de base que se faziam necessárias, pregando, inclusive, alterações constitucionais para efetivação de algumas delas, como as reformas agrária, bancária, tributária, administrativa e eleitoral.

Seu projeto era vencer o subdesenvolvimento do país, combinando medidas antinflacionárias com as reformas. Para isso, implementa o Plano Trienal, que, no entanto, não obtém

A FILANTROPIA PARTILHADA SOB O ÂMBITO EDUCACIONAL

taxas crescentes de expansão do produto real, não detém a inflação como objetivava e ainda suscita acusações de incentivo ao desemprego e à falência de empresas.

Como dá amplo sentido às reformas estruturais, é considerado perigoso ao país pelos conservadores, que, para revidar suas teses, criam rapidamente inúmeras entidades e institutos de pesquisa para criticar seus planos e investir na sua queda.

Assim, sua gestão não é menos conturbada que a de Jânio Quadros e acaba por aprofundar as contradições políticas e sociais que vinham dos governos dos seus antecessores, gerando o golpe de 1964.

A reação acaba atingindo as forças militares que, no auge de um grave conflito político-militar, em 31 de março de 1964, tomam o poder, colocando João Goulart como asilado político no Uruguai.

O golpe de 1964, não se reduzindo apenas a mera operação político-militar com a finalidade de derrubar o presidente de então, mas colocando-se por décadas como forma ditatorial de governo, não só encerra as possibilidades de reformas de base propostas, mas, põe fim à política de massas instalada desde 1945, com Vargas.

A expansão do capitalismo apresenta, nesse período democrático-populista, momentos distintos em cada um dos governos que se sucedem, e as rupturas conturbadas ocorridas demonstram a grande dificuldade de solucionar as contradições colocadas entre a ideologia nacionalista e o capitalismo internacional. Demonstram, principalmente, a rejeição das elites dominantes à participação das classes populares nas discussões e decisões governamentais e a impossibilidade de se encaminharem propostas transformadoras ou reformistas e também alterações institucionais que ameacem o poder político burguês. Como sucedeu com Vargas, também nos governos Jânio Quadros e João Goulart

"os grupos mais conservadores brasileiros ganharam extraordinários meios de acuar o poder constitucional, em virtude do

nacionalismo econômico, da independência na política externa e da ativa presença das massas populares nas decisões políticas. E, note-se, dentro dos limites demarcados [...]: nada mais além para vencer o subdesenvolvimento" (Vieira, 1983: 163).

Neste cenário de rupturas político-econômicas internas e flutuações das relações externas com os países hegemônicos, começa se firmar, portanto, o capitalismo industrial no país, superando definitivamente a economia de tipo colonial, organizada sob o modelo "exportador", dando vez ao modelo de "substituição"[7], iniciado em 1930 com Getúlio Vargas (Ianni, 1968: 11).

O tratamento à "questão social" pelo populismo não foi também homogêneo no período 1946-64. O tema teve maior relevância nos dois primeiros governos do período, mas assume forma diferenciada no período Kubitschek e Jânio Quadros, quando o desenvolvimentismo enquadra a questão, sendo "usado como recurso para a garantia da estabilidade do sistema, como forte catalisador de mobilização e legitimação (principalmente quanto à classe operária) tornando-se um modo efetivo de controlar tensões sociais e políticas" (Benevides, *in* Cerqueira Filho, 1982: 169).

A "questão social" volta a ser debatida em 1963-64, quando os setores populares pressionam os econômicos, no sentido de marcar sua presença de classe no processo de mudanças sociais em curso (Cerqueira Filho, 1982: 170). Mesmo

---

7. Segundo Ianni, tivemos no país a sucessão e coexistência de quatro modelos de desenvolvimento: o "exportador" de produtos tropicais e matérias-primas e importação de manufaturas, que caracteriza a economia brasileira nas três primeiras décadas do século XX; o modelo de "substituição" de importações de produtos manufaturados que se desenvolve aceleradamente de 1930 a 1962; o modelo "associado", que vigora a partir de 1964 e que implica a combinação de empresas brasileiras e estrangeiras, com a formulação de uma nova concepção de interdependência econômica, política, cultural e militar, na América Latina e com os Estados Unidos; e o modelo "socialista", que em alguns momentos do país constituiu-se em possibilidade real, não sendo, no entanto, levado efetivamente à prática, devido à forma como as organizações de esquerda interpretavam o caráter e o sentido da industrialização no Brasil (Ianni, 1968: 11).

A FILANTROPIA PARTILHADA SOB O ÂMBITO EDUCACIONAL

nesses dois momentos do populismo, a "questão social" é tratada de forma diferenciada, dependendo do estilo que cada governo assume.

Como coloca Cerqueira Filho (1982: 171), o populismo com conteúdo tutelar de Dutra e Getúlio assume as características básicas do "paternalismo ministerial através de assistencialismo social e controle governamental sobre os sindicatos para impedir sua autonomia"[8]. Já o populismo adotado por João Goulart (como ministro do Trabalho em 1953 e governo em 1963-64) possui conteúdo emancipacionista, acrescentando às características do populismo tutelar a utilização das vantagens da "organização que a classe operária, as massas urbanas e secundariamente o campesinato poderiam obter dentro do sistema político como um todo" (Idem).

A preocupação com a "questão social" será mobilizada ainda pelo "juslaboralismo", vertente ideológica vinculada ao liberalismo, também denominada direito social, que, realizando em São Paulo em 1946, o 2º Congresso Brasileiro de Direito Social[9], proclama as teses de humanismo cristão, como reflexão que deve nortear o pensamento burguês no trânsito de uma ideologia corporativista para uma ideologia do tipo liberal comunitarista ou cooperativista. A reflexão religiosa deverá fundamentar as instituições jurídicas, que por meio da legislação social garantirá a proteção dos assalariados e de todas as classes desprotegidas da sociedade. É o primado da regra jurídica que deverá regular as relações entre capital e trabalho, substituindo a regulação anterior do totalitarismo estatal (Cerqueira Filho, 1982: 177). No entanto, esse caráter juridicista nunca foi obstáculo à acumulação do capital.

As concepções de justiça social nesse período estarão sempre associadas à de desenvolvimento econômico, confor-

---

8. A simbiose sindicato/governo agora se faz não mais via Ministério do Trabalho, mas sim pela Justiça do Trabalho.

9. O I Congresso foi realizado em 1941, em São Paulo, com a presença do então ministro do Trabalho, Waldemar Falcão, e do presidente Getúlio Vargas.

me aponta o estudo de Vieira: "As manifestações do presidente Vargas, referentes à política social, ganhavam normalmente a designação de 'progresso social' ou 'de bem-estar social', numa evidente preocupação com a chamada 'paz social' (Vieira, 1983: 41).

Em seus discursos, a mensagem relacionava sempre o progresso social às questões referentes à educação, saúde e previdência social. O aprimoramento educacional das massas populares, principalmente, serviria à "paz social", à manutenção da ordem pública, dentro da preocupação geral de evitar conflitos. Getúlio não se refere da mesma forma à assistência social, demonstrando colocá-la fora da missão do Estado.

Já no universo ideológico de Kubitschek, o bem-estar do povo estava relacionado ao desenvolvimento planificado do país. Sua concepção de justiça social estava intensamente ligada à noção de grandeza nacional e de desenvolvimentismo, que certamente atingiriam também o proletariado, melhorando-lhe as condições de vida. Pelo desenvolvimento, obter-se-ia também a aliança entre trabalhadores e empresariado impedindo a luta de classes, atingindo a "paz social".

Desta forma, embora tivesse sido eleito utilizando-se do legado varguista, pouco se preocupou com o trabalhismo e a pobreza. Prometera a ampliação e o aperfeiçoamento das conquistas trabalhistas e embora para isso contasse com o apoio do Congresso (a coligação PSD/PTB sempre fora maioria), pouco investiu nesse sentido.

No final do seu mandato, 70,33% da população (Censo de 1960) recebia menos de um salário mínimo, tendo que conviver ainda com a mais violenta alta do custo de vida desde o término da Segunda Guerra Mundial.

Embora se agravasse a situação da classe trabalhadora e a pobreza em geral, Juscelino pouco investiu no social, mantendo apenas o que herdou dos seus antecessores e em especial de Getúlio Vargas.

Para Jânio Quadros, diferentemente, as medidas a serem tomadas no âmbito da política social deveriam estar agregadas à moralização do setor público, à contenção do custo de vida, e com a estabilização da democracia — uma de suas grandes bandeiras — poder-se-ia atingir a justiça social. Assim, assegurava ao proletariado espaços de reivindicação, luta pelos seus direitos, porém dentro da legalidade e da estabilidade política.

Extremamente personalista, manifestava comportamentos ambíguos entre seus pronunciamentos e seus atos oficiais. Nos discursos, era paternal, acessível, e ao mesmo tempo que fazia promessas aos trabalhadores, solicitava voto de confiança para os primeiros tempos de governo, que exigiriam sacrifício de todos. Desmobilizava, desta forma, a luta dos trabalhadores, e pouco chegou a fazer por eles.

No ideário de João Goulart, o conceito de justiça social se realizava também essencialmente pela estabilização da democracia, mas sempre discutido no contexto da política externa e das reformas de base. Da mesma maneira que seus antecessores, colocava na educação, na saúde e no bem-estar social a base para o desenvolvimento econômico, que por sua vez traria a "paz social".

Nesse período, a área social, portanto, vai ser tratada de modo ainda mais incipiente pelo Estado brasileiro e utilizada como estratégia favorecedora ao desenvolvimento econômico e conseqüentemente, como mediadora da correlação de forças neste campo.

O Estado vai se apoiar no pacto pós-guerra firmado nos países desenvolvidos, que exige do empresariado novas atitudes frente à força de trabalho.

"As atitudes aparentemente paternalistas — absolutamente não desprovidas de interesse econômico — que geralmente procuravam responder, até mesmo preventivamente e desvirtuar em seu conteúdo, a pressão reivindicatória, devem ceder lugar a uma política mais global, representativa de uma nova racionalidade" (Iamamoto & Carvalho 1985: 263).

Sob o viés desse componente ideológico, a educação será priorizada como base da política social.

O ensino até o segundo grau é visto como direito de todos, e não só de uma elite, e deve ser assumido pelo Estado, que vai incentivar as instâncias estaduais e municipais a abrir escolas e vagas.

O ensino técnico e profissionalizante passa a ser meta de todos os governos, pois a formação de técnicos de nível médio e superior será importante para os setores da produção econômica em expansão no país, enfatizando-se o papel do Senai.

A luta contra o analfabetismo é também alvo de todos os governos, pelo fato de os índices serem altíssimos, sendo priorizada principalmente por Goulart, que denuncia ser analfabeta a metade da população adulta.

Com Goulart disseminam-se também os cursos de educação popular, e o método Paulo Freire de alfabetização é utilizado principalmente pelas instituições sociais na luta contra o analfabetismo.

No entanto, ainda que com vários projetos reformuladores e com a luta pela Lei de Diretrizes e Bases da Educação, a atuação do setor educacional nesse período é frágil, não alterando, na essência, a educação no país, mantendo, inclusive, muitos dos seus vícios. Pouco significativo é o aumento do total de matrículas no ensino do primeiro grau, tendo melhorado apenas as do ensino médio. É pequeno também o crescimento da taxa de alfabetização, tendo aumentado quase nada a do ensino superior.

Da mesma forma, para os governantes desse período, investir na saúde constitui-se em necessidade do desenvolvimento econômico. Assim, o combate aos problemas da nutrição, do saneamento, da assistência médica e da educação sanitária são metas prioritárias. Ultrapassando a tradicional política de campanha, investe-se na proteção à maternidade e infância, na saúde pública, criando unidades sanitárias, hospitais e melhorando os existentes.

De forma paralela, políticas baseadas em outras vertentes teóricas vão se articulando gradativamente, com alguns projetos de saúde pública com características sanitaristas, desenvolvimentistas, no sentido da descentralização e organização regionalizada da saúde.

No âmbito privado, a medicina liberal aos poucos fortalece seu caráter curativo, destinando-se às camadas mais favorecidas economicamente. Inicia-se, inclusive, um novo tipo de empreendimento — os prontos-socorros, gênese dos "grupos médicos" que constituem a "medicina de grupo".

A relação entre as políticas públicas e a iniciativa privada no campo da saúde demarcam então o modelo pelo qual o Estado assume os serviços de saúde para a população mais pobre, dando origem ao modelo assistencial privatista, que está até hoje em vigor.

Na área da Previdência Social, a proteção ao trabalhador com vínculo formal permanece centralizada no nível federal, especialmente nos Institutos de Aposentadoria e Pensões — Iaps.

Por conta das barganhas do populismo, a assistência médica se estende a todos os institutos por pressão dos sindicatos, que buscam a uniformização dos procedimentos com o objetivo de elevar a qualidade e o montante do atendimento.

Cria-se gradativamente um quadro institucional em que a saúde pública e a Previdência Social procuram delimitar espaços de atenção mais ou menos claros. No entanto, ainda que o aumento da clientela dos institutos de Previdência ampliasse as reivindicações por saúde e crescessem significativamente os gastos, não se estabelece uma hegemonia capaz de favorecer a implantação de uma política global de saúde, criando apenas grandes déficits no setor. Mesmo com o desmembramento do Ministério da Saúde e da Educação em 1953, não vai acontecer esse direcionamento.

Continuam fora do sistema ainda os trabalhadores rurais, os domésticos,[10] os funcionários públicos e os do setor informal. A intenção de alcançar os trabalhadores do campo (interesse principal na administração Vargas) depara-se com questões relacionadas à reforma agrária e, conseqüentemente, ao enfrentamento do pacto firmado com as forças políticas e econômicas ligadas à grande propriedade rural.

A Previdência mantém-se com a mesma organização, ainda orientada pelo corporativismo, excluindo os trabalhadores sem carteira assinada e possuindo benefícios exíguos, no nível dos próprios salários para os demais trabalhadores.

O que se obtém de novo é a Lei Orgânica da Previdência Social, aprovada em 1960, e que por fim não traz as soluções esperadas. Em vista dos inúmeros substitutivos recebidos, logo se mostra com falhas e incongruências. Diminui benefícios e não obtém a universalização e unificação previstas.

No âmbito da Assistência Social, os governos vão continuar incentivando a ampliação e o surgimento constante de novas instituições, públicas, semipúblicas e privadas, "que aparecem em conjunturas determinadas — como respostas ao desenvolvimento real ou potencial das contradições geradas pelo aprofundamento do modo de produção que atinjam o equilíbrio das relações" (Iamamoto & Carvalho, 1985: 245).

Enquanto os países capitalistas desenvolvidos constroem o Estado do Bem-Estar Social (*Welfare State*), no modelo keynesiano de economia de mercado, combinando crescimento econômico e pleno emprego, com políticas sociais que potencializam a produção e o consumo, aqui se forja gradativamente um Estado meritocrático, com a adoção de uma política seletiva e focalista, voltada às categorias com mais poder de reivindicação. Aqui, os serviços sociais são estendidos a alguns trabalhadores, privilegiando certas ca-

---

10. Até hoje os trabalhadores domésticos não possuem todos os seus direitos assegurados, como acidente de trabalho, FGTS e outros.

A FILANTROPIA PARTILHADA SOB O ÂMBITO EDUCACIONAL

tegorias, não se dirigindo a todos e nem a todas as necessidades.

Expressiva dessa lógica, no período Dutra, é a criação do Sesi — Serviço Social da Indústria — em 1946, com a incumbência de estudar, planejar e executar medidas que contribuam para o bem-estar do trabalhador na indústria. Gerenciado pela Confederação Nacional da Indústria, deve desenvolver atividades de assistência social que resultem em condições de habitação, nutrição e higiene ao operariado, incentivando, assim, o esforço de solidariedade e o espírito de justiça entre empregados e empregadores.

Também o Senai, criado em 1942 com o objetivo de organizar escolas de aprendizagem para industriários, é implementado e ampliado no governo Vargas, transformando-se numa das grandes instituições do país. Passa a incorporar e teorizar o serviço social, "não apenas enquanto serviços assistenciais corporificados, mas enquanto 'processos postos em prática, para obtenção de fins determinados', utilizando para tal as técnicas de serviço social de caso e grupo" (Iamamoto & Carvalho, 1985: 260).

Assim, o Estado divide com o empresariado a responsabilidade de qualificação da força de trabalho, que, no final, trará para o sistema de produção os maiores benefícios.

A afirmação destas instituições aparece como elemento constitutivo do processo de aprofundamento do capitalismo submetido a uma nova racionalidade, pela qual deve ser conduzida a "questão social" e as novas necessidades geradas por aquele aprofundamento.

O Sesi já citado, sob a direção e custos do empresariado, logo vai ampliar suas atividades, complementando serviços não oferecidos pela Previdência Social. Expande os serviços assistenciais, de educação popular e programas de "relações industriais", procurando atingir o operariado fora das indústrias. Com núcleos regionais em todo país, terá por eixo dois tipos de atividades: as relacionadas aos serviços assistenciais (atendimento alimentar, habitacional, de lazer, atenção médico-hospitalar, odontológica etc.); e as complementares (estudos, pesquisas socioeconômicas, preparação de técnicos etc.).

Com este conjunto de macrorganismos é dado para a área novo estatuto legal. Sai do âmbito da benemerência para um modelo educacional. Dessa forma, o Estado unifica, organiza e institucionaliza as iniciativas assistenciais esparsas realizadas pela burguesia industrial, num grande complexo assistencial, mais centrado na formação, na educação. Propicia que o Sesi juntamente com o Senai façam evoluir a posição do empresariado sobre a "questão social", que se aprofunda no pós-guerra. O seu enfrentamento aparece teorizado sob a ótica da integração do proletariado ao mercado interno, dependente de uma maior industrialização. O barateamento dos alimentos será também importante para a melhoria da qualidade de vida, relacionando esta questão diretamente à racionalização da agricultura. Integra, assim, as classes trabalhadoras ao desenvolvimento econômico, conquistando sua adesão ao processo de evolução do país, evitando a expansão das ideologias que dividem a sociedade.

Já os trabalhadores sem carteira assinada, do mercado informal, os desempregados continuam a ser objeto de uma esfera paralela de governo, constituída por iniciativas designadas como "não lucrativas", ou seja, por um *apartheid* institucional, movido pela benemerência e pela solidariedade. Não se altera, portanto, nesse período, apesar do nacional desenvolvimentismo, o modelo histórico de relação Estado—filantropia—sociedade civil. Embora o Estado corporativo não assimile os trabalhadores rurais, os "sem carteira assinada" e os desempregados em seu sistema previdenciário, não pode abandoná-los, para não prejudicar a "harmonia" e a "paz social" desejadas pela sociedade.

Os governos continuarão incentivando a filantropia, ampliando os benefícios às entidades sociais, fazendo surgir continuamente novos hospitais, asilos, creches e abrigos. Desta forma, o CNSS terá um montante cada vez maior de deman-

A FILANTROPIA PARTILHADA SOB O ÂMBITO EDUCACIONAL

da, agora agravado não só com pedidos de subvenção, mas de registro — que será exigência para o acesso a subvenções. E terá que arbitrar o caráter filantrópico das entidades sociais para seu acesso às isenções.

Por outro lado, após as campanhas de impacto realizadas junto aos "convocados" de guerra, a Legião Brasileira de Assistência será a instituição a se firmar na área social, e sua ação assistencial será implementada no sentido de dar apoio político ao governo.

A LBA ganha uma ampla estrutura nacional, com órgãos centrais, estaduais e municipais, e embora tivesse sido definida por seus estatutos, em 1946, como instituição de defesa à maternidade e infância, começa a atuar em quase todas as áreas da assistência social, visando um programa de ação permanente. Não se limita mais à criação de creches, lactários, maternidades e hospitais infantis, mas implementa centros sociais e regionais com múltipla programação, numa capilaridade de serviços que aparece como de alta relevância, como extensão da proteção dada aos trabalhadores pela legislação trabalhista e previdenciária.

Para programação e implantação das novas funções, mobiliza as escolas de serviço social especializadas, apoiando-as na realização de cursos extraordinários, pesquisas e inquéritos sociais e publicação de trabalhos técnicos, visando a suprir a própria demanda e da rede privada, de técnicos especializados.

Nesse processo de expansão, procura mobilizar e coordenar as instituições sociais privadas e públicas, ao mesmo tempo que, por meio de ações próprias, tenta suprir as defasagens apresentadas pelo sistema assistencial existente. Começa então a colocar a transferência de recursos em novo patamar, passando a atribuir subvenções a entidades sociais que possam complementar seus programas e projetos, qualificando, inclusive, seus quadros. Dessa forma, contribui para a organização, ampliação e interiorização da assistência social, levando à assimilação de princípios, métodos e técnicas do Serviço Social, bem como à contratação de profissionais da área, consolidando o ensino especializado. Assume gradativamente o perfil de organismo implementador, executor e coordenador das práticas assistenciais do país, passando, com suas parcerias, de uma atitude de aglutinação de ações das instituições, para uma atitude de envolvimento das instituições nas suas próprias ações.

Como o Serviço Social, nesse momento, busca legitimar-se pelos resultados que produz, procurando ultrapassar a concessão de auxílios financeiros e materiais, com aplicação de técnicas psicossociais para redução da dependência do cliente, tal padrão de atenção passa a ficar restrito a profissionais da área, que nem toda instituição pode contratar. Esta teorização e a maior racionalidade do Serviço Social provocam uma dicotomia entre promoção e assistência, deixando esta última para voluntários e auxiliares sociais.

Neste cenário, a LBA avança mais no sentido de estabelecer a "organização do serviço social em todo o país" e como "órgão consultivo dos poderes públicos e das entidades privadas, em tudo quanto se relacione com a administração do serviço social", objetivos colocados até então ao CNSS.

O CNSS, com a significativa ampliação da área da filantropia, firma-se como órgão repassador de auxílios e subvenções e, conseqüentemente, fiscalizador e controlador do conjunto de organizações sociais, não mais apenas da área privada, mas também da pública, que vão se amoldar ao perfil exigido pelas normas estabelecidas pela União, de forma a ter acesso aos recursos financeiros oficiais e às isenções. Consolida assim seu perfil cartorial, resolvendo a ambivalência em que os decretos anteriores o colocaram.

São implantadas ainda práticas assistenciais pelas congregações e irmandades católicas que continuam vindo da Europa para se instalar no país. Nessa época, só em São Paulo, instalaram-se a Sociedade de Oblatos de Maria Imaculada (1945) com atividades de promoção social; a Congregação das Franciscanas Filhas da Divina Providência (1946), com criação de lar-escola, educandário, lar da infância, centro comunitário; Irmãs da Santa Cruz (1947) — Sociedade Civil Irmãs Santa Cruz, com atividades assistenciais e escola básica; Irmãs Missionárias da Consolata — Instituto das Irmãs Missionárias, com atividades assistenciais e filantrópicas; Congregação das Irmãs de Santa Zita — Obra Santa Zita do Coração Eucarístico de Jesus (1950), com várias obras sociais de atenção aos carentes, cursos de alfabetização, cursos para mães de família; Congregação das Filhas de Nossa Senhora do Sagrado Coração (1953) com orfanatos e colégios; Congregação das Franciscanas Filhas da Divina Providência (1946) com atividades para crianças, doentes e idosos por intermédio de educandários, lar-escola, lar da infância e centros comunitários; Ordem de São Bento, (1953), com creches, centros comunitários, escolas; Legião de Maria (1954); Ordem Nossa Senhora das Mercês (mercedárias) com Associação Social Mercedária, com três creches.

Instituições de outras correntes religiosas também se expandem: Igreja Evangélica Batista e Repreza Nova (1947), Sociedade Espírita Santa Izabel (1950), Sociedade Espírita José Menezes de Alencar (1954), Igreja Batista de Vila Cachoeirinha (1954), dioceses da Igreja Ortodoxa Grega (1956), todas com atividades assistenciais.

Instalam-se ainda em São Paulo as organizações de amparo às colônias de migrantes — Associação Beneficente Rachaia Al Fokhar, para libaneses (1947), Coletividade Helênica de São Paulo (1945) para gregos, Federação Israelita de São Paulo (1946), Liga das Senhoras Ortodoxas (1948) para sírio-libaneses, Sociedade Beneficente Feminina Esperança (1949) para japoneses, Sociedade Cedro do Líbano de Proteção à Infância (1947), Patronato Assistencial Imigrantes Italianos (1950), Sociedade São Bonifácio, que oficializa uma associação criada por alemães (1954).

Começam a ser implementadas também as instituições para atenções especiais como Associação Antialcóolica de São Paulo (1950), Associação para Cegos São Judas Tadeu (1946),

Federação de Entidades de Luta Antituberculose de São Paulo (1951), Sociedade Pestalozzi de São Paulo (1952), para portadores de deficiência mental, e ainda instituições de atenção à família, como a Lareira (1946), a jovens, como a Fundação Acompanhamento Paiol Grande (1946), Instituições Beneficentes Nosso Lar (1946), com internatos e atenção a portadores de deficiência mental, Associação Feminina de Vila Alpina (1951).

Nascem nessa época as sociedades de amigos de bairro, que, além de atividades políticas, desenvolverão práticas assistenciais. Em São Paulo as mais expressivas e ainda existentes são: Sociedade de Amigos da Cidade Vargas (1945), Sociedade de Amigos de Vila Matilde (1950), Sociedade Amigos de Vila Ipojuca (1951), de Vila Gumercindo (1952) (*Guia dos Documentos Históricos na Cidade de São Paulo*, 1998).

A luta por melhores condições de vida faz surgir também movimentos comunitários nos municípios, com organização das populações em áreas periféricas.

Por influência do ensino de Serviço Social, as atividades de assistência são negadas como benemerência e passam a absorver as técnicas e métodos da teoria do Serviço Social, carregando-se de cientificismo e sofisticação. Revestem-se de maior racionalidade, sendo assumidas por instituições de maior porte. No entanto, não se libertam do caráter adjutório, já que, negadas no âmbito de efetivas políticas sociais estatais, constituem-se apenas práticas sociais, mesmo contando com a orientação do Estado, que busca apoio e assessoria nas faculdades especializadas.

O interesse pelo desenvolvimento econômico e as exigências do capitalismo incentivam programas de alfabetização, formação de mão-de-obra, formação social e desenvolvimento comunitário, que vão reiterar a subordinação, por meio do atendimento tutelado dos programas assistenciais. Serão ainda programas pontuais e limitados, que atenderão pequeno percentual das demandas que suscitam. Pode-se dizer, inclusive, que devido a esses programas, haverá uma distância da assistência em relação às necessidades básicas da população.

"Possivelmente no 'caldo desenvolvimentista' em que elas se contextualizaram, em que o Estado era visto como o grande promotor da igualdade de oportunidades do Brasil em desenvolvimento, a alternativa da acumulação sem limites, associada à selvagem espoliação da força de trabalho escolhida pelo capitalismo brasileiro, não se apresentava claramente. Assim, a pauperização da miséria, como traço contíguo ao acelerado desenvolvimento urbano não se colocava no debate" (Sposati, 1988: 136).

Visando quebrar a dependência permanente dos pauperizados e colocá-los no mercado de trabalho, as instituições sociais direcionam seus programas para uma política integrativa e ajustadora, sob a influência principalmente de idéias projetadas por organismos internacionais como a ONU, Aliança para o Progresso, Convênio MEC-Usaid. Não alteram, assim, o caráter fragmentado, pontual e emergencial dos programas e serviços.

Como se pôde observar, a política social do período democrata-populista reduz-se a um conjunto de realizações setoriais, sem as transformações profundas difundidas por vários governos. Mesmo Vargas, que possuía propostas importantes nesse sentido, objetivando transformações estruturais, não consegue concretizá-las, limitando-se a atender às necessidades mais urgentes.

Da mesma forma, os demais governos, que pretendiam melhorar as condições de vida da população pela via do desenvolvimento econômico, só viram, nos seus períodos de governo, se acentuarem as desigualdades sociais.

O CNSS, no entanto, tendo que proceder, além da arbitragem das subvenções, ao registro das entidades e à atribuição de "fins filantrópicos", tem seu âmbito de ação ampliado e se firma como órgão regulador da filantropia que se expande também nesse período. No entanto, começa a ser já penetrado por interesses político-clientelistas. Pelas atas de reunião, percebe-se que, após a morte de Ataulpho de Paiva, o CNSS deixa gradativamente de arbitrar as subvenções, e pela carta de demissão de Stela de Faro, que interferências políticas se faziam junto ao Conselho, possivelmente para o registro de instituições.

Com base em depoimentos, calcula-se que em 1964 o total de entidades com registro no CNAS já se encontrava próximo a 20 mil. Apenas o número de entidades com fins filantrópicos era reduzido (próximo a mil) por causa do desinteresse pela isenção, pois a maioria das instituições só possuía voluntários.

3

A FILANTROPIA DE CLIENTELA E APADRINHAMENTO (1964-85)

A partir do golpe de Estado de 31 de março de 1964, instala-se no país o Estado autoritário, sendo a direção do governo federal assumida inicialmente pelo supremo comando revolucionário, composto por ministros militares[1] e a seguir, por meio de um novo expediente político, denominado "eleição indireta" (com "Colégio Eleitoral antecipadamente escolhido"), por uma seqüência de cinco militares,[2] que vão governar por atos institucionais, atos complementares, Lei de Segurança Nacional e decretos específicos.

Tal golpe, instalando-se com o objetivo de pôr fim ao movimento de esquerda e aos partidos de nacionalistas tidos como radicais, cassa partidos, mandatos legislativos federais, estaduais, municipais, suspende direitos políticos sem qualquer exame judicial, castiga cruelmente intelectuais, políticos e trabalhadores em geral, proibindo qualquer

---

1. O supremo comando revolucionário, formado pelo general Arthur da Costa e Silva, brigadeiro Francisco de Assis Correia de Mello e vice-almirante Augusto Hamann Rademaker Grünewald, se investiu de poder pelo do Ato Institucional n° 1.

2. O primeiro presidente da República desse período foi o general Humberto de Alencar Castelo Branco, candidato único indicado pelas Forças Armadas e legitimado pelo Congresso em 15/4/64. Na seqüência, por eleição indireta, assumiram: marechal Arthur da Costa e Silva, que governou de 15/3/67 a outubro/69, quando doente e deposto por um golpe de Estado, articulado por três ministros militares (Aurélio de Lyra Tavares, Márcio de Souza e Mello e Augusto Hamann Rademaker Grünewald), foi substituído em 30/10/69 pelo general Emílio Garrastazu Médici, colocado por força da Emenda Constitucional n° 1 de 17/10/69, que reformava a Constituição de 1967. A seguir, pelo processo de eleição indireta, são colocados o general Ernesto Geisel em 15/04/74, que é substituído pelo general João Baptista Figueiredo em 15/4/79 e governa o país até 1985.

A FILANTROPIA DE CLIENTELA E APADRINHAMENTO

mobilização por parte da sociedade, por mais controlada que fosse.

> "Só no período compreendido entre 1965 e 1966, Castelo Branco baixa 3 Atos Institucionais, 36 Atos Complementares, 312 Decretos-lei, 19.250 Decretos, além de 11 propostas de emendas constitucionais remetidas ao Congresso Nacional, excluindo-se o projeto de reforma global da Constituição. Durante seu governo, houve 3.747 atos punitivos, representando mais de 3 atos punitivos por dia" (Jornal do Brasil, 15/2/67 in Vieira, 1983: 194).

O exercício do poder fica restrito a um direito militar. Mesmo ao conceber, sob a Constituição de 1967 (Ato Institucional nº 4), um novo sistema partidário (com dois partidos: Aliança Renovadora Nacional — Arena, representando a situação, e Movimento Democrático Nacional — MDB, a oposição), jamais tal Estado, enquanto se manteve, permitiu a eleição de um líder civil emanado dos novos partidos, o que ocorreu somente em 1984, quando a ditadura militar já entra na sua fase final.

O Legislativo e o Judiciário têm seus poderes bastante reduzidos, sendo praticamente anulados após dezembro de 1968, quando no governo Costa e Silva, pelo Ato Institucional nº 5, passaram a funcionar com normas baixadas pelo Executivo, dotado então de enormes prerrogativas. Por tal ato são aniquilados ainda a Constituição e os dois partidos criados pelo próprio movimento militar.

O Ato Institucional nº 5, que centraliza ainda mais poderes no Estado autoritário, permanece em vigor nas gestões de Médici e Geisel, sendo que este último o substitui pelo Estado de Emergência, que lhe permite proceder às reformas políticas de seu governo, e manter o movimento de 64 (Vieira, 1983: 192).

Assim, ao longo do período 1964-84, o Brasil transforma-se em verdadeiro Estado unitário, ficando o poder concentrado no Executivo federal, que usa a ideologia da segurança nacional como justificativa para todas as medidas de força e arbitrariedade adotadas e como eixo convergente de todas as políticas, inclusive a econômica. Por meio de atos institucionais, amplia de tal forma a capacidade de intervenção governamental, que exclui da luta política e das decisões econômicas e sociais os demais poderes, estados, municípios, a sociedade em geral e as classes subalternas. Principalmente as massas trabalhadoras perdem todo espaço de expressão, sendo completamente tolhidas nas suas reivindicações. O acesso ao governo militar será restrito aos tecnocratas, transformados pelos militares em assessores técnicos, para defesa do desenvolvimento do país e, por conseguinte, da segurança nacional.

Assim, o Estado autoritário se une fortemente às forças econômicas dominantes, colocando fim à política de massas. Constrói uma tecnocracia estatal, privilegiando principalmente o planejamento; reforça o processo de internacionalização, aprofundando as relações do país com o capitalismo internacional e colocando-o à mercê dessas relações, num processo de acumulação ampliada do capital. Assinala a transição efetiva para o modelo de desenvolvimento econômico associado, combinando e reagrupando empresas brasileiras e estrangeiras, com a formulação de uma nova concepção de interdependência econômica, política, cultural e militar, na América Latina e com os Estados Unidos.

Embora tal modelo já tivesse se implantado no governo Kubitschek, é nesse período que "as condições e perspectivas de desenvolvimento econômico no Brasil passam a depender amplamente da associação direta e indireta, visível e disfarçada entre capitais nacionais e estrangeiros" (Ianni, 1968: 11).

Se no aspecto econômico tal modelo já vinha sendo executado, a partir de 1964 se expande também no político. O Estado, então com plenos poderes sobre a nação, torna-se efetivamente o centro das decisões no plano interno, intervindo e direcionando a estrutura econômica nacional. São as agências governamentais que orientam os investimentos, empréstimos e incentivos fiscais. Nesse período, as medidas inflacionárias ficam ainda mais implacáveis, prejudicando em primeira instância as classes populares. "A contenção salarial é acentuada pelo desmantelamento da coalizão política então existente, assim como pela intervenção aos sindicatos" (Oliveira, 1985: 9).

No período de 1979-83, a renda média real dos 40% mais mal remunerados caiu em 30%; o salário mínimo, se considerado em 1960 igual a 100, equivaleu a 69 em 1970, a 62 em 1980 e a 45 em 1984 (segundo dados do Documento de Trabalho nº 17, 1985, do CNRH, *apud* Fleury, 1989: 49). E o desemprego em 1983 correspondeu a 25% da população economicamente ativa (Seplan, 1986 idem).

As ações assistenciais serão mais uma vez utilizadas para amenizar o estado de empobrecimento da população, inclusive dos trabalhadores.

Para atenuar tais problemas, a fala dos tecnocratas enfatiza a modernização administrativa, a eficiência, o aumento da taxa de crescimento. Já a dos presidentes reitera seguidamente a confiança na democracia que será restaurada com a recuperação da ordem nacional; e no desenvolvimento, que possibilitará salários mais justos para a melhoria de vida da população.

Mas não tardam a aparecer as conseqüências da exploração da grande massa de trabalhadores, a ampliação contundente da situação de pobreza e os atos de repressão.

A desigualdade social se acentua, e os 10% mais ricos já se apropriam de 46,2% da renda total do país enquanto os 50% mais pobres ficam apenas com 13,6% (conforme dados da Pesquisa para um Novo Pacto Social do Instituto de Estudos Públicos e Sociais, 1986, *apud* Fleury, 1989: 49).

Para estancar a crise econômica financeira do país, Castelo Branco edita medidas antiinflacionárias severas. Discute novos prazos de pagamento da dívida externa, defende a necessidade de capitalizar o país com recursos nacionais e estrangeiros para garantir o desenvolvimento, admitindo a remessa de rendimentos em níveis aceitáveis. Porém, na realidade, seu governo caminha em sentido inverso. A inflação não é debelada e as medidas adotadas arrocham os salários, tornando mais difícil a situação da população em geral. E a democracia é definitivamente enterrada.

Costa e Silva coloca-se as mesmas metas econômicas de Castelo Branco — acelerar o desenvolvimento e conter a inflação. Mas, da mesma forma que Castelo Branco, governa por meio de atos autoritários. Com o Ato Institucional nº 5, de dezembro 1968 abre ao Executivo os precedentes para fechar o Congresso Nacional, assembléias legislativas e câmaras municipais, podendo decretar intervenção federal nos estados e municípios, invalidando prerrogativas da magistratura e o *habeas corpus*. Justificando as medidas de força em vista do enfrentamento da oposição ao regime, reforça a insegurança e a desesperança na recuperação da democracia.

Seu sucessor, Garrastazu Médici, vai manter e defender o Ato Institucional nº 5, prosseguindo com a mesma política econômica em vigor e reforçando as medidas antiinflacionárias com vista à estabilidade. Edita o primeiro Plano Nacional de Desenvolvimento — PND, com a intenção de elevar o Brasil à categoria de nação desenvolvida, duplicar a renda *per capita* brasileira e expandir o crescimento do Produto Interno Bruto, visando à transformação social, estabilidade política e segurança nacional. Ele coloca a revolução como sendo bemsucedida, com a economia nacional colocada em um patamar privilegiado, período que ficou conhecido como "milagre brasileiro".

No entanto, com o investimento centrado no desenvolvimento — ou seja, no que vulgarmente se conheceu como "fazer o bolo crescer para depois dividi-lo" —, impediu-se o chamado "distributivismo precoce", explorando sobremaneira o trabalhador por meio do achatamento salarial. Elevamse as desigualdades sociais a níveis intoleráveis, provocando séria pauperização da classe operária e agravando a "ques-

A FILANTROPIA DE CLIENTELA E APADRINHAMENTO 157

tão social". Assim, a aliança com a elite, com vista à atenção à pobreza, se faz continuamente necessária, devendo ser incentivada para ampliar seu raio de ação em termos de programas, serviços e benefícios. E a burguesia, continuando com seus mecanismos corporativistas, mantém-se conivente nessa parceria.

O discurso inicial de Médici acaba sendo esvaziado pelo comportamento autoritário e substituído por um discurso justificador da violência, que vai finalmente defender a necessidade de censura às manifestações de opinião e de repressão, com o argumento de que estas só atingiriam os culpados e nunca os inocentes.

Na seqüência, também Geisel vai se reportar à importância do desenvolvimento, combinando-o, no entanto, à necessidade de segurança. Edita o segundo Plano Nacional de Desenvolvimento, que inclusive salienta a problemática da assistência social no país. Nesse documento, aponta a existência de focos de pobreza absoluta nos grandes centros e Nordeste, bem como a necessidade de superação desta situação. A partir dele, instala o Conselho de Desenvolvimento Social junto à Presidência da República e cria o Ministério da Previdência e Assistência — MPAS, que será responsável pela "política de ataque à pobreza". Por meio desses atos, demonstra que o governo começa a se preocupar com os problemas sociais.

Fechando esse período obscuro da história brasileira, João Baptista Figueiredo retoma os temas levantados pelos seus antecessores, mas já num contexto que comprovadamente desmente o governo quanto aos grandes êxitos alcançados pelo auto-intitulado Movimento Revolucionário de 1964.

Enfrentando reações explícitas ao regime ditatorial e seguidas movimentações em prol da abertura democrática do país, abranda seu ideário "revolucionário", passando ambiguamente ora a defender ora a refrear a democracia, que, a seu ver, teria que, ser recuperada de forma gradual e controlada.

As conseqüências políticas e econômicas desastrosas desse longo período ditatorial apresentam-se então já bastante visíveis, exigindo radicais alterações. Em 1980, o mercado informal ou o subemprego já representava 45% da população economicamente ativa (Isuani, *apud* Fleury, 1989: 47).

A tão anunciada distribuição de renda pelos diversos planos governamentais não só não foi obtida, como também percorreu caminho inverso. A concentração de renda deu-se de forma muito acentuada, o salário mínimo real diminuiu significativamente, tornando bastante precária a condição de vida das classes trabalhadoras e mesmo das classes médias:

"A linha da pobreza (até dois salários mínimos) delimita nada menos que 52,6% das famílias brasileiras, distribuídas em 28,3%, de zero a um salário mínimo e 24,3% de um a dois salários mínimos (PNAD, 1984). A mesma demarcação abrange 61,2% da população economicamente ativa" (Fleury, 1989: 49).

As empresas nacionais sofrem ataques frontais da política econômica, que conduz grande número delas a falências e concordatas.

O país, ao se colocar como espaço aberto à aplicação do capital estrangeiro e aos monopólios internacionais, privilegia o mercado externo, colocando em segundo plano os interesses e necessidades do mercado nacional, provocando desastres na economia.

Assim, as dificuldades políticas, econômicas e sociais acumuladas nessa seqüência de governos, vão exigir a participação de todo o país na busca de novas alternativas e encaminhamentos.

A "questão social" é controlada pelo economicismo e pela coerção e violência, predominantes em todos os governos desse período. O conflito social, que se manifesta esporadicamente, será reprimido de forma severa como subversão da ordem e caso de polícia, minimizado ou ocultado pela ideologia dominante. A organização dos trabalhadores fica dificultada, e a "Lei de Greve", de 1978, extremamente dura, torna mais raros os movimentos reivindicatórios no país. Mesmo assim, com a situação social agravada em maio e junho do mesmo ano, cerca de 20 mil operários realizam greves na região da Grande São Paulo por melhores salários.

Neste contexto, as políticas sociais[3] assumem o caráter de acumulação, combinando assistência à repressão.

Mas tanto Castelo Branco quanto Costa e Silva colocavam o bem-estar da população como o objetivo maior dos seus governos e do movimento revolucionário de 1964. Médici, em seus discursos, aludia à necessidade de se alavancar a justiça social, definindo-a como decorrência "da conjugação de energias para o fim de distribuir com equanimidade a riqueza comum", enquanto Geisel insistia que o objetivo do movimento de 1964 era "o bem-estar do homem brasileiro integrado, na grande nação que é o Brasil" (discursos dos governantes, *in* Vieira, 1983: 211).

Sob estas diretrizes, a educação é colocada como prioridade para as metas de desenvolvimento que se deveria alcançar. A ênfase inicial colocava-se na universalização do ensino primário obrigatório e gratuito, no fim da discriminação entre os cursos de tipo acadêmico e tecnológico e no combate ao analfabetismo. Para os cursos superiores, indicava-se a for-

---

3. Segundo análise de Francisco de Oliveira, as políticas sociais surgem como movimento na reprodução do capital em que se lançava para fora dos custos de produção aquilo que remetia diretamente ao que hoje é o lado social da reprodução da força de trabalho (1999: 1).

O Estado, ao desobrigar o empresariado pelo custo da reprodução social que deveria se dar sobre o próprio processo de produção, assume esta responsabilidade utilizando, para tanto, as políticas sociais. Como, sem elas, o sistema não encontra possibilidade de se reproduzir, a maior parcela do custo da reprodução da força de trabalho, em geral, corre por conta dos gastos sociais (1999: 2-6).

O financiamento público será o pressuposto da reprodução do capital e de parcelas da reprodução da força de trabalho, socializando tais custos. Só que aqui, por falta de lastro, o Estado antecipa-se parcelas da produção, criando o mecanismo do endividamento público, podendo antecipar a demanda, dotando-se de condições para criar bens públicos. Intervém no processo econômico, contra suas tendências cíclicas, e pelo financiamento público vai se constituir em verdadeira esfera pública (1988: 14).

mação de fundações e autarquias, ressaltando a contribuição da iniciativa privada e a necessidade de as universidades se adaptarem ao mercado de trabalho.

Para tanto, o governo federal transfere ajuda aos estados e municípios para o ensino primário; contribui com a merenda escolar; no ensino médio, investe na capacitação de professores; e cria o Movimento Brasileiro de Alfabetização — Mobral, visando a alfabetização em massa.

Na realidade, privilegia mais as mudanças quantitativas, valorizando a ciência aplicada, a engenharia e a área administrativa; reforça as normas burocráticas, com a ideologia do "progresso empresarial", direcionando a educação conforme os interesses da classe dirigente e segundo acordos como o do MEC-Usaid e outros.

Embora os últimos governos ressaltem a profundidade das reformas obtidas neste campo, os dados sobre o período não são os melhores. Aumenta-se o número de matrículas nos cursos superiores, mas cai o do primeiro grau, subindo de forma pouco significativa o do segundo grau; o orçamento na educação cai de 7,60% (1970) para 4,31% (1975), subindo pouco em 1978 (5,20%); o analfabetismo aumenta, apesar da atuação do Mobral (Vieira, 1983: 215).

A saúde, embora seja considerada "questão social e política", será também tratada dentro da vertente economicista do momento, sendo reforçada como espaço para acumulação do capital. O Estado financia novos espaços de atuação dirigida, criando empreendimentos privados por meio de empréstimos que garantem investimentos sem risco. Assim, amplia a rede de hospitais privados, cuja localização será determinada mais por interesses econômicos que pelas necessidades da população.

É a ênfase ao "equipamentismo", que não vai ocorrer só na saúde, mas caracterizar também as outras áreas.

A saúde segue a orientação tecnoburocrática, que se faz em todo governo, buscando racionalidade, eficiência dos meios utilizados, abrindo espaço para as reformas administrativas, a modernização do aparato estatal e a introdução do planejamento.

A própria organização estatal reitera essa dicotomia, mantendo a saúde com foco curativo no Ministério da Previdência (criado em 1974) e uma política mais preventiva no Ministério da Saúde.

As questões relacionadas à concepção do sistema de saúde vão ser mais bem desnudadas à sociedade brasileira pela VI Conferência de Saúde de 1977, que em continuidade à de 1974, implementa o início do movimento da reforma nesse campo, que vai ter papel fundamental quando da elaboração da Constituição de 1988.

Em 1978, também o Simpósio da Câmara Federal começa a criar espaço para a discussão de um sistema único de atenção à saúde. E é nesse contexto, que o programa de integração dos dois ministérios, Prev-saúde, será proposto em 1980. A Previdência, com débitos acumulados por todo o período, entra em crise, e urge pensar em nova forma de atenção. Tais medidas governamentais serão motivo de reação por parte dos médicos sanitaristas, acirrando-se a discussão que vai desembocar na VII Conferência Nacional de Saúde em 1980, que trará avanços sobre a hierarquização, articulação e integração dos serviços, permitindo a difusão do pensamento da Reforma Sanitária.

Os serviços de saúde crescem, principalmente nos municípios, oscilando entre a melhoria da qualidade e a ampliação de cobertura. A entrada dos médicos sanitaristas nos centros de saúde e a participação da população nas discussões do seu atendimento vão determinar uma melhoria gradativa dos serviços, que aos poucos abandonam seu caráter de ação funcional para se descentralizarem e se organizarem como política pública.

Não se pode dizer que este processo tenha se dado homogeneamente em todos os municípios, mas se fez pelo menos nos de grande porte e nas metrópoles.

Outro mecanismo articulador da prestação de serviços será o Convênio de Ações Integradas de Saúde — AIS, que reunirá as ações do Inamps com as das secretarias estaduais e municipais — proposição esta componente do Plano de Reorientação da Assistência à Saúde, no âmbito da Previdência Social. No entanto, segundo especialistas, com esse convênio as unidades de saúde passaram a se caracterizar mais como ambulatórios do que unidades de saúde pública.

No âmbito da Previdência Social, ocorrem várias mudanças. Em 1966, o governo fundiu os vários institutos de aposentadoria e pensões e o Samdu num único organismo burocrático, o Instituto Nacional de Previdência Social — INPS, que, ampliando o atendimento hospitalar e ambulatorial, vai se utilizar da rede oficial e da rede privada.

Também a Ordem Constitucional de 1967, alterada em 1969, provoca mudanças na Previdência. De início, embora fale da "melhoria da condição social" (art. 165), não acrescenta muito às constituições de 1937 e 1946, tratando dos mesmos riscos, exceção aos acidentes de trabalho. Reduz o tempo de serviço para a aposentadoria da mulher a trinta anos, com salário integral; coloca o salário-família na lei fundamental; reverte o seguro-desemprego previsto em 1967 à condição de assistência; mantém a tríplice contribuição desigual.

A partir de 1970 assiste-se a novas mudanças. É implantado o Programa de Integração Social — PIS em 1970, comprometendo o trabalhador com participação na economia nacional; cria-se o Prorural, concedendo ao trabalhador do campo alguma legislação previdenciária; em 1972 estendem-se às empregadas domésticas os benefícios da Previdência e em 1973 aos autônomos.

Em 1974, ao criar o Ministério da Previdência e Assistência Social — MPAS, como desmembramento do Ministério do Trabalho e Previdência Social, e em 1977 o Sistema Nacional de Previdência Social — Sinpas, o governo estende a cobertura previdenciária à quase totalidade da população urbana e parte da rural. Por emenda constitucionnal, disciplina melhor a questão do custeio do sistema previdenciário, autorizando a criação das contribuições denominadas "sociais", destinadas ao custeio da parte devida pela União.

Com o Sinpas é criada também a Comissão Interministerial de consulta — CIC, aproximando o MPAS e o Ministério da Saúde. Tal legislação leva à concentração de amplo poder no Executivo federal. No entanto, percebe-se logo que não haverá recursos financeiros para a demanda que aumenta de forma significativa. A assistência médica vai ser privatizada então por iniciativas individuais, de grupos e cooperativas médicas, reduzindo as despesas nessa área e deteriorando o atendimento. As cooperativas, no sistema da livre escolha e pagamento por unidade de serviços, passam a ter lucros enormes, e o INSS paga, em 1978, 45,6 bilhões de cruzeiros (76% de seus gastos) a serviços particulares (Vieira, 1983: 222).

Já a assistência social assume cada vez mais o caráter tradicional, combinada à repressão:

> *"A apreensão do uso do mecanismo combinado repressão-assistência não se deu de imediato para os assistentes sociais. A 'saída' hegemônica pela racionalidade do planejamento e pela teorização científica do fim da década de 60 e do início dos anos 70 condicionaram o Serviço Social brasileiro a uma forma de inserção do Estado tecnocrático. Constitui-se assim a chamada vertente nacional-modernizadora do Serviço Social brasileiro frente ao movimento de reconceituação" (Sposati, et al., 1985: 50).*

Em todas as instituições, os benefícios, programas e projetos são elaborados em gabinetes, criando-se com o "racionalismo técnico" um ocultamento da situação de opressão e exploração social em vigor. Na verdade, sob a aparência redistributiva, criam-se novas condições de acumulação capitalista.

Só a partir de uma leitura crítica da sociedade, sob a ótica marxista e mais precisamente althusseriana, será revista a prática do Serviço Social, de reprodução ideológica dos interesses do capital.

O movimento que se dá então é de negação das práticas oficiais, atribuindo ao Estado total impenetrabilidade, passando-se a valorizar as experiências alternativas e as de militância política.

Mas embora surjam inúmeras experiências alternativas paralelas, consideradas "subversivas" pelo governo, as ações no social vão ser essencialmente institucionais e governamentais e pelo conjunto de organizações privadas controladas pelo CNSS.

Durante o período autoritário, consolida-se o Estado assistencial,[4] como compensação ao achatamento salarial, à situação de miséria que se dissemina no país e à forte repressão às manifestações dos trabalhadores.

As práticas assistenciais ganham mais estrutura e racionalidade, desenvolvendo-se um aparato estatal que cresce e se burocratiza continuamente, durante todo o período, desmembrando serviços, programas e projetos, seguindo a lógica da segmentação de necessidades, problemas e faixas etárias.

Tais práticas continuam centralizadas nos macroorganismos, ampliados em 1964 com a Fundação Nacional do Bem-Estar do Menor — Funabem, criada com o objetivo de atribuir diretriz pedagógica e assistencial à "questão do menor", até então tratada pelo viés policial/repressivo do Código de Menor de 1927. Crianças e adolescentes abandonados ou in-

---

4. O Estado assistencial é identificado pelo seu fraco compromisso no enfrentamento à pobreza, quer pela falta de recursos, quer pela banalização da pobreza; ou ainda porque o Estado julga o patamar compensatório de atenção produzido em aliança com a sociedade civil, suficiente para dispersão das tensões sociais. Assim se caracteriza por não se assentar em pactos, e sim em alianças conjunturais; por se apresentar como impotente, compelindo a sociedade civil e o próprio pauperizado a cooperar na produção de serviços sociais; e por se apresentar como expressão secundária, como Estado marginal na provisão social (Falcão, 1989: 116-21).

A FILANTROPIA DE CLIENTELA E APADRINHAMENTO

fratores passam a ser responsabilidade do Estado, devendo receber atenção e proteção por meio de uma política específica, que vai ser cunhada na uniformização e centralização do atendimento para empobrecidos — carentes, abandonados e autores de ato infracional —, fazendo reproduzir organismos similares nos Estados. Tais macroorganismos vão alcançar grande capilaridade por todo o país, por meio de uma ação executiva paralela aos serviços municipais e estaduais, que se ampliam também, sem, no entanto, contarem com uma política que possa nortear a sua articulação.

Desde o final da década de 60, as práticas assistenciais vinham sendo incorporadas pelas várias instâncias governamentais, expandindo-se em toda a federação. As prefeituras municipais implementam o atendimento ao social, como serviço complementar ao próprio gabinete do prefeito, ou junto a secretarias afins, ou mesmo como setor independente. Em 1966, a Prefeitura de São Paulo formaliza a atuação na área, criando a Secretaria do Bem-Estar Social. No Estado, a gestão Abreu Sodré reaparelha-se para desenvolver programas de assistência social, constituindo a Secretaria de Promoção Social, que fora criada pioneiramente como Departamento de Serviço Social, em 1935.

São criadas também, em outros estados, secretarias ou departamentos específicos. Tais órgãos municipais e estaduais com competência e relações difusas, funcionando com orçamentos mínimos, muitas vezes com pessoal cedido, mesclando suas ações com as de higiene e saúde, vão reproduzir o comportamento da União, no sentido de atuar também, por meio de multiplicadores e, indiretamente, por convênios com as instituições privadas.

Como retaguarda da área de saúde, a assistência desenvolve-se na linha da complementação do tratamento, com atendimentos de prótese, órteses, medicamentos, suplementos alimentares; como retaguarda de outras áreas desenvolve pretensiosas propostas de formação e colocação de mão-de-obra, implantação de creches, melhoria de habitação, alfabetização de adultos e outros.

Começa a se delinear, então, a superposição de ações e a pulverização de recursos entre as três instâncias de governo, o que será peculiar desta área de atenção.

A estratégia da descentralização e ampliação das ações será ainda a utilização da rede privada, só que numa outra qualidade de relação. Aparecem os acordos de parceria, que de início se darão de maneira informal, sendo posteriormente formalizados por instrumentos jurídicos, como convênios, acordos de cooperação mútua[5] etc. É a nova forma de partilha alçada não só a acordos informais, mas adentrando no campo da legalidade.

No que se refere à subvenção, o Estado se posiciona apenas como colaborador, mantendo-se à distância dos problemas sociais, porém quanto ao convênio, ele assume suas responsabilidades por intermédio das ações das entidades sociais:

"Esta passagem vai permitir que cresça o papel técnico-racionalizador do Estado, já que agora ele poderá desenvolver concepções de programas e atividades no campo social, mesmo que não os execute diretamente. E as entidades, pelo seu caráter não lucrativo, reproduzem a imagem de uma ação neutra, acima de interesses de grupos e classes sociais. Como braços prolongados de ação estatal na produção desses serviços, essas entidades — para responder às novas funções contratuais e a sua burocracia — começam a 'adaptar-se', em seu padrão jurídico-contábil" (Sposati & Falcão, 1989: 64).

Este tipo de controle inaugura um novo papel para os órgãos governamentais, o de assessoria e supervisão, geral-

---

5. Convênios constituem-se instrumentos jurídicos estabelecidos entre organismos para execução de projetos de interesse comum, no sistema de parceria e cooperação mútua (seja técnica ou financeira). Organismos estatais privados ou públicos, incumbidos de serviços semelhantes, como a LBA, secretarias de Estado da área social passam a utilizar deste mecanismo para subsidiar instituições sociais (total ou parcialmente) na delegação da execução de seus próprios programas. Documento: LBA — contratos e convênios, Diretoria Nacional, 1980.

A FILANTROPIA DE CLIENTELA E APADRINHAMENTO

mente difuso e pouco exercido. Não parte de uma clara definição da função do Estado que não assume efetivamente a responsabilidade pelas necessidades sociais da população; nem de uma subordinação efetiva da iniciativa privada, que está comprometida com outros princípios ético-morais (Idem).

Como os convênios exigirão registro das entidades no CNSS, este terá maior demanda de trabalho, passando a contribuir também na escolha seletiva dos parceiros do Estado, fundamentado na legislação.

No entanto, a instituição de assistência social de caráter executor, que sofrerá o maior crescimento e tomará a maior força nesse período, com centralidade no governo federal, será a Legião Brasileira de Assistência.

Pelo Decreto-lei nº 593, de 27/5/1969, é transformada em Fundação, vinculada ao Ministério do Trabalho e Previdência Social e passa a ser mantida com subvenções da União, estados e municípios. Como pessoa jurídica de direito privado, vai manter sua autonomia, sendo, no entanto, regida pelas normas orçamentárias da União. Como Fundação de Assistência à Maternidade, à Infância e à Adolescência, compete-lhe então a execução dos programas de assistência em geral, que poderá ser delegada (quando da impraticabilidade ou inconveniência), no todo ou em parte, mediante convênio ou contrato[6] com outros órgãos, de serviços semelhantes (art. 1º, § 2º).

Assim, ela que desde a sua fundação também atribuíra subvenções às entidades sociais, passa a adotar uma forma mais evoluída e controlada de transferência financeira, direcionando a ampliação de sua ação. Enquanto a subvenção social é destinada a cobrir despesas de custeio e acaba deixando livre e vaga a aplicação de recursos, o convênio exi-

---

6. O convênio vai supor a transferência de recurso mediante Plano de Aplicação em Projeto a ser executado em parceria; o contrato supõe pagamento posterior à prestação de serviços articulados em parceria, mediante apresentação de fatura comprobatória.

ge a execução de projetos específicos e a definição de Plano de Aplicação e Contraprestação.

Com novo Estatuto que lhe atribui significativa ampliação na estrutura, passa a contar com inúmeros departamentos e novos projetos e programas, fazendo reproduzir sua ação por toda a rede de filantropia, por meio de acordos e convênios de cooperação mútua.

Tem inclusive seus recursos ampliados, passando a receber da loteria esportiva federal, instituída no mesmo dia da sua transformação em fundação, 40% do arrecadado, que deverá ser destinado às aplicações de caráter assistencial, educacional e esportivo[7].

O Ministério da Previdência e Assistência Social — MPAS contém na sua estrutura uma Secretaria de Assistência Social que, ainda que em caráter consultivo, vai ser o órgão-chave na formulação da política de ataque à pobreza, prevista em decorrência ao II PND e de responsabilidade do Ministério. Tal política mobilizará especialistas, profissionais e organizações da área. O Centro Brasileiro de Cooperação e Intercâmbio de Serviços Sociais — CBCISS realiza, então, seminário em Petrópolis (de 18 a 22 de maio de 1974), com 33 especialistas, visando subsidiar a iniciativa governamental.

Documento resultante deste seminário destaca a valorização da assistência social pelo MPAS e enfatiza a necessidade de tratamento inovador nessa área, fugindo ao caráter assistencialista e de simples complementação da previdência e

"julga ser válido considerar a alternativa de adoção de um modelo de 'promoção social'[8] calcado em uma concepção de

---

7. O restante dos recursos da loteria esportiva federal vão para programas de alfabetização (30%) e atividades esportivas (30%).

8. O referido documento define "promoção social como um conjunto de ações visando desencadear um processo de desenvolvimento humano e social, no qual se criem, para as faixas carentes da população, oportunidades de satisfação de suas necessidades econômicas, sociais e culturais e de participação consciente e responsável" (CBCISS, n° 90, 1974).

'*desenvolvimento social*', em que os objetivos a serem atingidos não constituam uma '*simples conseqüência de política econômica*', mas tenham sua validade justificada por variáveis de ordem social e humana" (CBCISS, n° 90, 1974).

A assistência social, ao ganhar novo estatuto, passa então a ser designada de promoção social.

A Fundação LBA, integrando-se ao MPAS, ganhará ampliação com novos programas e projetos, passando a ser o organismo executor da ampla gama de ações previstas, decorrentes de todo esse movimento. Para tanto, alcança grande número de organizações sociais por seu sistema de convênio, fortalecendo a chamada "atuação indireta".

Com a concentração de renda e o achatamento salarial, o processo de pauperização se acelera ainda mais no final desse período, exigindo do Estado, em todos os seus níveis, maior atenção.

A política social direciona-se para o chamado exército de reserva, usando tal demanda como justificativa ao crescimento do Estado, que vai criar uma multiplicidade de organismos de assistência social, burocratizando e complexificando o atendimento no nível federal, estadual e municipal, iniciando o paralelismo e a superposição de comandos e programas.

Os governos serão pródigos em legislação, em construção de equipamentos e de burocracias. Os tecnocratas contribuirão para inserir benefícios a serem implementados pelo Estado, mas ao racionalizarem o acesso aos serviços e atendimentos e ao criarem mecanismos de seleção, só ampliam o sistema de exclusão, colocando a assistência no contexto geral da acumulação capitalista.

É a década da expansão de numerosos programas sociais como o Alfabetização pelo Mobral, complementação alimentar — Pronam, formação de mão-de-obra — Senafor, casas populares — BNH-Planhap, formação da mulher, creches, provisão de identidade civil e trabalhista (Sposati & Falcão, 1989).

A assistência social deixa de ser simplesmente "filantropia", "fazendo parte cada vez mais da relação social de produção e a modificando, como tem sido demonstrado historicamente" (Oliveira, 1985: 12). O Estado vai criando um aparato burocrático pesado, consumindo mais recursos com sua máquina administrativa e exercendo cada vez maior seletividade junto ao usuário.

A criação de novos organismos segue a lógica do retalhamento social, criando-se serviços, projetos e programas para cada necessidade, problema ou faixa etária, compondo uma prática setorizada, fragmentada e descontínua, que perdura até hoje.

O Estado pulveriza os parcos recursos aplicados na área, repassando a execução dos seus programas à filantropia privada, por meio de convênios, reafirmando a estratégia populista de aliança com a sociedade civil. Instala-se assim, o modelo de "assistência por convênios", que configura a atenção do Estado ao social a partir de então.

Assim, associando a repressão à assistência, o Estado mantém apoio às instituições sociais, criando-lhes ainda novas fontes de captação e benefícios indiretos, proporcionando-lhes, principalmente, uma série de imunidades e isenções.[9]

Ainda que a Constituição de 1967 tenha um caráter mutilador quanto a conquistas anteriores, prevê a isenção de impostos sobre "o patrimônio, a renda ou serviços [...] de instituições de educação e assistência social observados os requisitos fixados em lei" (art. 20, inciso III, alínea c). A Constituição de 1969 referenda tal isenção e indica — no art. 19, inciso III e § 2º — que a

---

9. A imunidade tributária é a desobrigação de pagamento de imposto por determinados contribuintes, que se enquadram numa das hipóteses previstas pela Constituição federal para a não-incidência desse tributo.

Isenção é a exclusão ou alteração de um ou mais elementos da regra-matriz de incidência tributária estabelecidos por lei infra-constitucional.

"União, mediante lei complementar e atendendo a relevante interesse social ou econômico nacional, poderá conceder isenções de impostos estaduais e municipais; [e no § 6º define que] as isenções do imposto sobre operações relativas à circulação de mercadorias serão concedidas e revogadas nos termos fixados em convênios, celebrados e ratificados pelos Estados, segundo o disposto em lei complementar."

Castelo Branco, em 1964, aperfeiçoa a possibilidade de isenção de imposto de renda às instituições, criada anteriormente em 1943 e regulamentada em 1958, e aperfeiçoando esta condição estabelece novas exigências (pela Lei nº 4.506/64), que permanecem até hoje e que se relacionam à não-remuneração da diretoria, aplicação de recursos nos objetivos sociais e escrituração conforme é de praxe.

Na mesma lei, regulamenta a dedutibilidade de doações realizadas a entidades filantrópicas por pessoas jurídicas, com o teto máximo de 5% do lucro operacional da empresa. Onze anos depois, Geisel, em 2/9/1975, com o Decreto nº 76.186, refina ainda mais a regulamentação para esta isenção, estendendo as exigências tais como as constantes para recebimento de subvenções e certificado de filantropia. Ele ainda vai ampliar o âmbito das isenções (Lei nº 4.917/65), alcançando as taxas de importação — o que era permitido apenas de forma particularizada a algumas instituições. Em conseqüência, aumenta ainda mais as atribuições do CNSS, que, além de arbitrar as subvenções, proceder ao registro de instituições, certificar a condição de entidade filantrópica, passa a aprovar as listagens de bens importados, adquiridos em doação pelas instituições sociais. Libera as organizações da taxa de 1% devida ao Banco Nacional de Habitação e em 1967, pelo Decreto-lei nº 194/67, faculta também às "entidades filantrópicas" a dispensa de depósitos bancários relativos ao Fundo de Garantia por Tempo de Serviço — FGTS dos seus funcionários, desvalorizando-os e igualando-os ao voluntariado mais uma vez. Em 1969 — a Junta Militar no poder, por meio do Decreto-lei nº 999/69 —, institui a Taxa Rodoviária Única, que isenta as "instituições de caridade" deste ônus com seus meios de transporte.

Depois desse movimento de ampliação das isenções, em 1977, pelo Decreto nº 1.572, o presidente Geisel revoga a Lei nº 3.577, de Juscelino Kubitschek, que isentava as instituições da cota patronal à Previdência, não prejudicando as já portadoras do certificado de fins filantrópicos. Tal restrição se manterá por catorze anos, até 1991, quando se tornará sem efeito pela Lei Orgânica da Seguridade Social. Por depoimentos, sabe-se que o número de instituições com o certificado de fins filantrópicos, e portanto, com acesso a esta isenção, não era grande, mas já significava alto montante financeiro.

Já o presidente Figueiredo isenta "as sociedades beneficentes com personalidade jurídica, que se dediquem exclusivamente a atividades assistenciais sem qualquer fim lucrativo", inclusive da taxa de limpeza pública, estabelecida no Distrito Federal pelo Decreto-lei nº 6.945/81.

Em 6/7/83, por meio da Lei nº 7.113 referenda também a medida de Kubitschek, dispondo sobre atualização e reajustamento contínuo do valor do selo destinado a obter recursos para assistência à prole dos hansenianos. Passa inicialmente a dez cruzeiros, devendo ser reajustado com base na variação nominal das Obrigações Reajustáveis do Tesouro Nacional — ORTN.

O perfil da legislação desse período aponta o início da contradição do Estado na relação com a filantropia: utiliza-se da lógica da concessão de benefícios para se manter no princípio da subsidiariedade, incentivando a sociedade civil na sua responsabilidade social, mas já começa a perceber que esse ônus está se avolumando. Daí iniciar o movimento contrário, de restrição.

Nesse período, o CNSS continua agregado ao Ministério da Educação e Cultura e estranhamente não se transferiu para Brasília com este Ministério em 1960, quando da mudança da capital da República.

A FILANTROPIA DE CLIENTELA E APADRINHAMENTO 173

QUADRO 3.1
Síntese da Legislação — 1964-85

Dispositivo Legal	Data	Descrição	Situação
Lei nº 4506	30/11/64	Regulamenta o Imposto de Renda, isenta as organizações beneficentes.	Alterado
Lei nº 4.762 (Castelo Branco)	30/8/65	Modifica a Lei nº 1.493/51 no art. 11 já alterado pela Lei nº 2.266/54 (define que os créditos orçamentários referentes às subvenções serão registrados pelo Tribunal de Contas, distribuídos ao Tesouro Nacional que os depositará no Banco do Brasil).	Em vigor
Lei nº 4.917 (Castelo Branco)	17/12/65	Isenta dos impostos de importação e de consumo e de outras contribuições fiscais utilidades adquiridas no exterior mediante doação às entidades de assistência social.	Em vigor
Lei nº 5.127 (Castelo Branco)	29/9/66	Isenta as instituições filantrópicas da contribuição de 1% de que trata o art. 22 da Lei nº 4.380 de 21/8/64, que cria o Banco Nacional de Habitação.	Revogado
DL nº 194	24/2/67	Dispensa as entidades sociais, do depósito bancário do FGTS.	
DL nº 999	21/10/69	Dispensa da Taxa Rodoviária Única.	Revogado
DL nº 72.819 (Médici)	21/9/73	Altera o Decreto nº 1.117/62 no art. 4º.	Revogado
Lei nº 6.037	2/5/74	Equipara as fundações às associações de fins filantrópicos.	
DL nº 76.186	2/9/75	Regulamenta o Imposto de Renda isentando as organizações beneficentes.	
DL nº 1.572 (Geisel)	1/9/77	Revoga a Lei nº 3.577/59 que isenta da contribuição previdenciária as entidades filantrópicas — não prejudicando as reconhecidas de utilidade pública até esta data e portadora de fins filantrópicos.	Vai se tornar sem efeito pela Lei nº 8.212/91 — Lei Orgânica da Seguridade
DL nº 91.030 (Figueiredo)	5/3/85	Dispõe sobre aprovação do regulamento aduaneiro, definindo os requisitos para isenção das taxas de importação às instituições educacionais e de assistência social.	Alterado pelo Dec. nº 98097/89

Pelo depoimento[10] do advogado Luis Vasconcelos, conselheiro no período de 1967 a 1991, o distanciamento entre o CNSS e o Ministério levou a uma queda do nível de trabalho do conselho, que pode ser inferida pela situação existente quando ele se tornou conselheiro:

> *"Em 1967, tinha se acumulado na sede do Conselho no Rio de Janeiro, mais de 5 mil pedidos de registro, empilhados no chão e embolorando em função da umidade. O Conselho tendo ficado no Rio de Janeiro, distante do MEC funcionava mal e de forma descontínua.*
>
> *Por ato do ministro da Educação, Tarso Dutra, o Conselho foi então transferido em 22/6/67 (sete anos após) para Brasília, sendo demitidos todos os conselheiros, juntamente com o seu presidente, o juiz de direito, Nuno dos Santos Neves.[11]*
>
> *O Ministro Tarso Dutra trouxe então, para a Presidência do CNSS, um médico famoso do Rio Grande do Sul, Hélio Pereira Viégas, e nomeou como conselheiros integrantes do Ministério da Educação, da Câmara de Deputados e do Senado.*
>
> *Fui nomeado como representante da Câmara, onde exercia o cargo de assessor do Departamento de Orçamento, do qual passei a ser diretor a partir de 1978.*
>
> *O trabalho era muito intenso e só recebíamos próximo a um salário mínimo (de hoje), como 'ajuda de custo'. Analisamos de 3 mil a 4 mil processos por ano" (Luis Vasconcelos 5/4/2000).*

De tal forma foi se acumulando o trabalho do CNSS com a ampliação dos benefícios, que algumas medidas legais são criadas para alterar sua conformação: Decreto-lei nº 878/69, Decreto nº 70.716/72 e Lei nº 5.944/73. Criam uma Secretaria Executiva, subordinada diretamente ao presidente "com a finalidade de estudar, planejar, coordenar e executar as suas

---

10. Os depoimentos utilizados neste trabalho foram colhidos em entrevistas realizadas pela pesquisadora, conforme esclarecido na introdução — e estão registrados em itálico.

11. Nuno dos Santos Neves foi nomeado por Castelo Branco em 7/10/64, em substituição a Abelardo Marinho, que se encontrava no cargo desde a morte de Ataulpho Nápoles de Paiva em 1955.

atividades-meio e promover o levantamento de dados para análise e assessoramento de suas atividades-fins" (art. 1º). A Secretaria é prevista inicialmente com dois setores (administrativo e de registros e controle), sendo depois ampliada para três — de liberação de subvenções, de administração financeira e contabilidade e administrativo. Deve contar com um diretor, um secretário, dois assistentes e dois auxiliares, e ter as despesas decorrentes de responsabilidade do Ministério da Educação e Cultura.

O cargo de vice-presidente, antes atribuído ao juiz de menor, passa a ser ocupado por um dos componentes do Conselho.

O mandato dos conselheiros é fixado em três anos, com possibilidade de uma recondução, e é introduzida a figura do suplente (que de início será um para cada conselheiro e posteriormente três para todo o Conselho, substituindo os titulares em sistema de rodízio).

A remuneração por sessão é estipulada em torno de cinqüenta cruzeiros novos, não podendo exceder a quantia de quatrocentos cruzeiros novos (equivalente a um salário mínimo atualmente), ao mês, por conselheiro.

O CNSS começa a se institucionalizar mais formalmente, ganha estatuto de órgão estatal, enquanto amplia seu âmbito de regulação nessa área. Pelo Decreto nº 70.025, de 24/1/72, é classificado inclusive como "órgão de deliberação coletiva de terceiro grau".

Por intermédio do exame de várias atas desse período, percebe-se a manutenção do critério adotado por Tarso Dutra na composição de agentes governamentais no conselho, que vão ter cadeiras fixas com representação do Senado, da Câmara Federal e do Ministério da Educação e Cultura, escolhidos sempre pelo ministro da Educação e Cultura, em acordo com o presidente da República. Não se conseguiu, no entanto, identificar legislação que referendasse tal composição. Pode ser, portanto, que esta composição se deva à passagem da atribuição das subvenções aos parlamentares sobre a qual também parece não haver ato legal. Possivelmente tal procedimento foi incorporado sem nenhum amparo legal, pois a nomeação de conselheiros sempre fora de responsabilidade do presidente da República.

Hélio Pereira Viégas permanece na direção do CNSS por oito anos, e com sua morte, em março de 1975, o cargo passa a ser ocupado pelo professor Adherbal Antonio de Oliveira — assessor especial do ministro Ney Braga (e na gestão Jarbas Passarinho, diretor-geral do Departamento de Pessoal), representando o Ministério da Educação e Cultura —, que se mantém na presidência por dezoito anos, até próximo da extinção do CNSS. Dessa forma, durante seus 55 anos de vida, o CNSS terá basicamente só cinco presidentes, pois o último deles ficará apenas poucos meses e para fazer a transição ao CNAS.

Explicando sua permanência, Adherbal de Oliveira analisa:

> "O CNSS era um órgão muito político, e eu, com fácil convivência com parlamentares — deputados, senadores, entidades sociais, escolas, Santas Casas, hospitais, e sempre com porta aberta a todos, fui sendo referendado. [...] Os conselheiros eram sempre indicados por parlamentares e políticos nesta época, com o aval do ministro da Educação e do presidente da República.

Sobre a rotina de trabalho explica:

> "O Conselho funcionava com sessões diárias durante toda uma semana, uma vez ao mês. Os processos ao chegar eram protocolados e enviados ao presidente, que em reunião os distribuía entre os conselheiros para análise e parecer (dando-lhes o prazo de um mês); na reunião seguinte, os pareceres eram relatados e submetidos à aprovação, por todo o Conselho. Os casos com documentação em pendência, ou necessidade de adequação de documentos permaneciam em diligência. Os casos mais comuns prendiam-se à necessidade de reformulação de estatutos, que geralmente não previam o destino do patrimônio em caso de extinção da entidade, ou não

explicitavam a não-remuneração da diretoria ou a gratuidade dos serviços; era comum também mandato permanente de diretoria, diretoria composta por familiares ou falta de documento comprobatório de funcionamento, Os processos em diligência ficavam no arquivo em aguardo da documentação faltante, voltando a julgamento quando do seu retorno. Não havia prazos fixados para este trâmite. Para os casos não previstos em lei, eram tiradas jurisprudências,[12] que eram sempre em grande número, exigindo muito tempo de discussão do conselho. O número de processos era sempre muito grande, variando em torno de trezentos por mês, o que demandava muito trabalho aos conselheiros, que o faziam mais a título de colaboração, pois a remuneração era simbólica (um salário mínimo atual) e foi retirada pelo presidente Collor. O número maior era de solicitação de registro, pois era a exigência para recebimento de subvenções. Na minha gestão, o número estava em torno de 30 mil processos de registro. No entanto, contava com boa infraestrutura de pessoal na secretaria executiva (93 funcionários) para os procedimentos administrativos.

Quando entrei para o conselho, as subvenções já eram distribuídas por parlamentares. O procedimento era o Conselho enviar listagens das entidades com registro para a Câmara e o Senado, onde os parlamentares tinham uma cota no orçamento para distribuição. Eles devolviam as listas com as contempladas, para o conselho encaminhar o pagamento, que era efetivado pelo Banco do Brasil.

A pressão política era sobre a prioridade de pagamento, pois com a inflação muito alta, a subvenção ficava defasada se de-

---

12. De arquivo do CNAS retiramos exemplos destas jurisprudências como a de nº 33/73 — que define que, em caso de afastamento do presidente do CNSS, assume o conselheiro mais antigo e na impossibilidade deste, o mais velho; de nº 46/73, que define a direção do patrimônio em caso de extinção da instituição — que deverá ir para uma congênere registrada no CNSS; a de nº 39/73, que define o não-registro de sindicatos por serem regidos pela CLT, com exceção dos que possuem departamento assistencial com atendimento gratuito extensivo aos não-associados; a de nº 25/71, que estabelece o prazo de noventa dias da data da comunicação para a instituição providenciar cumprimento do solicitado; a de nº 53/74, que não considera os clubes de serviços como entidades filantrópicas, mas apenas seus serviços assistenciais; a de nº 60/76, que define não proceder a registro de escolas públicas custeadas pelo poder público, em vista de possuírem caixas escolares e associações de pais e mestres. A maioria de tais medidas tornou-se norma regimental.

morasse o repasse. Mas o critério era pagar prioritariamente as que recebiam menos e eram mais necessitadas. O maior problema era a inadimplência quanto à prestação de contas — o que impedia o envio de novas remessas de recursos e provocava conflitos com as entidades sociais" (Adherbal de Oliveira, 28/10/99).

Talvez por já estar o CNSS caracterizado como espaço de clientelismo e por haver seguramente deslizes na atribuição de subvenções, é decretada legislação "que dispõe da dissolução de sociedades civis de fins assistenciais" (Decreto nº 41/66) e "que dispõe sobre auditoria externa a que ficam sujeitas as entidades que recebam contribuições sociais, nos casos de irregularidades" (Decreto-lei nº 772/69). A primeira, emitida pelo presidente Castelo Branco, define que o Ministério Público requererá a dissolução da entidade, conforme Código do Processo Civil, em caso de a mesma deixar de desempenhar as atividades assistenciais a que se destina; aplicar as subvenções ou contribuições populares em fins diversos do previsto; ficar sem efetiva administração por abandono ou omissão de seus diretores. O segundo, emitido por Costa e Silva, abre a possibilidade de intervenção.

Mesmo perdendo a atribuição de subvenções para os parlamentares, o CNSS concentra ainda grande poder, porém sem exercer nenhuma articulação com o movimento que ocorre na área. A sua opção política será por se constituir numa instância simplesmente cartorial. Com o aparecimento de outros aparatos concorrenciais, acaba se isolando, dando mais chance à manipulação política, tanto que o Ministério da Educação e Cultura, quando dispõe sobre sua organização administrativa (em Decreto nº 87.062/82), na gestão Figueiredo, define o CNSS já de forma restrita, como tendo "por finalidade deliberar e definir normas para efeito de concessão de subvenções às entidades de natureza educacional, cultural, social e assistencial, bem como averiguar e certificar a condição de entidade de fins filantrópicos" (art. 12). E nos meios técnico-profissionais o seu reconhecimento é colocado em dúvida. Balbina Ottoni Vieira já afirmava em 1978:

"O Conselho não alcançou sua finalidade por falta de pessoal técnico e de adaptabilidade de seus programas à situação brasileira do momento; transformou-se num órgão concessionário de subvenções e subseqüentemente, pela distribuição das subvenções pelos próprios deputados, tornou-se inexpressivo. As obras tornaram-se mais dependentes ainda dos seus representantes junto ao governo, reforçando assim o clientelismo político. A dependência financeira das obras em relação ao governo, através do clientelismo local, tornava-se cada vez mais aguda, à medida que aumentava o número de obras e o número dos que a elas recorriam e que diminuíam as possibilidades de ajuda particular. E sobre as instituições sociais: [...] em termos de ajuda ao próximo, a mentalidade da época continua predominantemente curativa e paternalista, raramente preventiva, salvo no que se referia à juventude e adolescência. A ajuda era totalmente vertical e empírica, embora extremamente dedicada; não se reconhecia ao 'pobre' o direito de decidir. Para quem 'fazia caridade' ou 'dedicava-se às obras', não se exigia nenhum treinamento, nem para os leigos, nem para o pessoal religioso; o amor ao próximo e a dedicação eram as qualidades necessárias e suficientes. Embora numa situação de trânsito para o desenvolvimento e apresentando, do ponto de vista econômico-tecnológico um progresso indiscutível, permanecem, ainda em muitas regiões do país, vestígios da sociedade colonial. A disparidade entre o desenvolvimento econômico das regiões e a mentalidade e os costumes criam dificuldades de aplicação de uma ajuda tecnicamente organizada" (Ottoni Vieira,1978: 138-9).

A Legião Brasileira de Assistência será a Instituição que ganhará novo estatuto como órgão governamental, pois com a instalação do Sistema Nacional de Previdência Social — Sinpas, criado em 1977, capacita-se para ser, junto com a Funabem, um dos organismos que irá marcar a nova fase da assistência e previdência social no país, impregnando com sua ação, organismos privados e públicos em todo o território nacional.

Mas, mesmo com esta coordenação centralizada na LBA o paralelismo de competência entre as esferas federal, estadual e municipal começa a se intensificar.

No final do período, as condições de vida da maior parte da população são tão precárias, as desigualdades sociais se acentuam tão rapidamente, que suscitam por parte dos trabalhadores a luta pelas condições de reprodução social, pela justiça e pelo direito. O fato marcante dessa década final da ditadura é o surgimento dos movimentos sociais:

> *"É o momento em que, do isolamento dos grupos de base, reprimidos pelo AI-5, passa-se para a solidariedade. O repúdio ao regime manifesta-se, inicialmente, na crescente votação ao partido — frente oposicionista, o MDB, para o qual convergem os votos de protestos. Foi a própria repressão extremada que criou vínculos de solidariedade entre os movimentos de natureza diversa e indivíduos com posições políticas e ideológicas diferentes" (Singer & Brant, 1988: 215).*

Surge o debate sobre direitos humanos, bem como sobre a crescente exclusão dos benefícios urbanos à maioria dos brasileiros, e a urgência de atendimento por meio de políticas sociais. Radicaliza-se principalmente a crise na saúde e a necessidade de extensão da assistência social aos desempregados e aos sem condições de trabalho.

A ineficiência total das políticas atreladas a um Estado comprometido com um processo de expansão capitalista, monopolista, sensibiliza principalmente os profissionais dessas duas áreas, que passam a rever suas propostas de ação.

O movimento dos sanitaristas se fortalece, visando uma proposta de descentralização da saúde, e o Serviço Social volta-se para a prática social, dirigida para a transformação das condições opressivas de vida da população pauperizada, embora continuando a negar, no entanto, a assistência social.

4

A FILANTROPIA VIGIADA ENTRE A BENEMERÊNCIA E A ASSISTÊNCIA SOCIAL (1985-93)

O retorno à democracia e ao Estado de direito é marcado pelo governo de transição, que incorpora a Assembléia Constituinte, e pelo primeiro governo presidencial eleito desde o início dos anos 60. São tempos paradigmáticos e certamente também o foram para a assistência social, que finalmente ganha o estatuto de política social pública graças à Constituição de 1988, que a reformula organizacionalmente e incorpora a ação do CNSS.

No entanto, será um período contraditório, de conquistas e frustrações para as políticas sociais, rico em avanços para a assistência social e de ruptura para o CNSS.

O anseio pela recuperação das liberdades e do Estado de direito, historicamente voltado para a construção de um novo texto constitucional, mobiliza também dessa vez a sociedade brasileira, propiciando uma articulação efetiva dos vários segmentos, com vista à elaboração de emendas constitucionais. Um amplo movimento se instala na defesa da cidadania e dos direitos sociais com a esperança de que, pela mudança das normas, transformar-se-ia rapidamente a realidade do país.

Principalmente as áreas da saúde e da previdência social se organizam objetivando aprofundar estudos e propostas, contribuindo para introduzir na Constituição, de forma inédita, um capítulo sobre a ordem social que garantisse justiça e eqüidade social.

Obtém-se, assim, uma legislação com alcance social, que abre perspectivas às políticas públicas, definindo o direito dos cidadãos à proteção social, o dever do Estado na garantia deste direito e a exigência da descentralização político-administrativa na sua gestão, com a efetiva participação da sociedade no controle social.

Conquistando uma "Constituição-cidadã" — conforme a expressão usada na época pelo senador Ulysses Guimarães —, o movimento pela elaboração de leis ordinárias faz-se ainda mais forte, possibilitando aos vários segmentos a democratização do processo de discussão, acumulando proposituras mais bem fundamentadas. E conta de início, inclusive, com apoio do primeiro governo pós-ditadura, que com a perspectiva de proceder à transição, propõe-se a enfrentar os graves problemas vividos pelo país, recuperando a dívida social acumulada ao longo do período ditatorial.

A previdência e a saúde obtêm espaços para sua reformulação e reordenamento dentro da esfera estatal, e principalmente a assistência social será legitimada como estratégia de enfrentamento à pobreza, conquistando espaço oficial e condições para a implementação de uma política. E alcançará, no processo de elaboração de sua lei orgânica, consistência teórica para superação do seu perfil assistencialista e conquista de *status* de política pública.

As duas primeiras conseguem, com certa rapidez, a aprovação de suas leis orgânicas. O mesmo vai ocorrer com a área de atenção à criança e ao adolescente.

No entanto, mais uma vez a norma de *per si* não garante a mudança de fato, nem a intenção governamental (sem força política) basta para tanto. As questões de poder interpostas e as tendências neoliberais que começam a se introduzir no país abalarão sensivelmente a implantação das propostas.

O que a recuperação das liberdades trará mais efetivamente será o desvelamento de toda a corrupção e a apropriação ilimitada da "coisa pública", impregnadas no comportamento político brasileiro. Neste desvelamento, dois organismos são expostos à desmoralização, enquanto espaços privilegiados de desmandos: a LBA e o CNSS — objetos de escândalos nacionais, começarão seu processo de decadência, que justificará em pouco tempo sua extinção.

O CNSS, com a transferência da outorga das subvenções sociais aos parlamentares, perde seu caráter racionalizador da assistência e regulador da filantropia, sendo tomado como *locus* de clientelismo e fisiologismo. A indicação de seus conselheiros servirá a interesses de grupos e a partir daí a honestidade e seriedade na atribuição de registros e certificados de filantropia e, conseqüentemente de subvenções, passam a ser questionáveis.

Os desafios impostos à transição democrática serão, portanto, de difícil enfrentamento. Vão se situar não só no âmbito da reconstitucionalização política do país, na eliminação da crise econômico-social instalada, mas no enfrentamento de um complexo conjunto de interesses, demandas e expectativas, advindos das negociações do processo de abertura política.

As dificuldades econômicas acumularam-se nos seqüentes governos autoritários. Os efeitos perversos do modelo econômico adotado, principalmente nas últimas décadas, o agravamento da interrupção dos fluxos externos de financiamento das atividades nacionais, a diminuição do ritmo de crescimento ocorrido a partir de 1974, comprimido ainda mais com a recessão de 1980, vão provocar um acúmulo de endividamento externo e interno, elevados índices inflacionários, com um empobrecimento da população jamais visto no país.

Assim, com o fim da repressão, a "questão social" vem à tona, desnudando-se com toda força.

A combinação entre pobreza, exclusão social e complexificação das relações sociais, num quadro que começava a ser influenciado pelos primeiros ventos da globalização, produzia múltiplos fatores de pressão e instabilidade.

O desafio não consistia, portanto, apenas em romper com o regime autoritário, mas superar todo um legado histórico de relacionamento Estado-sociedade, que exigia total reformulação do Estado, a promoção do ajuste da economia com a fixação de um novo modelo de desenvolvimento e o estabelecimento de um padrão mais autônomo de relação internacional.

Enfim, o resgate da democracia supunha saldar a dívida social, restabelecendo a cidadania da população brasileira.

No entanto, o fato de a transição não ter se dado por um movimento de ruptura, e sim processada "pelo alto" — negociada politicamente, demandando a elaboração de complexas redes de acordo entre as cúpulas partidárias, governadores, forças armadas e candidatos —, impediu a imediata superação da herança legislativa autoritária, bem como a rápida reconstrução das instituições básicas à efetivação da democracia.

A transição ocorre lentamente, num movimento contraditório, com distância entre o nível de intencionalidade dos discursos e sua implementação de fato.

A reativação e o surgimento de novas organizações de defesa de direitos humanos e que lutam por conquistar identidade coletiva aos sujeitos sociais contrastam flagrantemente com a cultura autoritária, patrimonialista e clientelista, ainda prevalente.

Desta forma, a reconstitucionalização do país terá que compatibilizar forças conflitantes, apesar da mobilização das massas populares e camadas médias da população em torno da campanha em prol das "Diretas Já" e do apoio popular, no final, na legitimação da candidatura Tancredo Neves/José Sarney no Colégio Eleitoral.[13]

Tal situação ainda se complexifica com a morte súbita de Tancredo Neves e o referendo ao vice José Sarney na pre-

---

13. Apesar da grande mobilização nacional pelas eleições diretas, proposta do deputado Dante de Oliveira, esta foi voto vencido, sendo ainda a escolha do primeiro governo civil após a ditadura ocorrida indiretamente pelo Colégio Eleitoral. Eleito Tancredo Neves como presidente, este foi acometido de doença súbita e veio a falecer antes da posse, causando grande comoção no país. Seu vice, José Sarney, é quem assume, mas sem contar com o mesmo crédito da população. Governa o país de 1985 a 1990, período que foi denominado de "Nova República".

sidência, que na verdade não tinha a mesma aceitação do titular eleito pelo colégio de deputados e senadores.

Ocorrendo no contexto de toda movimentação da sociedade brasileira em favor da nova Constituição, sob a expectativa popular pelas mudanças e ao mesmo tempo sob as pressões dos interesses organizados no interior do Estado e pressões já dos neoliberais, o governo Sarney, empossado em 1985, põe em execução um quadro de reformas institucionais, visando o desenvolvimento econômico e o enfrentamento da "questão social", num clima bastante conflituoso. Tal empreendimento vai ser ainda dificultado pelo próprio estilo de governar de Sarney, sem agressividade e sem forças para superar antigos compromissos e ganhar legitimidade.

No primeiro biênio, o governo ensaia uma transição em patamar rigoroso. Toma medidas de liberação efetiva e investe na elaboração de estudos e documentos, obtendo um diagnóstico amplo da situação do país, esquematizando planos de realinhamento de posições na relação entre política econômica e social, tentando superar os padrões monetaristas de então. Dentre eles, o I Plano Nacional de Desenvolvimento da Nova República — I PND/NR, que propõe uma economia anti-recessiva, de retomada do desenvolvimento, pautada por critérios sociais.

Prevê uma concepção de desenvolvimento mais fundamentado no setor privado, deixando ao Estado suas funções tradicionais de prestação de serviços públicos essenciais, de atividades estratégicas para o desenvolvimento nacional de longo prazo e as complementares à iniciativa privada.

É considerado básico, neste processo, o enfrentamento à pobreza pela distribuição de renda a ser incentivada pela recuperação dos salários, bem como pela concentração de esforços e investimentos em programas sociais, com ênfase nas áreas de saúde, alimentação, habitação e assistência social.

Para a viabilização de tais prioridades, o documento coloca a exigência de reformas profundas na organização e nos métodos do setor público, indicando-as como metas estratégicas.

Desta forma, prevê grande reformulação para a área social, reorganizando a Secretaria da Assistência Social no âmbito do Ministério da Previdência e Assistência Social, cujos propósitos são colocados em outro patamar, voltados para o reconhecimento do usuário como sujeito de direito, privilegiando programas de caráter preventivo, superadores da visão assistencialista, integrando e articulando programas e serviços com racionalização de recursos, descentralizando ações para os níveis de base e ampliando a participação dos usuários (Oliveira, 1992: 12).

Neste contexto, a assistência social ganha destaque ao lado das demais políticas públicas, como uma estratégia privilegiada de enfrentamento da "questão social", objetivando a diminuição das desigualdades, que colocam em xeque a própria viabilidade de reconstrução democrática.

Tendo Waldir Pires à frente da pasta da Previdência e Assistência Social, com longa trajetória nos quadros de oposição ao regime autoritário, a reforma neste âmbito teve importante impulso inicial, não sofrendo solução de continuidade com sua saída após um ano e posse de Raphael de Almeida Magalhães.

Sob a orientação da Comissão de Apoio à Reestruturação da Assistência Social[14] (instalada em 21/5/86) é elaborado minucioso estudo sobre a área, que vai fundamentar o anteprojeto de Diretrizes e Bases da Seguridade Social, que deveria substituir o Sistema Nacional de Previdência e Assistência Social — Sinpas, implantado em 1977.

---

14. A Comissão era coordenada pelo secretário da Assistência Social — MPAS, José Almino de Alencar e Silva Neto e contava com representantes da FLBA — Zélia Mara Cortes Alves, da Funabem — Ana Maria Oliveira Figueiras Soares, do IPEA — Francisco José da Silveira Lobo Neto, do BNDS — Carlos Francisco T. Ribeiro de Lessa, e da FGV — Armando Santos Moreira da Cunha (Portaria GT-GM nº 3.764, de 21/5/86).

No entanto, o embate maior nessa reconstrução será exatamente a dificuldade de relacionar as funções previdenciárias às assistenciais, definir recursos e formas de aplicação, apesar de as instituições referidas (Funabem — LBA) estarem incorporadas ao sistema desde 1977.

O critério institucional, associado ao de natureza jurídica, que caracteriza a previdência como um sistema contratual, distinguia os programas que cobrem a população segurada da não-segurada.

> *"Sob este ponto de vista, tanto os serviços de assistência médica, dirigidos ao conjunto da população, quanto os serviços prestados pela LBA e Funabem, teriam cunho distributivo, afetando com isto os princípios de capitalização que regem a formação de fundo de reservas para pagamento de aposentadorias e pensões" (Teixeira, apud Oliveira, 1992: 23).*

Devido à ausência de uma concepção consistente que norteasse as conexões entre assistência e previdência, as tendências jurídico-financeiras predominaram, fazendo fluir posições competitivas de separação das áreas, ou das fontes de financiamento, alegando a ameaça de que os programas sociais trariam desequilíbrio financeiro ao sistema previdenciário e de que a previsão dos dispêndios para a assistência não se submetiam à lógica de cálculos atuariais.

No final, todas as políticas sociais sofreram em conseqüência do dilema colocado para a alocação de recursos: prever investimentos que resultassem em expansão do emprego, da exportação, pesquisa e tecnologia, ou responder às exigências do social, que contava com tão grande demanda de recursos. E era preciso também enfrentar o déficit público proveniente da dívida externa, para não ocasionar mais efeitos nefastos à economia nacional.

Assim, ainda que a proposta de reformulação se dirigisse a uma global política social brasileira, o governo da Nova República acaba optando por investir no curto prazo, em ações assistenciais de emergência e por direcionar para as várias comissões constituintes as discussões sobre novos projetos de mudança estrutural. Procede da mesma forma em vários setores governamentais.

No entanto, sendo de grande magnitude, os problemas exigiam decisões de macropolítica governamental e ações bastante ousadas na administração pública, que articulassem as várias instâncias de poder.

O acúmulo de acordos e compromissos, inclusive com setores do regime autoritário, obrigou Sarney a se equilibrar sobre uma complexa armação política que não lhe permitiu levar a reforma até o fim.

As mudanças, por outro lado, estavam também na dependência da política econômica de estabilização e crescimento, que possibilitaria melhor padrão de financiamento e, conseqüentemente, organizacional e político.

A nova política econômica (Plano Cruzado), no entanto, lançada no segundo ano do governo (1986), voltada ao combate heterodoxo da inflação, ainda que gerando euforia inicial, demonstrando uma estabilidade e aumento de possibilidade de consumo que no final se revelaram falsas, vai penalizar ainda mais os salários e o desenvolvimento. Instala-se então um clima de desesperança, ceticismo e descrédito nas instituições sociais e no próprio governo.

A pressão social aumenta rapidamente, num quadro paradoxal de crescente participação corporativa de vários setores e decrescente capacidade de decisão do sistema político. Será neste clima de crise política de grandes proporções que se dará também o complexo processo constituinte, que gestará a nova Constituição.

A Carta de 1988, principal produto da primeira fase de redemocratização do país, reflete claramente esse momento. Amplia os direitos de cidadania, ganha dimensão social, define os direitos dos trabalhadores urbanos e rurais, garantindo-lhes o direito de associação profissional ou sindical, de greve e de participação em colegiados de órgãos públicos e de entendimento direto com empregadores, introduz novas formas de gestão para as áreas sociais, associadas à descentralização participativa, mas não deixa de incluir demandas nem sempre criteriosas de segmentos corporativos e do caótico aparato administrativo.

Assim, apesar de se constituir na pedra fundamental para a conquista de um modelo de Estado de direito social — na medida em que introduz pela primeira vez a concepção de Seguridade Social, como sistema amplo e universal de proteção social —, a Constituição de 1988, dadas as negociações e consensos pactuados para sua aprovação, vai assumir racionalidade de difícil operacionalização, demandando complexo processo de elaboração das leis ordinárias em cada área.

Paralelamente, não vai promover uma reforma fiscal e tributária que garanta aporte financeiro para o cumprimento desses direitos.

Em razão do encaminhamento dessa legislação, o segundo período Sarney será profícuo em elaboração de diagnósticos, estudos e propostas, não só no interior do Estado, mas principalmente promovidos pelas categorias profissionais e organizações da sociedade civil. Mas a luta para a aprovação das leis orgânicas trilha um longo caminho de avanços e retrocessos, que vai impedir a integração das três áreas componentes da seguridade social (previdência, saúde e assistência social) e que seja coerente com os princípios preconizados pela Constituição.

O maior avanço, ainda que mais de caráter jurídico, será o da área da saúde, que, fundamentada pelo seu movimento de reforma e pelos resultados da VIII Conferência Nacional de Saúde, conseguirá articulação efetiva à elaboração de sua lei orgânica, a qual será aprovada no período governamental que se segue.

A previdência social enfrentará maiores problemas no processo de elaboração da sua lei orgânica (Plano de Custeio e Plano de Benefícios), pela interrupção dos trabalhos na área estatal, no final do período Sarney.

Já a assistência social será a mais prejudicada, pelo atraso no desencadeamento do seu processo de discussão e elaboração de propostas, que ocorrerá muito mais tarde e por intervenção das universidades e organizações da categoria profissional dos assistentes sociais.

Assim, apesar de todo processo de reforma e de debates sobre as políticas sociais, as práticas efetivas dentro do Estado terão dificuldade de se libertar do padrão imposto pelo regime militar, em vigor por mais de vinte anos. Só gradativamente algumas delas vão abandonando as relações clientelistas, patrimonialistas e autoritárias, bem como os sérios problemas de mau direcionamento e aplicação do recurso público.

Efetivamente, no sistema educacional os investimentos continuarão a privilegiar a educação universitária, favorecendo a classe mais elitizada, em detrimento dos níveis básico e médio de ensino, que atenderiam uma população de baixa renda. Também no sistema previdenciário continua-se favorecendo os trabalhadores urbanos do setor formal, excluindo os das áreas rurais e do setor informal urbano. E os programas de habitação, como tradicionalmente, favorecem as classes médias urbanas. A saúde será a que mais avançará, enfatizando, paralelamente à medicina curativa e os serviços médico-hospitalares de alta tecnologia, programas de saúde pública e ações preventivas de muito menor custo e de maior alcance.

Já a assistência social terá um período mais dinâmico. Ainda que iniciando seu processo de discussão mais tardiamente, ela será amplamente debatida. Não é mais vista pela sua negatividade. Quando é "percebido mais claramente o seu significado político historicamente trilhado e suas fortes contradições, é possível apreender seu vínculo orgânico aos interesses também do trabalhador" (Sposati & Falcão, 1989: 15).

O debate, iniciado nas universidades, amplia-se e envolve as organizações da categoria dos assistentes sociais e as instituições oficiais e privadas.

Vários núcleos de pesquisa são instalados (PUC/SP, UnB), e muitas investigações, relacionadas ao tema são desencadeadas. É um período fértil de eventos e de produção intelectual, onde se põe a nu a atuação estatal e privada.

No âmbito do Estado, fazendo valer a bandeira governamental de "tudo pelo social", a assistência social ocupará espaço de destaque por meio da FLBA, que (com orçamento de 600 bilhões de cruzeiros em 1985 e representação em todos os estados e na maioria dos municípios) se constituirá no principal órgão de ação social do governo. Incorporada à recémcriada Secretaria Especial de Ação Comunitária (embrião do futuro Ministério de Ação Social), passa a ser dirigida por Marcos Vilaça, amigo pessoal do presidente Sarney, que, segundo a *Folha de S. Paulo* de 9/7/1995 (*apud* Oliveira, 1992: 31), "demonstra pretender com isso ocupar os espaços da Igreja e entidades filantrópicas, que até então vêm trabalhando junto às camadas mais pobres da população". Tal depoimento demonstra claramente a intencionalidade da LBA nesse momento, de ganhar hegemonia sobre as forças do setor religioso e filantrópico, com outro nível de proposição.

Possivelmente sob essa ótica, o CNSS vai ser "precipitadamente" extinto no processo de desburocratização da época, pelo Decreto nº 93.613, de 21/11/86, que será revogado após dois meses, em 27/1/87, quando talvez tenha se avaliado melhor a sua importância na regulação das instituições privadas, sobre as quais a ação da LBA se fundamentava.

Com a resolução de deixar a reforma a critério de cada organismo e com a concepção separatista vigente no interior do MPAS, a LBA acaba privilegiada, sendo reeditada como uma "agência de desenvolvimento social", com *status* de secretaria de Estado. Dessa forma, vê-se na contingência de redimensionar suas diretrizes, políticas e estratégias de ação, superando a cultura institucional patrimonialista e centralista e o caráter retrógrado de suas práticas.

Instigada pelos subsídios produzidos pela Secretaria de Assistência Social, instala um processo amplo de debate in-

A FILANTROPIA VIGIADA ENTRE A BENEMERÊNCIA E A ASSISTÊNCIA SOCIAL

terno, trazendo para seu interior a contribuição de especialistas, para diagnóstico institucional e elaboração de novas propostas. Da mesma forma, contrata assessoria específica para o reordenamento administrativo e de gestão que se fazia necessário, compondo um grupo de trabalho em nível nacional, responsável por redefinir a sua missão institucional e adequar sua estrutura às novas exigências da programação governamental.

Com tais objetivos, produz uma série de eventos que lhe vão fundamentar a reestruturação: em julho de 1986 realiza com a PUC/SP (Programa de Pós-Graduação), o Seminário Nacional sobre a Assistência Social; desencadeia, em seguida, com a mesma universidade, pesquisas sobre a "identidade e efetividade das políticas sociais desenvolvidas" e posteriormente sobre o "processo de descentralização e municipalização da instituição",[15] que propiciarão, nos seus processos de consolidação final, seminários, encontros e fóruns, envolvendo não só os técnicos, mas instituições conveniadas, movimentos populares e público demandatário. Tais subsídios abrem perspectivas às reformulações que se impõem.

São colocados em xeque o aspecto perverso da burocracia instalada que absorve a maior parte dos recursos, o sistema de seletividade que dificulta o acesso e produz exclusão, a centralização e subordinação ao enquadramento às normas e projetos estabelecidos pelo nível federal, com conseqüente inadequação às diferentes realidades, enfim, o caráter pontual, fragmentado e emergencial das ações. Fica evidente ainda a necessidade de interlocução com a população, até então mediada pelas instituições sociais, nem sempre vocalizadoras fiéis das demandas populares.

---

15. Tais pesquisas resultaram em duas publicações de autoria de Aldaíza Sposati e Maria do Carmo Falcão: *LBA: Identidade e efetividade das ações no enfrentamento da pobreza brasileira* (1989) e *A assistência social brasileira: Descentralização e municipalização* (1990).

São assim redefinidas as novas bases de intervenção institucional que, pautadas nos princípios da democratização, participação e descentralização, configurarão mudanças e alterações nas relações político-institucionais internas, resultando em atuação mais consciente e comprometida do seu corpo de pessoal.

Instala-se um movimento intenso de construção coletiva, envolvendo parceiros e usuários, implementando novo sistema de organização e gestão, bem como novos conteúdos e metodologias de ação, fazendo surgir em vários estados e municípios experiências inovadoras.

No entanto, a saída de Marcos Vilaça em 1988 e o descomprometimento de algumas superintendências estaduais deixam sem respaldo e ao sabor dos focos de resistência o processo de mudança, que exigia uma coordenação firme para a consolidação de uma política institucional. Também faltou a esse movimento de construção coletiva o apoio de um processo de unificação dos vários órgãos num sistema estatal de produção de serviços de assistência social, que envolvesse Funabem, CBIA, CNSS e todo o conjunto de instituições privadas.

Provavelmente por já estar sendo manipulado clientelisticamente, o CNSS ficou fora do movimento de reforma e do debate sobre a assistência social, embora mediasse a regulação das instituições, que nesse momento também passavam pelo crivo de avaliações e estudos, sofrendo a mesma exigência de reformulação de seus programas e de suas metodologias de trabalho, seja pelos organismos estatais que lhe subsidiavam financeiramente, seja pelo movimento articulado em torno das teses constitucionais.

Tal distanciamento pode ter se dado pelo fato de se encontrar ainda anexado ao Ministério da Educação e Cultura e arbitrando o registro e o certificado de instituições de outras áreas além da assistência social. No entanto, é de se estranhar que em momento de tantas mudanças ele não tenha sido transferido ao MPAS. Assim, o CNSS continuará mantendo a postura de órgão burocrático, permanecendo na sua rotina cartorial, à margem de toda a movimentação da área.

Adherbal Antonio de Oliveira, nomeado presidente do CNSS em março de 1975, pelo governo autoritário de Geisel, é mantido no cargo e testemunha sobre a situação do Conselho nesse período: "O CNSS não sofreu nenhuma alteração, nem mesmo recebeu nenhuma legislação nova, que viesse modificar as normas estabelecidas. Continuou na mesma rotina de sempre, com muito trabalho ainda" (28/10/99). Com relação à extinção do CNSS decretada e revogada em prazo de dois meses, justifica: "Foi um ato equivocado, provocado por um assessor recém-nomeado pelo então ministro da Educação e Cultura, Jorge Bornhausen, que, desconhecendo o CNSS, o incluiu na relação de órgãos supérfluos, enviada ao Ministério da Desburocratização. Daí a revogação quase imediata" (Idem).

Deve se considerar ainda que, sendo um período de negociações e acordos políticos por excelência, não convinha extinguir o CNSS, na medida em que ele se constituía no organismo viabilizador das subvenções dos parlamentares no seu clientelismo desenfreado junto às instituições filantrópicas. E posteriormente se perceberá que nesse período ele já estava tomado pelo processo de corrupção.

Os demais conselheiros serão ainda indicados por parlamentares, com poucas alterações, observando-se, pelas atas, a permanência de alguns deles por longo tempo, como Luis Vasconcelos (de 1967 a 1991), Dora Silvia Cunha Bueno (de 1985 a 1993 no CNSS e de 1993 a 2000 no CNAS), Corina Pessoa de Abreu Jardim, José Vitorino de Lima e outros.

Como toda fase de transição, o velho e o novo vão conviver numa contradição frontal. As práticas assistencialistas e clientelistas começam nesse período a ser confrontadas também pelo surgimento de novos movimentos sociais, organizações não-governamentais e movimentos de defesa de direitos. Motivados pela luta em prol da democratização, articulados em função de teses e proposituras constitucionais ou estimulados por organizações internacionais, são criados em todo o país, centros de defesa de direitos, movimentos em prol da criança e do adolescente, movimentos ecológicos e de proteção de minorias. Com uma intervenção mais política — de denúncia e reivindicação — vão alterar o panorama social.

Colocando-se de costas para o governo, criticando a atuação tradicional — quer do Estado, quer das instituições privadas —, trazem novas proposições calcadas no resgate da cidadania da população brasileira e nos seus direitos sociais.

Muitas dessas organizações e movimentos ainda estão referenciadas na Igreja católica ou em outros credos religiosos, mas um grande número já é isento de tais influências. Principalmente os movimentos em defesa do grupamento infanto-juvenil ganham força política com o processo constituinte, fazendo com que suas propostas sejam contempladas na Constituição.

Dessa forma, o Brasil da Nova República conheceu dias carregados de esperança e decepção, num processo de transição nada coerente ou harmonioso. Enquanto se lutava pela democracia e por direitos sociais, o país aprofundava sua crise econômica, não só resultante do legado autoritário, mas pela política adotada em 1986 e pela seqüência de planos de estabilização e congelamentos que fez com que a inflação retornasse cada vez mais forte e provocasse um nível de concentração de renda recorde. Em 1990, 1% dos mais ricos detém 17,3% da renda nacional, restando aos 10% mais pobres, 0,6% (*Folha de S. Paulo*, 14/11/90, *apud* Oliveira, 1992: 44). Assim no seu final,

> "*a Nova República teria diante de si, tal como esfinge, uma sociedade dilapidada pela crise, imersa num frenético processo de reorganização de seus padrões de sociabilidade, repleta de tensões e demandas de difícil processamento e que não podiam ser atendidas de uma só vez. Tudo no Brasil parecia imóvel, desenraizado, 'em transição' [...] sedimentando a idéia dos anos 80 como a 'década perdida', nascida do contraste entre as promessas da redemocratização e os (poucos) resultados*

concretos obtidos pelas políticas implementadas" (Nogueira, 1998: 113).

É nesse cenário — sob as tendências mundiais da economia que restringem a independência de decisão, controle e intervenção do Estado nacional, complicando o processo de democratização — que ocorrerá a primeira eleição direta para um presidente da República, depois de anos de ditadura.

Em outubro de 1989, sem qualquer aparato partidário, Fernando Affonso Collor de Mello, ex-governador do modesto estado de Alagoas, com 37 anos, é eleito de forma democrática presidente da República e será, após quase três anos de governo, pela primeira vez na história brasileira, afastado também de maneira democrática, por meio de *impeachment* votado pelo Congresso Nacional e por pressão da população que vai em massa às ruas exigir sua saída do poder.

Resultado do vazio político instalado com a desarticulação partidária da transição democrática, político conservador com roupagem de reformista, herdeiro de um grande grupo de comunicações de Alagoas, Collor projetou-se pela mídia eletrônica e pelos órgãos de imprensa, que o promoveram escandalosamente na sua candidatura e que pouco depois fortaleceram a opinião pública para sua expulsão. Com carreira construída na "periferia" do sistema político, ou seja, na cultura clientelista do estado possuidor do maior índice de nepotismo do país, fez da perseguição aos marajás e à corrupção sua bandeira, e da sua aparição e dos seus discursos um espetáculo televisivo grandiloqüente, para conquistar de forma sedutora a simpatia popular.

Eleito com tal bandeira, instalou amplo grau de corrupção institucional que resultou em uma Comissão Parlamentar de Inquérito — CPI no Congresso. Em apenas doze semanas de investigação, a CPI provou seu envolvimento na conexão de propinas e escândalos financeiros realizados por Paulo César Faria, seu tesoureiro de campanha e homem de confiança. São rapidamente apurados negócios bancários escusos envolvendo Collor e Faria, na ordem de 230 milhões de dólares e ainda uma fuga ao fisco de 260 milhões de dólares, colocados em bancos do exterior (Revista *Veja*, 7/10/92). A partir daí se desvelará uma série sem fim de desvios, negociatas, pagamentos de comissões, subornos, favores, informações confidenciais, favorecimentos a empreiteiras e empresas que serão mais tarde confirmadas pelo próprio irmão do presidente, Pedro Collor, em denúncia à imprensa.

Collor levou ainda o país ao caos político e econômico com as medidas que adotou. Tomando posse em 15 de março de 1990, com um índice de inflação de 84% ao mês, instalou um plano de estabilização econômica de inéditas proporções, decretando a troca da moeda de cruzeiro novo para cruzeiro e o confisco de contas correntes e poupanças, objetivando atacar firmemente o problema da instabilidade da moeda e da inflação. Desconhecendo as leis, abusa das medidas provisórias, impactando a população e deixando confusos os partidos políticos e o Congresso Nacional.

Arrogante, autoritário e centralizador, desdenha os políticos e as instituições, hiper-explorando a imagem de político moderno, dinâmico, destemido, abusando sempre do discurso salvacionista e combativo em favor dos "descamisados" e "pés-descalços", com promessas de combate à miséria e à injustiça social.

Orgulhoso de sua solidão política e convencido da racionalidade intrínseca de suas medidas econômicas, nega-se a qualquer negociação, fugindo a seus compromissos de campanha, indicando com clareza o seu projeto de absolutização no Poder Executivo e sua prevalência sobre o sistema representativo e a sociedade. Assim, usando o apelo do combate à inflação desmesurada, punha em questão a própria transição democrática.

No entanto, com rapidez inusitada, as virtudes técnicas do seu plano econômico caem por terra ao se desvelar a taxa de 8% de inflação em maio de 1990, em vez da prometida "inflação zero", o alto índice de desemprego, a enorme recessão e a desvalorização salarial, tudo isto combinado com uma

A FILANTROPIA VIGIADA ENTRE A BENEMERÊNCIA E A ASSISTÊNCIA SOCIAL

política agressiva de abertura a importações e uma política monetária que vai desestimular o consumo e esfriar o mercado financeiro, deixando o país à deriva.

Com um discurso que misturava neoliberalismo, social-democracia e reformismo modernizante, com tônus populista que denominava de liberalismo social, passa a privilegiar a configuração de um Estado mínimo, meramente subsidiário no plano econômico.

Sob a influência das tendências globalizantes da economia, que marginaliza o Estado no processo de desenvolvimento, colocando no mercado todo o poder de regulação, Collor endossa a agenda pública de priorização do ajuste externo e da estabilização da economia, subordinando questões como a redução da pobreza, a garantia de direitos sociais, a consolidação das instituições democráticas e a preservação do meio ambiente, prioridades para o país até então e que colocavam o Estado no centro das proposições e encaminhamentos.

Assim, sua proposta de reforma de Estado é a diminuição de ministérios, liquidação de inúmeros órgãos públicos, venda de mansões, apartamentos, veículos, redução de pessoal da administração direta, objetivando melhorar a produtividade e eficiência do setor público. No entanto,

"a generosidade retórica do discurso seria ruidosamente desmentida pela prática dos primeiros meses, eloqüente na sinalização do novo governo (cujo núcleo duro atirar-se-ia desavergonhadamente sobre o aparato estatal, repondo em circulação, de modo cabal, as taras clientelistas e patrimonialistas) e no amesquinhamento acelerado do projeto de reforma do Estado. O que estava apenas insinuado na biografia política do presidente e em seus discursos, ficará então explícito, qual seja: por um lado, uma radicalização da interpenetração entre público e privado, entre negócios de Estado e negócios de família, e por outro, uma grave confusão entre Estado, governo e administração" (Nogueira, 1998: 136).

O governo Collor terminará assim após dois anos e sete meses, condenado pela sociedade, Congresso e Justiça, num processo de *impeachment* que vai desvendar um enorme esquema de corrupção e de manipulação da coisa pública: "Sua trajetória 'espetacular' não será sem conseqüência. Aproximará a questão do Estado dos termos neoliberais e globalizador, desmoralizará ainda mais as atividades de governo e aprofundará com radicalidade a distância que separava o Estado da sociedade civil" (Nogueira, 1998: 137). Principalmente para as políticas sociais as conseqüências serão nefastas.

Como foram tornadas secundárias a "questão social" e as teses de resgate da cidadania, as políticas sociais retrocedem à ação paternalista e de uso político-clientelista em proporções desmesuradas. As verbas destinadas a estas políticas serão radicalmente reduzidas, e os movimentos de mudança refreados pela composição clientelista de cargos de chefia. Será flagrante também a ingerência política no direcionamento de convênios e benefícios. O conselheiro Luis Vasconcelos confirma: "Os recursos para as subvenções já não eram muitos. As verbas maiores manipuladas pelos parlamentares eram 'as quotas especiais da Comissão mista do orçamento' e verbas dos Ministérios que iam para convênios" (5/4/00).

O Estatuto da Criança e do Adolescente — Lei n° 8.069 será aprovado em 13/7/1990, por força e pressão das organizações não-governamentais e movimentos atuantes na área, sendo divulgado e discutido praticamente só no âmbito da sociedade civil. Superando o antigo e repressivo Código de Menores de 1927 (reeditado em 1979), o Estatuto regulamenta os preceitos constitucionais de 1988, numa concepção renovada, diametralmente oposta à antiga legislação.

Substituindo a doutrina da "situação irregular" pela da "proteção integral", propõe mudanças radicais nas diretrizes, conteúdo, metodologia e sistema de gestão do atendimento devido a esses segmentos, exigindo das instituições atuantes nessa área total reposicionamento.

Já sua operacionalização demandará longo processo de discussão em fóruns de organizações da sociedade civil, visando a implantação democrática da estrutura de gestão prevista — conselhos de direitos, conselhos tutelares e fundos financeiros — que implementarão a nova política de atenção à criança e ao adolescente. Contará nesse processo com o Centro Brasileiro de Assistência à Infância e Juventude — CBIA, estruturado a partir da reformulação da Funabem, também por pressão da sociedade civil.

Da mesma forma, a saúde tem sua Lei Orgânica (nº 8.080) aprovada em 19/9/90, em virtude do seu processo avançado de articulação política e de reforma sanitária. Apesar dos vetos, consegue manter seus eixos fundamentais, estabelecendo a saúde como direito do cidadão e dever do Estado, com acesso universal e igualitário. No entanto, não consegue apoio estatal para sua operacionalização.

Seu processo de municipalização fica reduzido ao repasse escasso e clientelista de recursos financeiros; e o modelo de atenção à saúde se caracteriza ainda pelo binômio curativo-preventivo, mas com predomínio de ações curativas individuais, sem garantia de acesso da população a todos os níveis de atenção à saúde. Coloca-se longe de atuar nas variáveis que interferem na situação da saúde, longe de ultrapassar o atendimento individual e buscar atingir, por meio de ações coletivas, as interveniências sociais do processo saúde-doença.

Já a Previdência Social só em 27/7/91 terá seu Plano de Benefícios (Lei nº 8.213) e a Lei Orgânica da Seguridade (Plano de Custeio — Lei nº 8.212) aprovados em segunda propositura, visto que na primeira foram todos vetados pelo presidente da República. Dessa forma, foram aprovados muito mais dentro dos preceitos do velho contrato de seguro do que da concepção constitucional da seguridade social.

Quanto à assistência social, a elaboração da sua lei orgânica vai ocorrer com atraso e muitas dificuldades para aprovação.[16]

---

16. Informações retiradas da Dissertação de Mestrado de Maria Luiza Mestriner: *Assistência social e seguridade social: oposições e aproximações* (1992).

Sob a coordenação do IPEA/UnB e participação de alguns especialistas, após seis meses de intensivos estudos obtém-se um anteprojeto de lei, que fica prejudicado pela própria inconsistência da concepção de assistência social e pela fragilidade do acúmulo teórico da área.

Só a partir do I Simpósio de Assistência Social, realizado na Câmara Federal de 30/5 a 1/6/89, quando é o tema principal, é que se consegue oferecer aos legisladores uma proposta de lei que mereça o avanço constitucional. O deputado Raimundo Bezerra assume-a como autor, tendo como relator o deputado Nelson Seixas, que apresenta um projeto substitutivo com 63 emendas, desfigurando o projeto inicial, ao colocar instituições filantrópicas e órgãos governamentais na mesma posição, fragilizando o dever do Estado nessa área.

Em 17 de novembro de 1990, por intermédio da mensagem 172/90 ao Senado, o presidente Collor veta integralmente o projeto, sob a impossibilidade de recursos para cobrir os auxílios às famílias e os benefícios de prestação continuada (previstos a idosos e portadores de deficiência), chamando a atenção para uma "assistência social responsável", além de uma generalizada crítica de inconstitucionalidade.

Somente em 11 de abril de 1991 a assistência social volta a ser colocada em pauta pelo Legislativo, por iniciativa do deputado Geraldo Alckmin Filho, a pedido de Raimundo Bezerra, que não havia sido reeleito. O projeto recupera sua forma original, versão IPEA/UnB e passa a ser finalmente discutido e aperfeiçoado pelos órgãos da categoria (Conselho Federal dos Assistentes Sociais, Associação Brasileira de Ensino do Serviço Social, Centro de Estudos de Ensino de Serviço Social e Associação Nacional das Associações de Servidores da LBA) que fazem realizar em Brasília, em junho de 1991, o seminário nacional sobre assistência social denominado "Impasses e perspectivas da assistência social no Brasil".

Debatem-se então questões conceituais sobre o tema, fazendo fluir as tendências "focalistas" e "universalistas", as questões relacionadas à descentralização, com proposituras relativas à organização e gestão, definindo o papel normatizador da União e a necessidade do comando único.

No entanto, o que marca o evento é a articulação que surge a partir daí, com a formação de grupos de trabalho em todos os estados, envolvendo as universidades e toda a categoria profissional. Por intermédio de sucessivas reelaborações, num processo de produção coletiva, o projeto de lei é ainda submetido a fóruns e encontros e discutido inclusive no Congresso Nacional de Serviço Social, realizado de 24 a 28/5/92. Será ainda objeto de debate no Fórum Nacional em Brasília, no segundo semestre de 1992, juntamente com proposta do então criado Ministério da Ação Social e outras proposituras de deputados.

A partir de então, necessitará de intensa e contínua mobilização popular e pressão política, em vista da completa ausência de interesse do Executivo e do Legislativo.

É compreensível que, num período em que a assistência social está sendo manipulada de forma patrimonial, própria do coronelismo nordestino, não haja interesse pela sua regulamentação, pois isso dificultaria muito o seu uso político.

O veto do Executivo ao projeto de Lei Orgânica da Assistência Social será coerente ainda com o estado de deterioração em que são colocados os organismos estatais dessa área.

O Ministério de Ação Social, tendo à frente a ministra Margarida Procópio — aposentada do Departamento de Estradas e Rodagem de Alagoas com apenas dez anos de trabalho e com salário de secretária estadual da Casa Civil —, teve o nepotismo e a corrupção disseminados por todos seus órgãos, reeditando abusivamente o clientelismo na distribuição de verbas e subvenções, usual no governo.

À frente da LBA, órgão federal com 1 bilhão de dólares de orçamento anual, foi colocada a primeira-dama do Estado, Rosane Collor, que preencheu, com elementos da sua família, quase todos os cargos de confiança do órgão, quer da direção nacional, quer das superintendências estaduais.

Após alguns meses de gestão, em início de setembro de 1991, em duas reportagens devastadoras, o *Jornal do Brasil* publica todos os desmandos perpetrados pela mesma, comprovados por documentos oficiais, obtendo com isto sua demissão dias depois: inúmeros favorecimentos a empresas e instituições-fantasmas, por meio dos quais fez jorrar as verbas federais para mãos de parentes. Verbas milionárias da LBA foram para membros da família Malta, a mais rica de Canapi (município a 270 quilômetros de Maceió) e com 54 membros integrados à máquina do empreguismo alagoano. Só Pompilio de Alcântara Brandão Neto, irmão de Rosane, recebeu 59 milhões de cruzeiros para fornecer água em carros-pipa no combate à seca, não dispondo de nenhum equipamento para tanto e nada fazendo. A Construtora Malta (de propriedade da prima do pai de Rosane Collor), em Mata Grande (outro município da região), recebeu 35 milhões com o mesmo fim. Tal construtora, estando fechada, teve instalada no local a Associação Frei Damião, que só distribuiu remédios grátis e nunca água. A cunhada de Rosane Collor, dirigente da Associação Pró-Carente de Canapi, obra fantasma, recebeu 110 milhões de cruzeiros para promover cursos de corte e costura, criação de cabras para leite, nada realizando (revista *Veja*, 4/9/91).

Para Geraldo Bulhões, casado com a prima de Rosane e seu candidato a governador de Alagoas, a LBA gastou 1,1 bilhão de cruzeiros em 235 mil cestas básicas (que foram superfaturadas), distribuídas por intermédio do Comando Militar do Nordeste, atingindo mais da metade da população do Estado, nem sempre necessitada; e 10 milhões de dólares foram investidos em outros setores durante o primeiro e segundo turnos da eleição estadual (Idem).

Tal movimentação em favor da família Malta foi reproduzida também em outros Estados, onde a LBA era dirigida por parentes. Em São Paulo, o superintendente, primo de Rosane, cometeu tanta corrupção que, respondendo a processo criminal, ainda encontrava-se preso no ano 2000.

Além dos desmandos financeiros, o organismo foi destruído na sua ação programática. Todo seu processo de mudança foi prejudicado pelo isolamento dos técnicos e ocupação dos cargos pelo critério clientelístico. Os projetos inovadores foram interrompidos e a ação desenvolvida se deu com caráter assistencialista e fisiologista. Assim, a FLBA, um dos maiores organismos de assistência social do governo federal, foi desmoralizada e praticamente destruída.

Grande parte dos convênios deixou de ser renovado ou remunerado, por se ter privilegiado novas instituições, ficando os serviços e atendimentos reduzidos. A partir daí, a instituição começa seu percurso para a extinção, que ocorrerá em 1993.

Já o CNSS, transferido em 1991 do Ministério da Educação para o Ministério da Ação Social, pouco foi considerado por esse governo. Como o critério para as subvenções e outros privilégios (no caso da LBA) se davam pela via política, prescindia-se da regulação exercida pelo CNSS, até porque no caso das entidades-fantasmas não podia ser exigido nenhum pré-requisito ou documentação, e provavelmente por o CNSS estar sob poder de grupos de parlamentares, com os quais o governo não quis conflitar.

A regulamentação das instituições continuava a ocorrer mais em função do interesse das mesmas pelas isenções e subvenções dos parlamentares, que, além de sempre terem se dado pelo critério clientelista, também sofriam processos de corrupção, como mais tarde ficará revelado. Desta forma, pouca alteração haverá na sua rotina de trabalho.

A regulação exercida passará por mudanças devido à nova legislação que altera a isenção do imposto de importação e em decorrência das Leis Orgânicas da Seguridade Social e de custeio, que reabrem e regulamentam novamente a isenção de contribuição à seguridade social, recolocando o certificado de fins filantrópicos, fornecido pelo CNSS, como requisito. Para tanto, ter-se-á a emissão de várias resoluções do próprio CNSS, detalhando a atribuição desse certificado.

Ao estender a isenção às entidades de educação e saúde, a lei amplia e distorce o conceito de assistência social benefícente, para contemplar as entidades que antes tinham isenção nas leis ordinárias, o que levou à manutenção também da obrigatoriedade do registro e do certificado fornecidos pelo CNSS.

O certificado fica com a mesma denominação (de entidades filantrópicas), em desacordo com o disposto constitucional que fala em entidade beneficente de assistência social.

Com o escândalo das subvenções ter-se-ão também atos moralizadores cancelando o registro e certificado das entidades sociais e determinando exceções. E finalmente tem-se promulgada a Lei Orgânica da Assistência Social — LOAS, que extingue o CNSS e cria o CNAS.

Ao regulamentar os artigos 203 e 204 da Constituição federal, a LOAS reconhece a assistência social como política pública de seguridade, direito do cidadão e dever do Estado, prevendo-lhe um sistema de gestão descentralizado e participativo, cujo eixo é posto na criação do Conselho Nacional de Assistência Social — CNAS.

Composto paritariamente, o Conselho deve integrar a participação da sociedade civil e a governamental, e possuindo caráter deliberativo, deve normatizar e controlar esta política social. Pretende, assim, instalar uma nova era para a assistência social no país.

No entanto, ao manter no CNAS a função de registro e atribuição de mérito filantrópico às entidades sociais (art. 9º), não confronta a Lei nº 8.212/91 e o Decreto-lei nº 752/93, que, sendo anteriores, incluem como entidade beneficente de assistência social as de educação e saúde, na exigência do certificado de fins filantrópicos para fins de isenção da contribuição à seguridade social. Não revoga também a legislação que regia o sistema de atribuição desta titulação adotado pelo antigo CNSS, fazendo-o permanecer, portanto, por intermédio do CNAS.

A FILANTROPIA VIGIADA ENTRE A BENEMERÊNCIA E A ASSISTÊNCIA SOCIAL

QUADRO 4.1
Síntese da Legislação — 1985/1993

Dispositivo Legal	Data	Descrição	Situação
DL nº 98.097	30/8/89 (Sarney)	Altera o regulamento aduaneiro definindo os terminais alfandegários.	
Lei nº 8.032	12/4/90 (Collor)	Dispõe sobre isenção ou redução de impostos de importação.	Revoga o Dec.-lei nº 1.953/82. Em vigor
Lei nº 8.212	24/7/91 (Collor)	Lei Orgânica da Seguridade Social (reabre isenção de contribuição à Seguridade).	Em vigor
Lei nº 356	7/12/91 (Collor)	Regulamenta o custeio da seguridade (prevê a isenção da contribuição à Seguridade Social).	Em vigor
DL nº 752	16/2/93 (Itamar)	Dispõe sobre a concessão do CEFF a que se refere o art. 55 da Lei Orgânica da Seguridade (8.212/91), nº 9.429/96	Alterado pela Lei
Portaria nº 281 do MBES	2/4/93 (Itamar)	Transfere para FLBA as atividades burocráticas do CNSS.	
Resolução CNSS nº 13	5/8/93 (Itamar)	Cancela o CEFF de todas as igrejas.	Revogada pela Res. CNAS nº 15/95
Resolução CNSS nº 16	12/8/93 (Itamar)	Concede CEFF às entidades que atuam em programas da LBA.	Sem efeito a partir da extinção da LBA
Resolução CNSS nº 17	12/8/93 (Itamar)	Estabelece documentos para pedido de isenção de imposto de importação.	Revogada pela Res. CNAS nº 20/97
Resolução CNSS nº 25	9/9/93 (Itamar)	Idem a nº 17.	Revogada pela Res. CNAS nº 20/97
Resolução CNSS nº 36	22/10/93 (Itamar)	Renuncia a delegação de competência outorgada pelo MEC para opinar sobre processos de importação feitos por instituições educacionais.	Revogada pela Res. CNAS nº 20/97
DL nº 984	12/11/93 (Itamar)	Suspende o pagamento de subvenções sociais e determina o recadastramento de entidades sociais.	
DL nº 1.000	2/12/93 (Itamar)	Determina exceções à suspensão determinada pelo Dec. nº 984/93.	
Lei nº 8.742	7/12/93	Lei Orgânica da Assistência Social — cria o CNAS e extingue o CNSS.	Revoga o Dec. nº 525/38 e 5.697/43. Em vigor

Por estas omissões da lei, inicia-se o conflito gerado pela convivência entre o novo e o velho dentro desse organismo.

No entanto, se de um lado o desvelamento do quadro de corrupção alimenta a decepção e a desesperança da sociedade brasileira, de outro impulsiona a reação indignada da cidadania, criando condições próprias para a revitalização da luta política. Assim, além de ir para as ruas pedir a saída do presidente, a expressão da sociedade civil traduzir-se-á no ressurgimento de movimentos sociais e organizações não-governamentais, que, posicionando-se contra o Estado, levantarão as bandeiras da recuperação da ética na política, da descentralização político-administrativa, da participação da sociedade civil no reordenamento das políticas sociais, manifestando pesadas críticas à inércia e ineficiência do Estado na gestão dos serviços públicos, aos altos custos dos serviços e ao desperdício e distorções na aplicação de recursos financeiros. Por outro lado — pela propagação da idéia de cunho neoliberal de maior eficiência do setor privado na gestão do social —, começam a ser mais numerosas as organizações não-governamentais não só de defesa de direitos, mas executoras de projetos, sociais com viés progressista e geralmente subvencionadas com recursos internacionais. Começa a se ampliar o número de agências financiadoras interessadas em experiências exemplares, principalmente voltadas à atenção à criança e ao adolescente e complementares à educação formal. Estende-se o número de centros de estudos e pesquisas voltados para a qualificação de agentes sociais e com interesse em novas metodologias de trabalho.

Surgem, também de forma mais expressiva, as fundações empresariais, executando ou subvencionando projetos sociais voltados para o enfrentamento da pobreza ou para o atendimento infanto-juvenil. Começa a se formar um quadro institucional diferenciado do tradicional, com pretensão de superar o caráter assistencialista, inercial e pouco competente, característico das práticas sociais. Portanto, será um período em que governo e sociedade civil organizada caminharão em direções opostas.

A FILANTROPIA VIGIADA ENTRE A BENEMERÊNCIA E A ASSISTÊNCIA SOCIAL

Com o afastamento de Collor, em outubro de 1992, assume a presidência da República o seu vice, o político mineiro, conservador, Itamar Franco, que enfrentará um país completamente arruinado e ofendido pela corrupção.

Os problemas econômicos e sociais que vinham se acumulando desde o período ditatorial explodem, tomando dimensão extraordinária.

A inflação, que já era alta em 1970 mas ficava amenizada pelo crescimento econômico e a possibilidade de empregos, vai se acumular, na década de 80, com a crise internacional da dívida, a alta dos juros externos e a falta de fonte de financiamentos. Com o Plano Cruzado em 1986 e uma série de pacotes de estabilização e congelamentos que se seguem, Sarney deixa o governo com uma hiperinflação incontrolável, que será no período Collor apenas disfarçada pelo pseudo-superávit do Tesouro, pelo efeito devastador da dívida por meio do confisco dos ativos financeiros e do calote de parte deles em forma de juros e correção monetária, pelo imposto sobre operações financeiras que melhorou a carteira governamental e, principalmente, pelo arrocho salarial brutal para o setor público.

Com esta herança, o país terá nesse período uma inflação de 25% ao mês, num contexto de recessão instalada há três anos e um produto interno bruto — PIB estacionado há uma década. Em conseqüência, 75% da população vive no limite da miséria, há 20 milhões de analfabetos, 32 milhões de crianças e adolescentes vivendo em favelas, cortiços ou debaixo de viadutos, com famílias ganhando em torno de meio salário mínimo.

Tendo menos médicos por habitantes do que o Vietnã, Líbia ou Egito e uma taxa de mortalidade infantil superior à de países como o Zimbábue ou El Salvador, o país apresenta ainda uma série de problemas de infra-estrutura, como o esgotamento do sistema de energia, de comunicação (estradas, telefones e outros), nos quais não se investia desde a década de 70 (revista *Veja*, 7/10/92).

Apesar do quadro grave e de ter tido várias semanas para se preparar, visto que eram claras as evidências de substituição do governo, Itamar Franco tomou posse sem propostas, sem ministros e sem discurso. Compõe posteriormente um ministério frágil, com amigos e conterrâneos, num estilo provinciano de fazer política e longe de se comprometer com o movimento que extirpara a corrupção do Palácio do Planalto.

Logo de início, incha ainda mais a máquina estatal, ampliando o número de ministérios de 16 para 22. Na área econômica, separa Planejamento da Fazenda e altera o nome do Ministério da Ação Social para Ministério do Bem-Estar Social, como se tal mudança aperfeiçoasse a atuação nessa área.

Sua proposta inicial é investir no desenvolvimento, e não diretamente na queda da inflação, rever o programa de privatização e de abertura às importações. Tentará neutralizar também o dilema em que se colocara o Estado com Collor — de desmontagem do modelo estatista de desenvolvimento e adaptação do Estado ao sistema internacional —, reformulando suas estruturas organizacionais de administração. Com tendências nacionalistas, tentará resistir às pressões neoliberais que já se faziam fortes e investir mais na discussão da reforma política, estimulado pelo calendário da reforma constitucional que previa um plebiscito sobre a forma de governo. E a imagem que vai passar é de um governo inerte, sem governabilidade.

Tal imagem se acentua ainda por vários fatores. Com a universalidade dos direitos sociais estabelecidos pela Constituição, ampliaram-se as demandas por políticas públicas, que não se encontram preparadas para responder a tal expectativa. Cresce assim, em paralelo, na sociedade em geral e junto aos segmentos mais demandatários, o descrédito pelo Estado e pelos programas governamentais que, desmoralizados, ainda perdem mais agilidade e racionalidade administrativa. Como analisa Nogueira:

> "Por fim, tudo se complicaria ainda mais com o prolongamento da crise financeira do Estado, que o engessa e o obriga a

A FILANTROPIA VIGIADA ENTRE A BENEMERÊNCIA E A ASSISTÊNCIA SOCIAL

difíceis opções, regra geral feitas à base de negociações lentas e muita descontinuidade, e tendo como pano de fundo uma cultura populista refratária à fixação de prioridades ou à racionalização do gasto público. O resultado da explosiva associação destes fatores era previsível: tensão social, inoperância institucional, paralisia governamental" (1998: 165).

O plebiscito sobre a forma de governo (presidencialismo ou parlamentarismo) vai se dar assim num momento impróprio, reforçando o imobilismo.

A transição democrática, com marco fundamental na Constituição de 1988, ganhando densidade organizacional na sociedade civil, apesar das desigualdades e conflitos de interesse, vinha patinando na área governamental em pactos precários, na falta de liderança vigorosa e tendo ainda que assimilar experiências de governo traumáticas. Assim, sem contar ainda com um aparato de intervenção estatal ágil e moderno, nem uma organização política consistente, coloca-se em julgamento o sistema de governo, dispersando ainda mais as energias reformuladoras da administração e criando "novas fissuras entre as forças da democracia" (Nogueira, 1998: 140).

Além de se colocar como falsa equação para o momento, o plebiscito não trouxe discussões suficientemente densas que ajudassem a clarear os rumos adequados ao país, nem avanço político expressivo. Deu-se num processo de campanhas de baixa qualidade, despolitizado, fazendo continuar o presidencialismo, opção escolhida pela sociedade brasileira sem muito entusiasmo.

Ainda em 1993, outra questão que abalará o governo será o escândalo do orçamento deflagrado no Congresso. Denunciado por José Carlos Alves dos Santos — economista e assessor técnico do Senado por mais de vinte anos e durante um ano, na gestão Collor, diretor do Departamento de Orçamento da União —, vem à tona um colossal esquema de corrupção que implica inicialmente 23 parlamentares, seis ministros (antigos e atuais) e três governadores e mais tarde, durante a

CPI, quase cinqüenta políticos. Ao ter sua casa vistoriada (devido à alegação de roubo e desaparecimento de sua esposa) e ter sido descoberto 1,1 milhão de dólares em seu poder (e mais 2,6 milhões de dólares em bancos estrangeiros), o que leva a implicações com a polícia, acaba confessando à revista *Veja* (20/10/93) o sistema articulado pela Comissão de Orçamento para arrancar verbas do governo, beneficiar parlamentares e distribuir propinas.

Com a Constituição de 1988 e a autorização para o Congresso alterar o orçamento, a Comissão de Orçamento (que chegou a ter 120 parlamentares, sendo chefiada por sete deles) transformara-se num balcão de negócios e, conseqüentemente, numa máquina de corrupção. Por meio das emendas, mantinha um esquema clandestino de negociação de verbas, projetos, subvenções, comissões e propinas de porte, tudo tecnicamente arranjado por José Carlos Alves dos Santos, que foi levado, ainda como conselheiro, à cadeira do CNSS, de 1985 a 1992, ponto estratégico para quem desejava ter acesso a subvenções sociais e a verbas a fundo perdido do Ministério da Ação Social.

O Conselho lhe fornecia um cadastro (que incluía entidades-fantasmas, cujos documentos eram preenchidos por ele), com direito a distribuição de 7,8 milhões de dólares, o equivalente a 13.400 dólares para cada um dos 584 parlamentares, recurso suficiente para a construção de mais de vinte creches (de US$ 350 mil) por ano.

Enquanto diretor do Departamento de Orçamento da União, José Carlos Alves dos Santos podia incluir as emendas à peça orçamentária, ainda no Executivo.

Tais denúncias, que vão ser comprovadas pela CPI num processo de vários meses, provocam uma crise sem precedentes no Congresso, com repercussão no Executivo, em vista do envolvimento de amigos e correligionários do presidente e de dois de seus ministros, Henrique Hargreaves, da Casa Civil, e Alexandre Costa, da Integração Regional, que serão demitidos, provocando ampla reforma ministerial.

Nessa seqüência de percalços, com a inflação subindo em ritmo galopante e com sua popularidade em descenso, a paralisia e depressão, características do governo, se ampliam significativamente, fazendo com que pouco seja realizado nesse período. O governo apenas vai obter melhor crédito por parte da população, ao final de seu mandato, por meio da política de estabilização introduzida pelo seu ministro da Fazenda, Fernando Henrique Cardoso, que faz a inflação cair de forma insofismável, implantando novo padrão monetário, o real, de valor equivalente ao dólar.

Além da paralisia governamental, a pressão neoliberal vai se fazer sentir em todos os segmentos do setor público, em especial naqueles essenciais, que são sempre atingidos pela tendência privatista e pela necessidade dos cortes financeiros. Assim, educação, saúde, previdência, assistência social e habitação — áreas básicas para a população — serão as primeiras a sofrerem o impacto da crise do Estado.

Tais áreas serão responsabilizadas pelo déficit público, pelo "excessivo" e "mal direcionado" gasto estatal, "fonte única" de ineficiência e corrupção. O neoliberalismo vai proceder então "como se o próprio Estado — com suas políticas compensatórias e de regulação — fosse o gerador da crise econômica, donde a necessidade de desmontá-lo em benefício da restauração da plenitude do mercado" (Nogueira, 1998: 150-1). Aproveitando-se da insatisfação da sociedade com relação ao Estado, passa-se a idéia de que a responsabilidade pela crise é do "gigantismo" e do déficit público.

Assim, reduzindo significativamente os orçamentos das políticas sociais, tirando-lhes a condição de eficiência, pela falta de recursos e desvalorização dos seus quadros, o governo vai reforçar as manifestações contra o Estado.

As políticas sociais atrofiam-se, desmoralizando-se numa incapacidade total de auto-renovação, apesar de as propostas constitucionais terem seu detalhamento aprovado em leis orgânicas. As instituições e serviços se encolhem e deterioram, não conseguindo revidar as teses de Estado mínimo e de privatização.

Será nesse quadro de crise que a assistência social, após anos de luta por parte da sua categoria, terá sua lei orgânica aprovada pela Lei nº 8.742, de 7 de dezembro de 1993, confrontando as tendências em vigor e responsabilizando o Estado pela coordenação e financiamento da sua política, ainda que envolvendo a sociedade civil na sua elaboração e controle.

Paradoxalmente, tal regulamentação se dá no auge do processo de deterioração da LBA, que, desmoralizada pelos escândalos da sua presidente Rosane Collor, passa a restringir tanto sua intervenção direta quanto articulada com o conjunto privado de instituições sociais, e da mesma forma, no auge do escândalo das subvenções de parlamentares a instituições-fantasmas, que irá desmoralizar não só o CNSS, mas o próprio setor privado de filantropia. É como se a área tivesse que renascer da destruição total de suas instituições tradicionais, visto que elas se constituíram sempre na negação do que deveria ser a assistência social, ou seja, uma política de garantia de direitos.

Com as denúncias sobre a Comissão do Orçamento desvela-se toda a interferência política na nomeação de conselheiros e na veiculação de verbas parlamentares às instituições sociais, que deve ter passado a ocorrer desde o momento em que as subvenções deixam de ser atribuídas pelo próprio Conselho e passam às mãos dos parlamentares. Fica claro, também, por que o CNSS passa a ter como conselheiros representantes da Câmara dos Deputados e do Senado, não sendo este um critério regimental.

Na CPI fica revelado como o esquema funcionava junto ao CNSS. João Alves, relator-geral da Comissão de Orçamento, era quem dava a palavra final sobre a relação de entidades sociais indicadas pelos parlamentares. As relações (sempre com poucas entidades, mas com muito dinheiro previsto) eram referendadas pelo CNSS e encaminhadas ao Ministério de Ação Social. A aprovação saía conforme a disponibilidade de verbas. Os recursos relativos a entidades-fantasmas e os percentuais devolvidos pelas entidades pactuantes voltavam às mãos de João Alves, que os distribuía aos demais parlamentares. Saindo João Alves da relatoria em 1991, foi substituído por Ricardo Fiúza, que dominava bem o esquema (revista *Veja*, 20/10/93).

No dizer de José Carlos Alves dos Santos, o esquema era muito bem montado e articulado, contando com o Ministério de Ação Social (e conseqüentemente com o CNSS), sem o qual não poderia funcionar. Assim, Ricardo Fiúza assumiu o cargo de ministro da Ação Social, quando passaram a ocorrer grandes brigas entre João Alves e Margarida Procópio por causa das listas de entidades sociais a serem beneficiadas (revista *Veja*, 20/10/93). Também estavam envolvidas no esquema empresas e empreiteiras que respondiam pela "execução" de projetos desenvolvidos diretamente e por projetos de entidades sociais subvencionados[17].

A partir daí e até sua extinção em 1994 o CNSS terá seu funcionamento alterado por uma seqüência de legislações elaboradas visando "moralizá-lo".

---

17. A empresa paulista Sansuy intermediava verbas do Ministério da Ação Social para construir cisternas (de PVC) em cidades cearenses. Com a entrada da ministra Leonor Franco, a empresa veio lhe oferecer o mesmo esquema, ficando desvelada a corrupção. Outro caso é o do deputado José Geraldo Ribeiro, que recebeu subvenções de 270 mil dólares para três entidades que "funcionam" no escritório de sua empreiteira, a Engesolo, e outra na casa de sua mãe em Minas Gerais. E o próprio ministro Hargreaves teve 3 milhões de dólares aprovados para entidade fantasma (Vivili), recebidos por seu ex-funcionário, Luiz Bandeira, em 1992. O deputado Cid Carvalho recebeu 56 mil dólares do Ministério de Ação Social para sua entidade Fundeco; Fábio Raunheiti e seu suplente Feres Nader receberam 22 milhões para entidades sociais, ficando com mais de 60% da verba destinada a projetos do Rio de Janeiro pelo Ministério de Ação Social. Mário Moreira recebeu dinheiro das empreiteiras Servaz, FGR e Lix da Cunha, por intermédio de projetos subsidiados por subvenções; Ronald Aragão recebeu 798 mil dólares para a Fundação J. R. Aragão, que funcionava em sua casa em Porto Velho; o deputado João de Deus confessou ter ficado com 60 mil dólares de subvenções sociais, e o deputado Carlos Benevides enviava regularmente subvenções a quinze entidades, tendo feito, no período, patrimônio imobiliário de 1,5 milhão de dólares. João Alves foi o que mais recebeu por intermédio de entidades-fantasmas, não tendo sido apurado o montante arrecadado. Como estes há ainda um número bastante grande de casos irregulares de atribuição de subvenções apurados pela CPI (revista *Veja* n°s 42, 43 e 50 de 20 e 27/10/93 e 15/12/93, respectivamente).

5

A FILANTROPIA DEMOCRATIZADA
(1994 – 2000)

"O novo que se apresenta realiza o pacto da conciliação."

Florestan Fernandes
A revolução burguesa no Brasil

O Conselho Nacional da Assistência Social — CNAS foi instituído pela Lei Orgânica de Assistência Social n° 8.742/93, "como órgão superior de deliberação colegiada, vinculado à estrutura do órgão de Administração Pública Federal responsável pela coordenação da Política Nacional de Assistência Social" (art. 17). É um órgão paritário, sendo composto por dezoito membros e respectivos suplentes, dos quais nove são representantes governamentais, incluindo um representante dos estados e um dos municípios; e nove representantes da sociedade civil, dentre representantes dos usuários ou de organizações de usuários, das entidades de assistência social e dos trabalhadores do setor, escolhidos em foro próprio, sob fiscalização do Ministério Público Federal, todos com mandato de dois anos, permitida uma única recondução por igual período. Portanto, não são mais indicados pelo presidente da República, como era o caso do CNSS, instalando assim a democracia na nova composição. É presidido por um dos seus integrantes, eleito dentre seus membros para o mandato de um ano, permitida uma única recondução.

Dentro da perspectiva da implementação da assistência social como política de seguridade, garantidora de direitos sociais, tem a estratégica competência de aprovar a Política Nacional de Assistência Social e seu orçamento anual e plurianual, que levam a normatizar as ações e regular a prestação de serviços de natureza pública e privada neste âmbito, num sistema descentralizado e participativo, com comando único nessa política. Deve aprovar critérios de transferência de recursos para os estados, municípios e Distrito Federal, considerando indicadores que orientem uma regionalização mais eqüitativa, disciplinando os procedimentos de repasse de recursos para as entidades de assistência social. Cabe ao CNAS também estabelecer diretrizes e aprovar programas anuais e plurianuais do Fundo Nacional de Assistência Social, acompanhando e avaliando a gestão de recursos, bem como os ganhos sociais e o desempenho dos programas aprovados.

Para garantir a avaliação da situação da assistência social no país e propor diretrizes para o aperfeiçoamento do sistema, deve convocar a cada dois anos (prazo alterado pela Medida Provisória nº 1473-30, de 16/4/97, para quatro anos) a Conferência Nacional de Assistência Social.

A outra face desse inovador conselho é a herança da filantropia exercida pelo CNSS, de regulação sobre o conjunto de instituições privadas, pois mantém a competência de fixar normas e conceder atestado de registro e certificado de entidades de fins filantrópicos, como condição de acesso a subvenções e isenções.

Tal herança está em questão, pois a cultura cartorial do CNSS não é condizente com a nova democracia instituída no CNAS. Isto é, a velha função se assenta em moldes burocráticos, mantidos por quase sessenta anos. Assim, o CNAS já tem seu início pautado numa contradição de funções.

Da mesma forma que a Lei Orgânica de Assistência Social demandou para sua aprovação um longo e árduo movimento de lutas, mobilizado por diferentes agentes e organizações sociais, também a efetivação do CNAS exigiu um complexo processo de negociações e estabelecimento de consensos.

Como órgão democratizador da gestão da assistência social, com poderes de deliberação sobre a política e seus recursos orçamentários, sua implantação era vista com reservas pelo governo Itamar. Apesar disto, o ministro do Bem-Estar Social, Juthay Magalhães, que empreendera negociações entre o governo e o movimento organizado, em favor da aprovação da LOAS, tendo que se desincompatibilizar do cargo de ministro para ser candidato, empreendeu articulações a fim de instalar rapidamente o Conselho, como garantia de operacionalização da Lei.

Conforme previsto legalmente, convocou a Assembléia Nacional para eleição dos representantes da sociedade civil, ainda em dezembro de 1993, contando com a fiscalização do Ministério Público. Devido à rapidez da convocação e da tensão que caracterizava o processo, a assembléia acabou por reunir apenas as forças já mobilizadas em torno da questão, ainda que tentasse envolver os fóruns municipais e estaduais já existentes, porém não totalmente organizados.

Elegeu-se uma representação da sociedade civil[1] composta por organismos, na sua maioria com perfil progressista, já bastante envolvidos e comprometidos com os desafios da operacionalização da LOAS, mas que mesmo assim enfrentaram sérias dificuldades para sua organização e funcionamento.

Empossados em 4 de fevereiro de 1994, e sem contar com o apoio do Executivo, os conselheiros tiveram que enfrentar desde problemas relacionados à falta de infra-estrutura (sede, equipamento) até a resistência à participação por parte da representação estatal[2].

---

1. A representação da sociedade civil compôs-se dos seguintes organismos titulares: Associação Nacional dos Servidores da LBA (Anasselba), Conselho Federal do Serviço Social (CFESS), Central Única dos Trabalhadores (CUT), Associação Nacional de Gerontologia (ANG), Movimento Nacional dos Meninos e Meninas de Rua (MNMMR), Organização Nacional de Entidades de Deficientes Físicos (Unedef), Conferência Nacional dos Bispos do Brasil (CNBB), Instituto Brasileiro de Análises Sociais (Ibase), Federação Brasileira de Instituições de Excepcionais (Febiex). Suplentes: Federação Brasileira de Patrulheirismo, Associação Brasileira de Autismo (Abra), Cáritas Brasileira, Associação Brasileira de Organizações não Governamentais (Abong), Confederação Israelita do Brasil.

2. Os organismos estatais com representação no Conselho eram: Secretaria de Assistência Social do MBES, onde se localiza o CNAS, Ministério da Educação e do Desporto, Ministério da Saúde, Ministério do Trabalho, Ministério da Fazenda, Secretaria do Planejamento e Orçamento da Presidência da República e mais um representante dos estados e um dos municípios.

Como agravante, a substituição do CNSS pelo CNAS (pela Lei nº 8.742/93) se dava no contexto do "escândalo do Orçamento", tornando o antigo Conselho alvo de acusações de corrupção e clientelismo na atribuição de títulos e subvenções, o que provocara, em 12/11/93, suspensão por noventa dias do pagamento de subvenções e exigência de recadastramento de todas entidades — prazo este que, estando prestes a se esgotar, provocava a pressão por parte das entidades sociais para a solução do problema.

Além das questões externas, impunha-se, paralelamente, resolver dificuldades próprias de um coletivo ainda sem entrosamento e sem clareza de suas funções, visto que o definido pela Loas era muito amplo e genérico, além de tentar organizar uma estrutura de funcionamento e administrar as funções e denúncias oriundas do antigo Conselho.

Os conselheiros também tinham que enfrentar a indefinição trazida pela lei, que estabelecia um prazo de sessenta dias para a transição CNSS/CNAS, sem explicitação clara da responsabilidade do seu comando.

Portanto, logo de início o CNAS deparou-se com a complexidade das suas competências que iam do âmbito teórico-conceitual ao normativo, do político ao legal, e ainda de orientação ao processual, pelas funções de censor da filantropia.

Conforme depoimento da secretária executiva interina e coordenadora do Serviço de Normas atual do CNAS e que viveu a transição, instalou-se um verdadeiro caos:

"A maioria dos conselheiros desconhecia completamente o trabalho do CNSS e a legislação que o norteava; possuía enorme preconceito com relação à herança cartorial e resistência a recebê-lo e a se envolver com ele. Não conseguia, ainda, acompanhar o que acontecia na CPI do Orçamento. Chegavam diariamente listas de entidades inadimplentes quanto à prestação de contas, denúncias de 'entidades-fantasmas', e se acumulavam pilhas de processos sem despacho" (Luiza Maria Nogueira em 27/10/99).

A presidente eleita, representante do Ipea, Aspásia Brasileiro Alcântara de Camargo, após dois meses no cargo entrou em licença e pediu demissão[3], devido a conflitos com o Executivo, o que complicou ainda mais a situação.

Segundo a representante da CNBB na última gestão do CNSS e primeira do CNAS, a quem os conselheiros recorriam para se informar sobre estas tarefas cartoriais, a situação era realmente complexa:

> *"Havia, no momento da transição no CNSS, cerca de 30 mil entidades portadoras de registro e 3 mil com certificado de entidade de fins filantrópicos. Os pedidos de certificado eram sempre em número muito menor, pois a maioria das entidades não possuía funcionários e sim voluntários e religiosos, não demandando da isenção que o certificado proporciona. O interesse era pelo registro, que dava acesso às subvenções sociais e convênios com órgãos oficiais. Deste total, tiveram seu registro cancelado temporariamente, por falta de prestação de contas das subvenções recebidas nos últimos dez anos, mais de 15 mil entidades sociais (por omissão, erro, ou extravio na prestação de contas; algumas por não terem recebido a subvenção indicada[4] e outras por já terem sido extintas); e ainda próximo a duzentas 'entidades-fantasmas'" (Ir. Rosita Milesi em 18/9/97).*

Explica este desvirtuamento no CNSS, pela própria natureza do Conselho, que na verdade só tinha poder de análise

---

3. Indicada para substituir a presidente por dois meses, Marlova Jovchelowitch representante dos municípios (indicada pela Confederação Nacional dos Municípios, Associação Brasileira dos Municípios e Conselho Brasileiro de Integração Municipal), em seguida foi eleita em junho de 1994 para um primeiro mandato e novamente em junho de 1995 para o segundo mandato.

4. Segundo explicações do chefe do Serviço de Análise de Registro e Certificado — SRC do CNAS (em entrevista em 28/10/99), o Banco do Brasil depositava as subvenções em conta vinculada, que tinham que ser transferidas pela entidade para sua conta-corrente em noventa dias. Vencido o prazo, o Banco do Brasil deveria reverter o valor ao Tesouro Nacional, o que não foi feito por muitas agências, tendo sido dado o recurso como recebido. E o valor, com a inflação e os seqüentes planos financeiros, acabou se perdendo.

sobre os pedidos de registro. A tramitação seqüencial fugia-lhe completamente ao controle, indo a outros organismos:

> *"O Conselho permitia apenas uma análise documental. Não tinha atribuição nem estrutura de órgão fiscalizador. O acompanhamento também se fazia difícil em função do envolvimento de diferentes organismos oficiais. As subvenções eram distribuídas por uma instância (Congresso), com base no estudo de outra (CNSS) e com pagamento efetuado ainda por uma terceira (Banco do Brasil), que não tinham nenhuma articulação entre si, apenas trocavam listagens de entidades a receber subvenções" (Idem).*

A conselheira comenta ainda os limites enfrentados, principalmente a falta de fidedignidade dos documentos:

> *O Conselho possuía apenas sete conselheiros para análise de processos, nem sempre contava com este número no efetivo trabalho, e ainda uma equipe de suporte administrativo bastante reduzida, depois que passou para o Ministério da Ação Social (cerca de dez pessoas). Não possuía condição nenhuma para visita* in loco, *confiando nas declarações assinadas por autoridades locais. O conjunto de documentos garantia bem a idoneidade das instituições, mas o problema é que nem toda documentação era fidedigna" (Idem).*

No final, a complexa transição acabou tendo efetivo encaminhamento em virtude da acomodação à velha estrutura — mesma sede, mesmos funcionários. No entanto, a conselheira relata o fato com sentido positivo:

> *"O CNAS acabou ocupando a sede do antigo CNSS (o que facilitou muito), manteve seus funcionários, que tinham muita experiência, e levantou várias e paralelas formas de estudo e despacho para os mais de 3 mil processos acumulados. Formou-se uma coordenação e grupos de trabalho e organizou-se um mutirão intenso e contínuo, acompanhado por assessorias jurídica e técnica, obtendo-se a colaboração de funcionários da LBA e do Ministério. O trabalho era sério e criterioso. Discutiam-se*

muito os problemas e buscava-se assessoria competente, pois havia, além dos problemas de irregularidades, incongruências relativas à legislação. No final, as decisões tinham que se dar pelo consenso e eram transformadas em resoluções. No entanto, nem sempre se acertava, havendo necessidade de correção de medidas — daí a sucessão de resoluções. Teve-se que elaborar também a desconfiança generalizada que se formou em torno das entidades, conselheiros e funcionários, o que também não foi muito fácil. O perigo da 'generalização' era muito grande" (Idem).

A presidente do Conselho, no período 1994-96, confirma esta situação, comprovando a irregularidade da situação, pois havia mais de 15 mil processos de recebimento de subvenções sem prestação de contas:

"O início do CNAS foi difícil, pois tínhamos um leque muito grande de atribuições e problemas a atender. E também vivíamos a repercussão do escândalo do orçamento.

A medida inicial tomada, ainda, pela presidente anterior, foi instalar uma auditoria. Nunca tivemos nada comprovado sobre malversação do dinheiro público, mas era evidente que havia todo tipo de irregularidades — o problema gravíssimo da não-prestação de contas por mais de dez anos; entidades a quem não cabia o certificado, registro e outras questões. Estranho foi a documentação desaparecer: fitas com documentos microfilmados. O sistema ainda estava no MEC e não soubemos onde foi parar.

A pressão de instituições e deputados, os processos acumulados nos levaram a cuidar do 'cartorial'. Criamos então grupos de trabalho, que foram os embriões das comissões. Com esta organização, conseguiu-se dar andamento aos processos parados, discutir a fundo a legislação, o que demandou inúmeros embates com o grupo de fiscalização do INSS e com o MPAS. Mas fomos à essência da questão, realizando em trabalho bem sério" (Marlova Jovchelovitch, em 5/4/00).

O CNAS vai, assim continuar emitindo registros e certificados.

A FILANTROPIA DEMOCRATIZADA 225

Pela seqüência de resoluções expedidas no período (sete só em 1994), avalia-se a dificuldade do CNAS para o enfrentamento dessa problemática.

Em 4 de março, a presidente Aspásia de Camargo, por forte pressão externa, emite duas resoluções (nos 4 e 6/94) estabelecendo, respectivamente, a data de 25 de julho de 1994 como limite para as entidades apresentarem formulário de recadastramento (para novo registro); e a composição de grupo de trabalho para, no prazo de sessenta dias, analisar e deliberar *ad referendum* do plenário do CNAS sobre processos pendentes. Ou seja: revisão de cancelamentos decorrentes de prestação de contas já apresentadas, de pedidos de reconhecimento para enquadramento no Regulamento Aduaneiro (para obtenção de isenção de taxas de importação) e ainda estabelecimento de critérios para a concessão de registro e certificado.

Em 23 de março de 1994, o Decreto nº 1097 assinado pelo presidente da República, define que em trinta dias deveriam ser emitidas medidas sobre a concessão de registro e certificado, regularização da situação de entidades perante o INSS e celebração de convênios com órgãos da administração pública — o que conflita com o CNAS, provocando licença de dois meses e posterior demissão da primeira presidente.

Os prazos (entre o Decreto nº 1097 e as resoluções) ficam contraditórios, e reabre-se a inscrição de entidades sem que os critérios estivessem definidos, gerando confusão nas informações dadas, o que demonstra o completo "desrespeito" do Executivo pelo CNAS.

Em 7 de abril, a vice-presidente, Maria Carmelita Yazbek (substituindo Aspásia de Camargo) restaura o direito ao registro e ao certificado de igrejas de todos os cultos religiosos, em virtude de movimento da Federação das Igrejas Espíritas, CNBB e outras organizações.

Em 10 de junho, Marlova Jovchelovitch (assumindo como interina), por meio da Resolução nº 34/94, dispõe sobre critérios para concessão de registro, definindo como entidades a serem beneficiadas as que incorporarem os objetivos da Loas, explicitados no art. 2º.[5] E adotando os mesmos documentos da Lei 1.493/51, passa a exigir que o atestado de funcionamento seja assinado pelo Conselho Municipal de Assistência Social ou Conselho dos Direitos da Criança e do Adolescente ou ainda autoridade judicial.

Como se pode observar, pouco mudou. O CNAS vai nortear-se por uma lei que deveria ter sido revogada com a Loas. Define-se que as solicitações devem ser apresentadas à FLBA, na unidade da federação onde está localizada a sede da entidade.

Assim, o CNAS apóia-se, nos primeiros meses de funcionamento, na estratégia de convênio de cooperação técnica com a FLBA, transferindo-lhe o trabalho de análise e parecer de processos, o que vai ser referendado pela Lei nº 8.909/94, de 6 de julho, do presidente Itamar Franco, que também prolonga o prazo de recadastramento até 31/3/95 para todas as entidades já inscritas. Em noventa dias devem ser estabelecidos os critérios para tanto. As instituições que o fizeram antes desse prazo devem seguir a Lei nº 1.493/51, e as que solicitaram a renovação do certificado, devem fazê-lo pelo Decreto nº 752/93, que dispõe sobre a concessão de certificado de fins filantrópicos.

Como a Loas se omite em revogar as leis anteriores, é reativada, assim, a Lei nº 1.493/51, desconsiderando a Resolução nº 34/94, que definia critérios para o registro, numa completa dualidade de orientação.

Em 7 de julho são emitidas três Resoluções (nº 46, 47, 48). As duas primeiras dispõem respectivamente sobre critérios para concessão do certificado e recadastramento de enti-

---

5. Os objetivos são: a proteção à família, à maternidade, à infância, à adolescência e à velhice, amparo a crianças e adolescentes carentes; a promoção da integração ao mercado de trabalho, habilitação e reabilitação de pessoas portadoras de deficiência e sua integração à vida comunitária, incluindo as que promovam assistência educacional ou de saúde e o desenvolvimento cultural.

dades sociais. A última estabelece o prazo de 31/10/94 para que as entidades que tiveram o registro cancelado regularizem sua situação de inadimplência de prestação de contas junto ao CNAS. Para o certificado, fica definido que o receberão as entidades educacionais, de saúde, além das de assistência social.

A documentação exigida é a mesma do Decreto n° 356/91, acrescentando a necessidade de atestado de funcionamento pelo Conselho Municipal de Assistência Social, ou Conselho dos Direitos da Criança e Adolescente ou ainda autoridade judiciária, constando dados detalhados da diretoria, bem como cópia do CGC. Admite que o pedido de registro e de certificado sejam feitos ao mesmo tempo e orienta a sua entrega também na unidade da FLBA.

Para o recadastramento, define que as registradas até 11/11/93 devem requerê-lo até 31/3/95, pela Lei n° 8.909/94. Explicita que as entidades devem incluir seu conjunto de estabelecimentos, exceção aos que forem autônomos, com personalidade jurídica e CGC próprios. Define as entidades a serem registradas conforme Resolução n° 34/94, esclarecendo que não serão incluídas as fundações de direito público, consideradas autarquias. Não é colocado como exigência a perspectiva de inclusão à política pública de assistência social ou qualquer novo requisito. Solicita os documentos habituais, orientando que o estatuto deve fazer constar que, em caso de extinção, o patrimônio remanescente deve ser destinado a entidade similar, registrada no CNAS, ou a entidade pública. Os pedidos devem também ser entregues à FLBA.

Em 13 de outubro, a presidente emite ainda as Resoluções n°s 92/94 e 96/94. A primeira vai constituir novo grupo de trabalho[6] para definir novamente normas para a concessão

---

6. O grupo de trabalho, sob a coordenação de Lizete Castanho Ribeiro, foi composto com os seguintes conselheiros: Tíbora Mônica S. Fleming, Célio Cunha, Rosita Milesi, Deusina Lopes da Cruz, Ana Lígia Gomes, Úiara Nascimento de Alencar e Dora Silva Cunha Bueno.

de registro e certificado, recadastramento e normatização dos procedimentos para apresentação de relatórios das atividades desenvolvidas e reorganização dos processos pendentes. Na última, resolve que o certificado e o registro só serão expedidos às entidades mantenedoras, em vista da divergência constatada na relação de estabelecimentos apresentados, com os constantes no cadastro do CNAS.

Estabelece-se, assim, uma sucessão de prazos pela alteração contínua de datas e de critérios para acesso ao CNAS, sendo criados seqüentes grupos de trabalho para tanto.

O que se observa por esta seqüência de atos é que o CNAS, em decorrência das fortes pressões, acaba tratando a questão cartorial de forma precipitada e fragmentada, administrando problemas urgentes e emergentes de forma isolada, o que acaba apenas por facilitar a reintegração das velhas instituições nos velhos moldes, ainda que depurados das fraudes.

Os conselheiros desgastam-se exaustivamente com tarefas burocráticas, em detrimento de uma análise apurada e global do problema, que levasse a proposições mais efetivas na direção de mudanças ainda naquele momento, ou à entrada do governo seguinte. Perdem assim, momentos estratégicos, por indefinição, impasse e transição, e reiteram uma regulação totalmente incompatível com a política pública de assistência social que se objetivava construir.

E o momento de instalação do CNAS era propício para redefinições estratégicas, pois vivia-se ainda a perplexidade do escândalo das subvenções sociais e o impasse do recadastramento de entidades e da renovação do certificado de fins filantrópicos. A sociedade vivia a perspectiva da alteração radical deste setor, desejando-a.

Possivelmente, naquele momento ainda havia condições para tais mudanças, pois a luta para aprovação da Loas fez fluir novos espaços de debates e elaboração de proposituras, todo um movimento de produção intelectual, articulando universidades, entidades acadêmicas e corporativas, e ainda novas organizações sociais, principalmente ONGs, que poderiam ter respaldado, política e tecnicamente, um processo metodológico de construção da política, a partir de um amplo diagnóstico da assistência desenvolvida até então.

Por apenas administrar os problemas de modo emergencial, nos anos que se seguem o CNAS passará a enfrentar maiores impasses.

Em 22 de maio de 1995, as Resoluções n°s 38 e 48/95, vão trazer: a primeira, esclarecimentos quanto aos efeitos cancelatórios de atestado de registro e certificado, principalmente, às entidades devedoras de prestação de contas, definindo que as que conseguiram o certificado emitido até 24/6/91 tiveram prazo até 31/12/94 para requererem sua renovação, que, se realizada, tem o amparo do processo em trâmite; e as que tiveram seu processo indeferido, seus efeitos se aplicam a partir de 1/1/95.

As registradas até 11/11/93 tiveram até 31/3/95 para pedirem recadastramento. As que o fizeram, têm o amparo do processo em trâmite e as que não o fizeram têm seu registro cancelado a partir de 1/4/95, podendo requerê-lo novamente. O cancelamento definitivo ficou para as que não regularizaram suas prestações de contas.

Já a Resolução n° 48/95 constitui novo grupo de trabalho[7] com as mesmas atribuições dos anteriores — definição de normas para concessão de registro e certificado, recadastramento, normatização de relatório das atividades e reorganização dos processos pendentes.

Em 2 e 3 de maio de 1996 são ainda emitidas as Resoluções n° 49 e 69. A primeira resolução reafirma que os atestados de registro e certificado serão expedidos somente em nome das mantenedoras, a não ser que as entidades mantidas tenham personalidade jurídica e CGC próprio (com número de

---

7. Tal grupo de trabalho, sob a coordenação de Rosita Milesi, foi constituído pelos conselheiros Tíbora Mônica S. Fleming, Deusina Lopes da Cruz, Ana Lígia Gomes, Úiara Nascimento de Alencar e Maria José Calheira Lobo Teixeira da Silva.

O ESTADO ENTRE A FILANTROPIA E A ASSISTÊNCIA SOCIAL

Quadro 5.1
Fluxo do estabelecimento de prazos e critérios para recadastramento de entidades e renovação do certificado

(Pelo Decreto nº 984 de 12/11/93, o presidente Itamar suspende por noventa dias o pagamento de subvenções e determina o recadastramento de entidades)

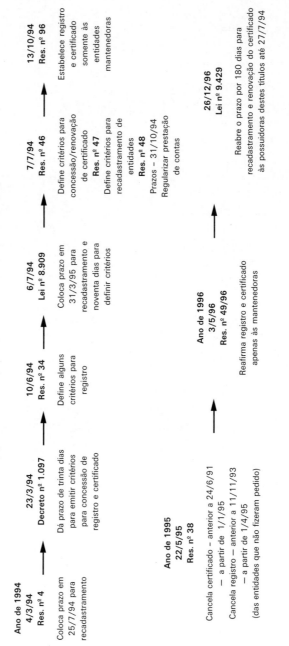

A FILANTROPIA DEMOCRATIZADA

ordem respectivo). A segunda constitui a comissão "para fixação de normas e regulação público-privada da assistência social, conforme inciso III e IV do art. 18" (Item II), ou seja, a concessão de registro e certificado. Tal comissão tem no mesmo ano suas atribuições ampliadas pela Resolução n° 194/96, conforme incisos I, II, V, VI e XIV do art. 18, ou seja, subsidiar o CNAS quanto à aprovação da política nacional, normatizar as ações de natureza pública e privada, zelar pela efetivação do sistema descentralizado e participativo e convocar a Conferência Nacional de Assistência Social.

Portanto, só após dois anos, o Conselho fixa uma comissão de normas para estudar e monitorar esta regulação, ampliando-lhe os objetivos, colocando-a no âmbito da relação público-privado e relacionando-a com a política de assistência social e ser implementada. Esta comissão será coordenada pela representante do CFESS, Ana Lígia Gomes, e será constituída pelos conselheiros titulares: Lizete Castanho Ribeiro, Tíbora Monica S. Fleming e Vandevaldo Nogueira, com os suplentes: Joana Maria M. Braga da Silva, Lair Moura Malavila e Maria da Glória Fernandes Coelho.

A coordenadora da comissão naquele momento explicita a dificuldade de lidar com o cartorial e o preconceito contra a filantropia:

> *"Nem eu, nem a Abong, nem o MNMMR entrou nesta comissão por opção. Achávamos um assunto difícil e burocrático. Mas, refletimos que aprovávamos os processos ad referendum, sem saber do que se tratava. Nosso grupo de articulação achou que eu devia assumir, e levei os conselheiros da melhor qualidade junto, a Abong e o MNMMR.*
> *A avaliação política do coletivo é que éramos o grupo que ia para o 'sacrifício', pois tínhamos preconceito, certa rejeição às entidades sociais e não achávamos aquilo importante...*
> *Fomos sem conhecer nada do assunto. Os conselheiros mais antigos e os funcionários citavam as leis, a linguagem era codificada, e não entendíamos nada. Era muito casuísmo: inscrição, registro, recadastramento, renovação. Eu jurei, então, que ia entender tudo!*

Entramos com a visão radical de que a política de assistência social era responsabilidade do Estado. Rejeitávamos a filantropia. Era uma visão purista: queríamos implementar uma política pública; discutir seu financiamento, construir um sistema de gestão descentralizado, implementar os conselhos municipais e estaduais e instalar o controle social. Essa era a luta. O cartorial era outra coisa. A visão era dicotomizada" (Ana Lígia Gomes, 5/4/00).

Pela fala da presidente do Conselho na época, percebe-se essa dicotomia, pois demonstra que não foi colocada a questão do tratamento do cartorial na discussão da política:

"A prioridade absoluta do meu mandato e interesse da grande maioria dos conselheiros era 'dar conta' da política de assistência social, sem, no entanto, descuidar do cartorial. Esta parte era um 'mal necessário', para podermos chegar à política. Muito poucas pessoas queriam 'cuidar' do cartorial.
Só no final de 1995 começamos a ter clareza da contradição entre 'o político' e 'o cartorial'. E aí tivemos clareza, também, da hesitação do governo em definir a natureza da relação que queria estabelecer com as ONG´s e o terceiro setor" (Marlova Jovchelovitch, 5/4/00).

Em 26 de dezembro, a Lei nº 9.429/96 dispõe ainda sobre a prorrogação de prazo para recadastramento de entidades e renovação do certificado por 180 dias, contemplando as possuidoras desses títulos até 24 de julho de 1994. Revoga ainda os atos cancelatórios do INSS motivados pela não-apresentação da renovação do certificado e da renovação da isenção de contribuição social, bem como extingue os créditos correntes de contribuições devidas a partir de 25/7/81 pelas entidades que já obtiveram revogação do certificado.

Em 21 de janeiro de 1997, pela Resolução nº 9/97, são ampliados novamente os prazos para recadastramento e renovação do certificado para 25/6/97 às entidades que perderam o prazo anterior.

E em 6 de fevereiro, a Resolução nº 20/97 estabelece critérios para apreciação dos pedidos de isenção de imposto de

A FILANTROPIA DEMOCRATIZADA

QUADRO 6
Síntese da Legislação — 1994/1999

Dispositivo Legal	Data	Descrição	Situação
Res. nº 4	4/3/94	Estabelece data para o recadastramento de entidades.	Sem efeito
Res. nº 6	4/3/94	Institui grupo de trabalho para analisar processos do extinto CNSS.	Sem efeito
Dec. nº 1.097	23/3/94	Dispõe de medidas sobre a regularização da situação de entidades no CNAS.	Revogado
Res. nº 15	7/4/94	Restaura o direito de igrejas ao registro e certificado.	Em vigor
Res. nº 34	10/6/94	Dispõe sobre critérios para concessão de registro e certificado.	Em vigor
Res. nº 46	7/7/94	Dispõe sobre critérios para concessão do certificado.	Em vigor
Res. nº 47	7/7/94	Dispõe sobre critérios para recadastramento de entidades.	Alterada
Res. nº 48	7/7/94	Fixa prazo para regularização de prestação de contas.	Em vigor
Res. nº 92	13/10/94	Institui grupo de trabalho para definição de normas ao registro e certificado.	Sem efeito
Res. nº 96	13/10/94	Estabelece regras para entidades mantenedoras.	Revogada
Res. nº 48	22/5/95	Constitui grupo de trabalho para definição de normas para concessão de registro e certificado.	Sem efeito
Res. nº 69	2/5/96	Constitui comissão de normas.	Revogada
Res. nº 49	3/5/96	Estabelece normas para entidades mantenedoras.	Em vigor
Res. nº 194	7/11/96	Amplia atribuições à comissão de normas.	
Lei nº 9.429	26/12/96	Prorroga prazos para recadastramento e renovação do Certificado.	
Res. nº 9	21/1/97	Dispõe sobre prazos de recadastramento e renovação do certificado.	
Res. nº 20	6/2/97	Dispõe sobre critérios para a apreciação de pedidos de isenção do imposto de importação.	Em vigor
DL nº 2.536	6/4/98	Dispõe sobre concessão de certificados.	Em vigor
Lei nº 9.732	11/12/98	Altera critérios para concessão de certificados.	Em vigor
Res. nº 30	24/2/99	Idem.	Em vigor
Res. nº 30	24/2/99	Idem.	Em vigor
DL nº 3.048	7/5/99	Aprova o Regulamento da Previdência Social e dá outras providências.	Em vigor
Lei nº 9.790	23/3/99	Dispõe sobre as Oscips e disciplina sobre o Termo de Parceria.	Em vigor
DL nº 3.100	30/6/99	Regulamenta a Lei nº 9.790.	Em vigor

importação dos bens recebidos em doação pelas entidades, definindo que só serão contempladas as registradas no CNAS e que apresentarem: requerimento com CGC, relação de mercadorias doadas, estimativa financeira e de peso das mercadorias e ainda estatuto, declaração do presidente de que o bem é para uso próprio ou distribuição gratuita e cópia de carta de doação.

Pela seqüência dessas deliberações e depoimentos, observa-se que o CNAS, por falta de uma proposta integradora da relação público-privado na política, enfrentou no período de 1994 a 1997 grandes dificuldades para o encaminhamento dos problemas burocráticos herdados. A falta de conhecimento sobre a legislação levou a inúmeras decisões parciais e imprecisas, que demandavam contínuas reformulações. Estas, no final apenas revitalizaram o antigo sistema de controle documental.

E de tal forma instalou o mesmo sistema, que em 6 de abril de 1998, dando continuidade à regulamentação, o governo emite o Decreto-lei nº 2.536, normatizando, por sua vez, a concessão de certificado de fins filantrópicos. O decreto, embora imponha restrições pela exigência de gratuidade, recoloca a possibilidade de isenção, que vai ser confirmada, ainda posteriormente, pela Lei nº 9.732, de dezembro do mesmo ano, e pelo Decreto-lei nº 3.048 de fevereiro de 1999. E o mais grave, delibera sem o parecer do CNAS, numa atitude de completo desconhecimento quanto à instância que é não só responsável pelo cumprimento de tal determinação, mas que tem função deliberativa nessa área.

O preconceito com relação à filantropia e a dificuldade de compatibilizá-la com a assistência social e situar o cartorial nesta relação, o acúmulo de atribuições, a pressão do Congresso e dos *lobbies*, a imposição da legislação em vigor e a indefinição do governo acabaram, apesar de todo esforço em contrário, condicionando o CNAS ao caminho da reiteração do instituído, como se pode observar pelos depoimentos que se seguem. A presidente na época detalha as dificuldades desse momento e demonstra que no parlamento tradicional, grande parte dos políticos se preocupava mais com o prestígio pessoal que com a responsabilidade de uma política:

"Logo tivemos clareza sobre as forças contrárias à redefinição do sistema de regulação da filantropia. Sofremos lobbies *fortíssimos. Tivemos sobre nós uma 'avalanche' de pressão, um 'rolo compressor' pelo Congresso. Todos os deputados que representavam entidades sociais, que sempre tiveram interesses assegurados no antigo CNSS, nos bombardearam pela continuidade. Fomos atropelados por medidas provisórias geradas por pressões de Apaes, Santas Casas, reabrindo prazos, mudando formas de recadastramento. O exemplo da Golden Cross ilustra bem esta dificuldade: levamos quatro anos para lhe 'cassar' o certificado de filantropia. Recorreram e ganharam liminares várias vezes.*

A questão é que a pressão era feita pela elite do Congresso, pelos políticos que 'mandam' no país. E o governo também não se definia a respeito.

Umas das primeiras providências que tomamos foi discutir com os ministros da Educação e Saúde sobre as instituições de suas áreas, mas nunca se conseguiu chegar a uma portaria ou decreto que resolvesse o problema" (Marlova Jovchelovitch, 5/4/00).

A coordenadora da Comissão de Normas elenca outras dificuldades, confirmando que aquele era o momento estratégico da mudança:

"Analisando agora, percebo que aquele era o momento político para a mudança: havia estado tudo suspenso; estavam recadastrando muitas entidades, mas tudo estava por ser novamente regulamentado.

Mas não tínhamos esta visão. E para processar esta mudança precisávamos estar mais preparados, ter conhecimento e análise acumulada da questão. Não tínhamos esta condição.

A idéia naquele momento era refazer o velho, e então fazer um movimento para destruí-lo e criar o novo. Aí, quando 'acertamos os passos' e quisemos reverter esta situação, já tinha pas-

sado muito tempo. Os problemas eram muito sérios e precisávamos estar preparados para eles.

O primeiro era enfrentar a hierarquia das leis. Para mudar radicalmente, precisava-se de uma emenda constitucional, afirmavam alguns juristas. Já Celso Barroso Leite, apoiado no art. 95 da Constituição, que fala em 'entidade beneficente de assistência social', afirmava bastar uma definição deste conceito numa lei ordinária, para encaminhar a questão.

Outra possibilidade era alterar a Lei Orgânica da Seguridade (Lei nº 8.212/91), que condiciona a isenção ao certificado de filantropia. A Loas vindo após, tinha que ter alterado o art. 55 dessa lei, pois tinha o mesmo nível de competência, mas não o fez" (Ana Lígia Gomes, 5/4/00).

A entrevistada aborda, então, um aspecto extremamente relevante: a contradição é trazida pela própria Loas, que, colocando em segundo plano a questão da filantropia e da legislação que a rege, não revoga nem altera "as leis em contrário", além de se omitir com relação a estabelecer uma nomenclatura padronizada, com concepção clara para o que seja "entidade social". O depoimento de Ana Lígia Gomes acentua:

"A contradição começa com a Loas: introduz a assistência social como política pública e reitera a filantropia. Não define claramente 'entidade social' e não revoga sequer as leis anteriores.

Por outro lado, no art. 9º, ela possibilita que o CNAS estabeleça as normas. Mas com uma resolução podíamos alterar as leis? Não havia juristas que nos orientassem e não sabíamos bem o que fazer. Após a realização da oficina sobre o assunto, com a presença do ministro, tentamos fazer uma minuta, mas veio a conferência que nos ocupou totalmente e quando íamos levá-la ao Ministério, saiu a Lei nº 2.536/98 e fomos atropelados. Éramos poucos para muita coisa" (Idem).

Pelo colocado, este era outro momento estratégico para se produzir mudanças, que, no entanto, não foi aproveitado:

"A questão da legislação é tão complicada que nem a Comunidade Solidária conseguiu desmontá-la: criou uma lei paralela

para as Oscips, com dois anos para opção, que, não dando vantagens, não atrai as instituições.

Outro problema era o conceitual: para não assumir as outras áreas tínhamos que definir o âmbito próprio da assistência social. Discutimos tanto, tínhamos textos de apoio, mas não conseguimos concretizar esta definição numa resolução...

Havia ainda os limites do Conselho: nem todos dominavam a questão da assistência social. Como quisemos uma composição com organizações progressistas, as prestadoras de serviços (Ibase, Ibiss, Inesc e a Cnbb) eram instituições atípicas, mais envolvidas na luta pela criança e pelo adolescente.

O mesmo acontecia com a representação dos usuários (ANG, Onedef e MNMMR), que estavam familiarizadas mais com as questões dos seus segmentos.

Deixamos as filantrópicas deliberadamente fora. Também elas não estavam na luta pela Loas. Apareceram somente depois para reclamar, pois com a implementação da política iam perder seus recursos. O preconceito que tínhamos delas se refletia no seu temor de serem prejudicadas pelo CNAS. Daí os lobbies e as pressões. Era uma situação difícil."

Para concluir, a coordenadora desabafa:

"Na realidade, não tínhamos que atribuir nenhum certificado. As entidades deviam se credenciar diretamente no INSS, pois é ele quem fornece a isenção.

Não mudamos nada. Continuamos fazendo análise documental sem aferir méritos [...] Nosso mérito foi colocar a questão em discussão e abrir o debate público, que até então tinha um fórum muito restrito. Não houve mesmo ruptura."

Este aspecto colocado por último é de efetiva importância: ainda que não conseguisse alterar a situação, o CNAS pôs a questão em pauta, qualificando os debates com estudos e documentos fundamentais ao seu enfrentamento.

A dificuldade maior é que, naquele momento, o CNAS contava pouco com o apoio do Executivo e tinha poucas alianças no Legislativo para obter qualquer mudança significativa. Principalmente no final do governo Itamar, e em vista das eleições e alteração nos quadros, o Ministério do Bem-Estar Social ficou indiferente ao Conselho, deixando-o, inclusive, sem a representação estatal durante certo período.

Com a entrada de Fernando Henrique, em 1995, foram extintos a LBA e o Ministério do Bem-Estar Social e criada a Secretaria Nacional de Assistência Social — SAS no MPAS, complicando-se ainda mais as relações entre o CNAS e o Executivo. As relações tornaram-se tensas, principalmente, pela resistência do Ministério da Previdência quanto ao caráter deliberativo do Conselho, e à convocação da Conferência Nacional de Assistência Social prevista pela Loas, que com certeza faria fluir críticas ao governo, por tais medidas autoritárias.

Tal situação demandou do Conselho intenso movimento de rearticulação política com a cúpula do novo governo e ao mesmo tempo de mobilização com a base — fóruns municipais, estaduais e conselhos já implantados — visando a realização de conferências locais e regionais.

Assim, em sua dinâmica interna tinha que atuar na construção de um consenso entre os representantes da sociedade civil; externamente, tinha que negociar o tempo todo com autoridades estatais, lidando com a correlação de forças que orientava as decisões governamentais, e ainda se vincular organicamente com os estados, visando a mobilização dos vários segmentos e a construção de alianças em torno de pontos fundamentais. Além disso, tinha que retomar todo o trabalho cartorial devolvido ao CNAS com a extinção da FLBA.

Demonstrando capacidade mobilizadora e poder multiplicador na organização da área da assistência social nos estados e municípios, o colegiado acabou obtendo a nomeação da representação estatal e posteriormente a adesão para a realização da Conferência Nacional, com todo o seu patrocínio e, inclusive, edição, pelo Ministério, de cadernos com textos preparatórios.

"No primeiro contato que tivemos com o ministro Reinold Stephane, ele nos recebeu de pé, deixando explícito que o contato teria que ser muito rápido.

O que aconteceu depois foi surpreendente. Ele foi conquistado pela competência do Conselho e passou a reconhecê-lo como aliado no assunto da evasão fiscal[9]. E acabou patrocinando toda a I Conferência Nacional, levando inclusive o presidente para a abertura" (Marlova Jovchelovitch, 5/4/00).

Realizada de 20 a 23 de novembro de 1995, em Brasília, com o tema "Assistência Social — Direito do Cidadão, Dever do Estado", a Conferência, que contou com a presença do presidente da República, dois ministros, três governadores, mais de duzentos prefeitos e mais de mil participantes credenciados de todos os estados brasileiros, colocou em foco a assistência social no país, elaborando sua reconceituação. Precedida de conferências preparatórias, conseguiu alto padrão nos debates desenvolvidos, refletindo o pluralismo de posições políticas, tanto de representantes do Governo, quanto de universidades, ONGs, políticos de diferentes partidos, fazendo inclusive com que fossem explicitadas críticas ao projeto político do governo.

Suas conclusões se relacionaram principalmente à eliminação do paralelismo estabelecido nas três esferas governamentais e manutenção do comando único preconizado pela Loas, deliberando pela extinção do Programa Comunidade Solidária e demais organismos e programas diluídos no governo, como os fundos de solidariedade, que só apresentam dualidade ao estabelecido pela Loas.

A conferência deliberou também pela necessidade de fixação de um percentual (5% pelo menos) no orçamento da seguridade social para financiamento da assistência social. Além disso ainda que com pouca cobertura da imprensa, trouxe certo reconhecimento à área de assistência social e ao CNAS, porém acirrou os conflitos com a Casa Civil, devido à resistência explicitada contra o Programa Comunidade Solidária.

---

9. No final, a legislação editada para conter a evasão fiscal (Decreto-Lei n° 2.536/98, Lei n° 9.732) se tornou de difícil acesso, apresentando incongruências que lhe impuseram medidas judiciais.

Apesar desse ganho político, o Conselho sente necessidade de conquistar melhor estrutura de funcionamento para obter competência. Conforme analisa o secretário executivo do CNAS na época, a pressão vinha do setor cartorial:

> *"Essencialmente era o setor cartorial o mais acumulado pela urgência da reorganização dos processos pendentes de recadastramento e renovação de certificado, que tendo triplicado seu trabalho, demandava esta organização. A pressão política para a fluidez dos processos era tal, que se percebia que, sem uma organização eficiente, ficava inviabilizada também a atuação política do Conselho" (José A. Moroni, 18/9/97).*

Desta forma, estabelecerá uma melhor estrutura, aprovando para isso, em maio de 1996, novo regimento interno (Resolução nº 66/96), que define-se pela realização de uma reunião ordinária mensal, ou extraordinária por convocação do presidente ou de um terço de seus membros. Amplia-se então a interlocução no CNAS. Os suplentes têm direito a voz, sendo chamados a votar apenas na ausência do titular, e as reuniões são públicas, salvo quando se tratar de matéria sigilosa. Estabelece o funcionamento do colegiado, que deve atuar por meio das comissões ou grupos de trabalho que se fizerem necessários. A organização se dá por intermédio de uma secretaria executiva, com estrutura formada por coordenação geral, assessoria, duas coordenações — administrativa, com serviço de cadastro, serviço de registro e certificado, serviço de informática e serviço de apoio ao colegiado; da política de assistência social, com serviço da política social e serviço de apoio aos conselhos municipais e estaduais. E ainda uma divisão de apoio administrativo, com serviço de arquivo e serviço de protocolo e documentação. Cria uma infra-estrutura não só de apoio administrativo, mas de execução, ampliando o quadro de funcionários, tendo em vista uma atuação competente para as atribuições burocrático-cartoriais.

A análise e parecer de processos não são mais atribuições dos conselheiros. Após serem protocolados, são envia-

A FILANTROPIA DEMOCRATIZADA

dos à Secretaria Executiva, que vai proceder ao seu exame, parecer e encaminhamento ao presidente para deliberação final e ao colegiado para *referendum*.

Na realidade, segundo a representante da CNBB, os conselheiros só examinaram processos de entidades sociais na fase inicial do CNAS, quando do trabalho em mutirão:

> *"Houve, posteriormente, a colaboração técnica da LBA para este trabalho, e quando da sua extinção acharam-se novas alternativas. Primeiramente, a análise era feita por funcionários e o parecer expedido pela Comissão de Normas. Numa etapa subseqüente, o parecer também era dado pelos funcionários, com supervisão da comissão, ficando afeta a ela os pareceres de casos mais complexos. E com o regimento, fica a competência à Secretaria Executiva, ainda com o acompanhamento da Comissão de Normas.*
>
> *Com o acúmulo de funções, ficou impossível aos conselheiros tal tarefa, sem que houvesse prejuízo da discussão da política de assistência social, seu orçamento e acompanhamento dos fundos financeiros.*
>
> *Como outra alternativa de racionalização dos trabalhos, tentou-se também a implementação de escritórios estaduais com o objetivo de orientar conselhos e entidades locais, receber pedidos de registro e certificado, proceder à análise preliminar dos processos, que também não continuaram por se apoiar em funcionários da ex-LBA" (Rosita Milesi, 18/9/97).*

Tal organização, no entanto, se de um lado libera o Conselho para sua função política, por outro cria-lhe uma estrutura funcional e executiva, uma gestão hierarquizada com funções gerenciais diferenciadas, institucionalizando-o. Assim, fica em parte como órgão tradicional, parte como espaço revisado, com reuniões, plenárias de representação democráticas.

Com esta solução, referenda e mantém o sistema de regulação anterior com a filantropia, mesmo tendo em mãos, desde 1994, documentos importantes que lhe indicam novos caminhos. O documento "Parceria e Transparência", elaborado pela Câmara de Debates[10], composta por representantes de entidades sociais, ONGs, OGS e federações, lhe traz uma "pauta de compromisso para uma nova regulação das relações entre o Estado e as entidades privadas". Também o estudo elaborado pelo Núcleo de Seguridade e Assistência Social da PUC/SP (Sposati, 1994b) denuncia os vícios desta relação e as dificuldades postas na compatibilização dela com uma política pública garantidora de direitos.

As propostas trazidas por tal estudo indicam diversas necessidades: unificação do registro com o certificado de fins filantrópicos, caracterização do perfil das entidades sociais, articulação com os ministérios da Educação e Saúde e com os conselhos setoriais para integração das organizações sociais às políticas respectivas, construção de uma esfera pública não-estatal com base em mecanismos de negociação coletiva com as organizações sociais, cadastro descentralizado e informatizado entre as três instâncias governamentais, alteração do procedimento de convênios e sua compatibilização com o processo licitatório, integrando aí qualquer tipo de benefício (isenções, imunidades). Tais propostas ficam completamente deslocadas do alvo da racionalidade colocada ao CNAS. São proposições importantes e que encaminhariam a questão para outro patamar da relação Estado — filantropia. Se adotadas, ainda que de forma gradativa, sedimentariam, por meio de mecanismos novos, bases para a implantação de uma política efetivamente pública.

Embora se levantem outras alternativas, como a composição de um conselho interministerial — até para resolver a questão de áreas diversas (educação e saúde) —, a pressão externa faz com que o trabalho não sofra solução de continuidade e se reorganize como no habitual, de forma ágil para expedição rápida, visto que a falta de registro inviabilizava a

---

10. Esta Câmara de Debates foi criada como metodologia adotada pelo Núcleo de Seguridade e Assistência Social da PUC-SP, para estudo sobre a relação Estado-filantropia.

celebração de convênios entre entidades sociais e órgãos governamentais.

Evidência da manutenção da face tradicional é ainda o sistema de informatização criado em 1996, para controle e supervisão deste setor, que é apenas cadastral, entendendo cadastro como rol, listagem de processos.

Registrando somente dados básicos das entidades por unidade da Federação, o sistema não permite um estudo apurado do seu perfil, natureza da prestação de serviços, porte, identificação do usuário e de outras informações que fundamentassem a compatibilização com uma política.

O secretário executivo de então confirma a questão:

> "O sistema foi pensado apenas para dar conta do controle cartorial, não sendo previsto para dar elementos a uma avaliação qualitativa. A Dataprev, ao implantá-lo, seguiu a concepção posta pelo CNAS, que lhe colocou apenas o objetivo cadastral. Prescinde de uma versão-2, que dê outro padrão gerencial aos processos, acompanhando os casos em diligências (cujos prazos não são obedecidos pelas entidades para não terem seus processos indeferidos quando de irregularidades), dando numeração cronológica aos processos para seqüência de análise, cálculo de gratuidade e outras questões básicas. E, principalmente, para que forneça dados que fundamentem um diagnóstico deste universo, com vista a se firmar uma política" (José A. Moroni, em 18/9/97).

A presidente do Conselho completa: "O Conselho foi informatizado na minha segunda gestão, por pressão diária e cotidiana minha. Ninguém dava importância a isso. Muitos dos conselheiros achavam que não se devia dedicar muito esforço à questão. Mas eu via que era vital à organização e à transparência" (Marlova Jovchelovitch, 5/4/00).

Conforme relata também a chefe do serviço de cadastro, o sistema não foi implantado como deveria:

> "De 1983 a 1996, o CNSS utilizou-se do sistema do MEC para ter seu cadastro informatizado, mesmo tendo sido transferido

em 1991, para o Ministério do Bem-Estar Social. Como não foi dado nenhum encaminhamento após tantos anos, em 1996, o MEC recusou-se a continuar com esta cobertura.

Deu-se então uma solução de urgência, através da Dataprev, que implantou em setembro/96 um sistema cadastral, a ser complementado posteriormente, o que não veio a acontecer" (Regina Célia Porto Semoud, 17/9/97).

Também o sistema de arquivo, embora perfeitamente organizado, inviabiliza qualquer estudo histórico, pois foi limitado aos processos a partir de 1997. Os de 1991 a 1997 encontram-se em outro setor do MPAS, só sendo manipulados em caso de revisão formal de processo. E os anteriores foram para o arquivo geral (arquivo morto) do Ministério da Previdência (foram enviadas 1600 caixas com processos) sem nunca terem sido analisados. O que continua completo é o cadastro, que reúne fichas de entidades desde 1938, com registro de todas alterações feitas pelas mesmas, mas que exige a manipulação das fichas uma a uma, pois grande parte ainda não se encontra informatizada.

Assim, embora nunca aceito de fato pelo CNAS, mas assimilado circunstancialmente, este setor cartorial acabou dominando toda a estrutura da Secretaria Executiva, que passou a funcionar em razão dele e com poucas alterações, pois permanece fragmentado e individualizando as instituições.

No entanto, por contraditório que seja, embora absorvesse toda a estrutura administrativa do Conselho, o setor cartorial não era incorporado às discussões técnico-políticas que se faziam densas dentro do colegiado. Pelo contrário, seguia em paralelo, completamente descolado da questão, como se não fosse um setor constituinte de uma política de assistência social.

Segundo o secretário executivo do período 1996-97, era esta a situação, quanto da transição para a gestão Celecino de Carvalho Filho, em 1996:

"Impunha-se uma mudança de estrutura interna, que localizasse o trabalho cartorial num serviço próprio, para que a Se-

cretaria Executiva pudesse oferecer suporte não só administrativo, mas também técnico aos demais trabalhos do Conselho. Uma reestruturação que inserisse este setor no contexto da normatização da relação público-privado da política a ser implementada.

Foi-se concebendo então, uma estrutura que privilegiasse igualmente a política, o financiamento e a normatização do público-privado, fazendo coincidir com as comissões temáticas formadas no colegiado.

Para viabilizar a idéia, no entanto, era necessário introduzir na Secretaria Executiva profissionais para o trabalho técnico. Num contexto de perda de quadros (em função da reforma do Estado), acabou-se diminuindo o pessoal administrativo (vindos do CNSS), mas compondo uma equipe técnica oriunda da extinta FLBA, experimentando uma nova estrutura, e passando a contar com quarenta e sete funcionários. Enfatizava-se também a descentralização de parte do trâmite dos processos para os escritórios estaduais, que apesar de contar com pouco pessoal, procediam a primeira triagem" (José A. Moroni, 17/9/97).

Com base já numa associação comissões-coordenações, o CNAS pôde realizar em 17/9/97, em Brasília, a "Oficina de trabalho sobre entidades e organizações sociais", objetivando a regulamentação dos arts. 3º e 9º da Loas[11]. Contou com a participação do Ministro Reinold Stephane, que na abertura comprometeu-se a encaminhar a questão da evasão fiscal e, examinando a questão legal, demonstrou estar sensibilizado com as dificuldades do CNAS.

Recuperando as proposições dos documentos anteriores e fundamentado ainda em textos de Vicente de Paula Faleiros e Celso Barroso Leite, um coletivo de profissionais de organi-

---

11. O art. 3º define "entidades e organizações de assistência social, aquelas que prestam, sem fins lucrativos, atendimento e assessoramento aos beneficiários abrangidos por esta lei, bem como as que atuam na defesa e garantia de direitos". O art. 9º define a necessidade de inscrição prévia das entidades sociais no Conselho Municipal de Assistência Social como condição de registro e certificado de fins filantrópicos junto ao CNAS.

zações públicas, privadas e docentes de universidades puderam adensar o debate sobre o tema, identificando obstáculos e possibilidades ao encaminhamento da questão.

Para pensar a reformulação necessária à relação público-privado, foi discutida a concepção de assistência social, bem como a concentração e tipologia de instituições sociais existentes no país e os desafios de compatibilizar essa relação com uma política pública.

Tudo indica que esse segundo momento era também essencialmente estratégico para proposições mais efetivas, mas como ficou evidenciado pelos depoimentos, esta questão ficou relegada a segundo plano em razão da urgência de realização da II Conferência Nacional.

Apoiado ainda nesta estrutura experimental, o Conselho pôde mobilizar conselhos e fóruns estaduais e municipais, para a realização da II Conferência Nacional da Assistência Social.

Totalmente à revelia da Medida Provisória que alterava a periodicidade das Conferências, o CNAS, num grande esforço, consegue estimular a realização de conferências locais, regionais e estaduais, trazendo insumos importantes para a Conferência Nacional que ocorreu em dezembro/97, em Brasília, sobre o tema "O sistema descentralizado e participativo da assistência social: construindo a inclusão e universalizando direitos".

Na ocasião, realizou-se uma análise da conjuntura nacional, avaliando a implantação do sistema descentralizado e participativo, enfatizando os aspectos referentes ao orçamento, financiamento e controle social nas três esferas de governo.

Reafirmando as deliberações da I Conferência, indica novamente a extinção do Programa Comunidade Solidária, em respeito às determinações da Loas, e sugere o repasse dos seus recursos ao Fundo Nacional de Assistência Social — FNAS e ainda acusa o paralelismo estabelecido ao CNAS. A partir desse momento também, o Conselho consegue desencadear uma discussão mais sistemática sobre a política de assistência social, analisando a versão preliminar apresentada pela SAS (hoje Seas), buscando assessoria junto a órgãos governamentais e universidades e colhendo subsídios junto aos estados.

Por meio de reuniões ampliadas com especialistas (São Paulo, em 17/9/96) e discussões internas, o Conselho elabora documento de avaliação da proposta preliminar em 31/10/96, apontando questões a serem complementadas, contribuindo com sua reformulação. A partir daí, apreciará ainda várias versões apresentadas pela SAS, e somente em 16 de dezembro de 1998, pela Resolução n° 207, assinada pelo então presidente Gilson Assis Dayrel, o CNAS aprova a Política Nacional de Assistência Social, cinco anos após a promulgação da Loas.

A política aprovada justifica-se pelo marco situacional brasileiro, que analisa os desafios sociais colocados ao momento atual do país, com destaque para as questões da pobreza e da sua feminilização, da renda e empregabilidade, da escolaridade e mortalidade infantil; dos desafios demográficos, com os problemas da heterogeneidade demográfica, o progressivo envelhecimento da população, concentração nas áreas urbanas e o crescimento populacional demandatário de mercado de trabalho; e finalmente caracteriza os contingentes populacionais mais vulnerabilizados. Descreve a situação social do país, sem, no entanto, correlacioná-la às determinações políticas e ideológicas que a influenciaram e sem contextualizá-la historicamente na realidade da assistência social no plano nacional e internacional. Mais que isso, não configura a responsabilidade da assistência social nessa totalidade de questões e situações.

Por este quadro, prevê um conjunto articulado de ações governamentais e não- governamentais pautado em princípios e diretrizes da Loas, que vão se concretizar em programas já em desenvolvimento pela SAS. Focaliza a família como núcleo-alvo dos serviços assistenciais, capaz de integrar os grupos atendidos por faixa etária ou por situações circunstanciais ou conjunturais, mas mantém prioridade no atendimento à criança de zero a seis anos, à faixa de sete a catorze, à pessoa idosa, aos portadores de deficiência, à erradicação do trabalho infantil e à educação profissional do adolescente, prevendo programas de renda mínima e projetos de enfrentamento à pobreza.

Seus destinatários são os segmentos excluídos das políticas sociais, em condições de vulnerabilidade próprias do ciclo de vida, em condições de desvantagem pessoal, resultantes de deficiência ou incapacidades e em situações circunstanciais e conjunturais (moradores de rua, migrantes, trabalho infantil, droga etc.). Todavia, define o corte de atendimentos e benefícios nesses segmentos, o que a torna uma política focalista, voltada para frações praticamente "terminais" na linha da pobreza. Não se refere ainda à definição de mínimos a serem garantidos pela política, não ficando, portanto, indicado o padrão dos benefícios e atenções a serem realizados.

A política aprovada define as competências das três instâncias governamentais e das instâncias de controle social, enfatizando o papel da sociedade civil, enquanto integrante dos órgãos de deliberação e controle e enquanto rede de serviços complementar ao Estado. Não estabelece, no entanto, critérios transparentes e democráticos na articulação entre as instâncias governamentais e não-governamentais, deixando pouco explícito o sistema de relação público-privado; não considera também a interface da assistência social com as demais políticas, nem sequer com as componentes da seguridade social. Propõe o estabelecimento de percentuais nas três esferas para financiamento, indicando a revisão da legislação que trata da transferência de recursos, critérios de partilha e formas de financiamento da assistência social. E mais, ignora completamente a questão da relação do Estado com as entidades sociais.

Como se observa, persiste ainda a maioria das deficiências apontadas pela avaliação realizada em 1996, sendo a mais

A FILANTROPIA DEMOCRATIZADA

séria a sua não-inserção numa política mais ampla de intervenção no social, que privilegie o enfrentamento da situação de pobreza e exclusão que assola o país.

Em paralelo, o CNAS aprova igualmente a "Norma operacional básica da assistência social" — NBO2[12], que define os fluxos operacionais do processo descentralizado e participativo, especialmente quanto à transferência de recursos da União para estados e municípios, criando, para tanto, comissões intergestoras bipartites e tripartite[13], com capacidade de habilitar e desabilitar estados e municípios para recebimento de recursos. O município não habilitado retornará à gestão estadual, e os habilitados receberão os recursos diretamente da União. Segue já aqui um avanço na democratização e uma construção participativa do orçamento institucional.

Embora não respondendo às expectativas de todos os segmentos, o CNAS alcança o objetivo de estabelecer uma política para nortear as ações na área e passível de controle.

Em março de 1998, devido à restrição imposta pelo art. 17 da Loas — que permite uma única recondução dos seus membros —, o CNAS terá uma renovação significativa na representação da sociedade civil, visto que os primeiros conselheiros já tinham sido reeleitos para um segundo mandato (com pequenas alterações), não podendo mais se candidatar.

Assim, saem as organizações representadas há quatro anos, já com experiência na gestão e grande envolvimento

---

12. A Norma Básica n° 1 já tratava dessas mesmas questões.

13. A Comissão Intergestora Tripartite será organizada em âmbito federal com três representantes da União, indicados pela SAS, três representantes dos estados indicados pelo Fórum Nacional de Secretários Estaduais de Assistência Social — Fonseas e três representantes dos municípios, indicados pelo Fórum Estadual de Gestores Municipais de Assistência Social — Fongemas.

As comissões intergestoras bipartites são organizadas nos estados com três representantes do estado, indicados pela Secretaria Estadual de Assistência Social e seis representantes dos municípios, indicados pelo Fórum Estadual de Gestores de Assistência Social.

nos temas em pauta, permanecendo apenas a representação da Associação Brasileira de Organizações não-Governamentais — Abong e a Confederação Israelita do Brasil, por terem sido suplentes em gestão anterior.

O colegiado eleito então vai ter um perfil bastante diferente do anterior, sendo formado por representação de instituições mais tradicionais e menos vinculadas à luta pela implantação da Loas.

A nova gestão será bem menos progressista, crítica e já não tanto transparente, como bem define a representante da Abong na terceira gestão:

"A composição da sociedade civil nessa terceira gestão possuía um perfil conservador, de defesa de interesses de grupos ou corporações e creio, a filantropia se reintroduziu no CNAS. Considero que houve um retrocesso nessa gestão, fácil de comprovar: nas primeiras gestões, a sociedade tinha propostas, tinha coesão, votava em bloco e ainda contava com dois votos da área governamental. Nesta, tínhamos só três votos para marcar nossas posições — Abong, Confederação dos Trabalhadores da Seguridade Social — CTSS e Federação dos Psicólogos. Os demais votavam com o governo, que votava em bloco e trocava o seu representante, se assim não procedesse.

A primeira marca desta gestão foi, portanto, votar com o governo. Nas primeiras gestões, havia reuniões preparatórias da sociedade civil, onde se discutia uma pauta, posições e divergências, com vistas à coesão no colegiado. Nesta, era impossível, pois a maioria estava alinhada com o governo ou defendia posições particulares.

Antes, os processos eram analisados por ordem cronológica, com transparência. Agora, os processos vão até um nível, depois 'somem'; 'pinça-se' processos, que 'somem'.

Perdeu-se a transparência. Parece que se volta a uma velha prática do CNSS de negociações espúrias. Aumenta o trânsito de parlamentares e o CNAS voltou a ser um 'balcão de atendimento'" (Rosangela Dias Oliveira da Paz, 27/4/00).

Em conseqüência, os marcos desse período são bastante restritos:

"O marco maior é a aprovação da Política Nacional de Assistência Social e da NOB. Com todos os problemas que a política tem, de ser genérica, focalista, etc., o fato é que não podíamos ficar sem um documento de referência para balizar o controle social. E a NOB constitui-se num ganho maior, pois ela deu uma dinâmica e uma transparência maior à partilha de recursos. Ela efetivamente descentraliza: as reuniões dos conselhos tripartites são tensas, com muita disputa.

Os demais temas enfrentados foram complicados:

Quanto ao orçamento só houve perdas: propusemos critérios de partilha, mas éramos só três a favor, e a Seas nos 'atropelou' com sua proposta.

Na discussão das Oscips, o presidente (desde a gestão anterior) participou [...] fizemos também discussões internas, trazendo o Augusto de Franco, do Comunidade Solidária, para debates. Mas não saiu nenhuma posição do CNAS a respeito) não entrou na pauta; o Conselho se omitiu.

Outra marca ruim foi a aproximação SEAS — Comunidade Solidária, que tiveram um 'quase casamento', não muito explícito, mas real, o que fragiliza o comando único na assistência social. Desde a II Conferência não se explicitavam posições fortes a respeito e agora, com as regiões recebendo recursos do Comunidade Solidária, fica mais difícil.

O que de positivo aconteceu é que no debate da filantropia tivemos presença: o colegiado resistiu à alteração da legislação, que se dá de forma equivocada, só em função do 'ajuste fiscal'. Elaboramos, na Comissão de Normas, sugestões, propostas, tivemos consenso no colegiado e levamos ao Ministério, que no entanto, não as considerou.

Outro ponto positivo foi a grande presença nas reuniões ampliadas. Como não houve conferência, o anseio de participação dos conselhos se canalizou para as reuniões (em Belém, onde se discutiu a política, havia quatrocentas pessoas e em Salvador, onde se discutiu a NOB, havia oitocentas). Só que o CNAS resistia em dar a palavra ao público, transformando as reuniões em 'assembleísmo'.

Enfim, nesse período do CNAS estabeleceu-se um descompasso entre a dinâmica dos municípios e o engessamento do nível federal, fosse pelas entidades sociais, que não queriam mu-

dar, fosse pela Seas e governo, que não queriam que o CNAS andasse, fosse por ele mesmo (Idem).

Em 28 de maio de 1998, a Resolução nº 80 oficializa a estrutura do CNAS, que vinha funcionando em caráter experimental, editando novo regimento interno, o terceiro nessa trajetória. Para facilitar o entendimento da discussão, observar o Quadro 5.3 (a seguir), com o organograma do CNAS.

As alterações feitas com relação ao Regimento/96 pautam-se pela organização dos conselheiros em comissões temáticas específicas, que anteriormente permaneciam em "aberto", e pela estrutura da Secretaria Executiva, que terá coordenações de apoio correlatas às comissões. Ou seja, as comissões temáticas, formadas por conselheiros, terão a retaguarda de setores funcionais (coordenações) para operacionalização das medidas deliberadas em cada comissão.

As comissões temáticas, com o objetivo de subsidiar as tomadas de decisão do colegiado, passam a ser de natureza permanente e são três: Comissão de Política de Assistência Social, Comissão de Normas da Assistência Social e Comissão de Financiamento e Orçamento da Assistência Social.

A Secretaria Executiva ganha, portanto, estrutura assemelhada. Passa a ter secretário executivo, assessoria (da presidência e da Secretaria Executiva), uma Divisão de Apoio Técnico Operacional Administrativo e coordenações de apoio às comissões do Colegiado.

A Coordenação da Política de Assistência Social, com o objetivo de realizar estudos e pesquisas, terá um banco de dados e um serviço de apoio ao sistema descentralizado e participativo, bem como o desenvolvimento de atividades que contribuam para a efetivação dos conselhos municipais e estaduais.

A Coordenação de Normas vai integrar todas as atividades relacionadas à concessão de registro e certificado e manifestar-se sobre a isenção de imposto de importação de bens recebidos por doação, bem como realizar estudos que visem subsidiar o colegiado nas suas competências. Para tanto, possui três serviços — Serviço de Normas, que deve realizar estu-

A FILANTROPIA DEMOCRATIZADA

dos e pesquisas, elaborar estatísticas e documentos que reflitam o perfil das entidades, para subsidiar a normatização da relação público-privado; Serviço de Análise dos Pedidos de Registro e Certificado — SRC, que vai analisar e dar parecer sobre processos de entidades recebidos pelo CNAS e desenvolver atividades dentro de suas competências; e Serviço de Cadastro — SCAD, que manterá cadastro de entidades registradas e consideradas filantrópicas e emitirá relatórios periódicos.

A Coordenação de Financiamento, que objetiva realizar estudos e pesquisas na sua área específica, possui um serviço de acompanhamento do orçamento e do Fundo Nacional de Assistência Social.

E, finalmente, a Coordenação de Comunicação Social, que vai implementar uma política que dê visibilidade e transparência às ações e deliberações do CNAS, mantendo a imprensa informada e propiciando o intercâmbio de informações entre os conselhos de assistência social.

Com esta estrutura, praticamente já em vigor desde 1996, o colegiado pode se fazer apoiar técnica e administrativamente, em todos os assuntos relacionados à sua competência. Para tanto, os técnicos passaram por cursos, treinamentos, visando qualificar seus trabalhos específicos. Segundo vários depoimentos, a Secretaria Executiva passou a ter condições de estudo, análise e debate sobre os temas pertinentes a cada setor, na fase de implantação. Pode-se verificar, então, a possibilidade de acúmulo de conhecimento e experiência, garantia de padrão de funcionamento, sem solução de continuidade, apesar da troca de conselheiros depois de dois anos.

No entanto, por outro lado, institucionaliza-se de tal forma o Conselho, com uma estrutura técnica e administrativa ampla, hierarquizada e piramidal, com gestão tradicional, propícia à sedimentação de poderes e de uma cultura própria, como qualquer instituição. Uma organização que vai com o tempo (segundo inúmeros depoimentos), constituindo-se predominantemente executora, voltada às tarefas burocrático-cartoriais quanto mais competente e ágil se torna, incongruente a um conselho deliberativo e controlador de política.

A coordenadora de política de assistência social confirma essa tendência, chamando a atenção para a importância do perfil da sociedade civil no colegiado:

Quadro 5.3
Organograma CNAS/1998

- Colegiado
- Presidência
- Secretaria Executiva
- Assessoria
- Coordenação de Comunicação Social
- Coordenação de Financiamento e Orçamento
- Coordenação de Normas
- Coordenação de Política de Assistência Social
- Serviço de Apoio ao Sistema Descentralizado e Participativo
- Serviço de Acompanhamento do Orçamento e do Fundo
- Divisão de Apoio Técnico-Operacional Administrativo
- Serviço de Normas
- Serviço de Análise de Registro e CEFF
- Serviço de Arquivo
- Serviço de Cadastro
- Serviço de Apoio ao Colegiado
- Serviço de apoio Administrativo

A FILANTROPIA DEMOCRATIZADA

"A tendência da estrutura é sempre voltar-se ao cartorial. Até porque a pressão política, ainda presente, se faz neste sentido. No entanto, a prevalência de um aspecto ou outro, seja do técnico ou do administrativo, do político ou do cartorial, depende muito do perfil do grupo da sociedade civil no colegiado (visto que a ala governamental, sendo representada por membros do segundo escalão, não tem tido protagonismo expressivo no Conselho). Um grupo mais combativo, envolvido na luta pela operacionalização da Loas, necessariamente tenta desalienar o cartorial e encaminhar um outro padrão de relação público-privado — o que não é muito fácil. Se o grupo não tiver este perfil, a tendência é prevalecer o tradicional. E com esta tendência, a área técnica fica com atividades apenas pontuais contribuindo a cada evento" (Maria Auxiliadora Pereira em 28/10/99).

Como se observa pelo depoimento, é preciso ou romper com o antigo ou alçá-lo a um novo patamar, caso contrário o novo se faz tal qual uma "maquiagem que qualquer chuvisco derrete".

O depoimento do chefe do SRC — Serviço de Análise dos Pedidos de Registro e Certificado, relatando a tramitação dos processos na Secretaria Executiva e o envolvimento dos setores na sua problemática, demonstra concretamente o peso deste setor:

"A entidade social pode encaminhar sua solicitação ao CNAS por correio ou fazê-lo pessoalmente no protocolo. A Secretaria Executiva fornece formulários específicos, bem como manual de orientação estipulando a documentação necessária.

Até abril de 1998, as entidades podiam fazer as duas solicitações conjuntamente, o que, a partir do Decreto nº 2536/98, ficou impedido, em vista da exigência de três anos de registro para obtenção do Ceff.

Ao chegar ao protocolo, a solicitação (com documentação em anexo) é formalizada em processo, ganhando um número (com registro informatizado), sendo o comprovante entregue à instituição (ou enviada pelo correio).

O processo segue para o Serviço de Análise — SRC, para estudo da solicitação, o que será feito obedecendo apenas o critério documental. Apresentando a documentação completa, conforme pede a lei, a entidade é aprovada, sendo emitido um parecer técnico. O processo é encaminhado à Coordenação de Normas para deliberação final e elaboração de uma minuta de resolução. Daí segue para o Serviço de Cadastro, para pesquisa, sobre a situação anterior da instituição e informação à Coordenação de Normas, que referendará a resolução ou procederá as correções necessárias.

Por esta pesquisa, alguns processos são retirados na prévia — por já possuírem registro ou por apresentarem algum problema de incongruência de informação ou de prestação de contas.

A resolução é encaminhada ao presidente do CNAS, que a assina e autoriza a publicação em Diário Oficial, *que é feita* ad referendum *do* Colegiado. *Após a aprovação do Colegiado, é feita nova publicação com o* referendum *por bloco de instituições e por assunto — registro ou certificado. Atualmente o presidente tem requerido a assinatura de um conselheiro e do secretário executivo à resolução.*

O processo volta então ao Serviço de Normas, que providencia o encaminhamento da matéria à imprensa nacional com quem se fixou tal publicação para as quintas-feiras, facilitando o acompanhamento pelas entidades. Daí segue para o Serviço de Cadastro, que procederá ao 'refinamento' das informações, ou seja, registra o deferimento atualizando todos os dados e alterações. É ainda encaminhado à Divisão de Apoio Operacional Administrativo para que seja elaborado o respectivo certificado. Tal documento vai ainda para o secretário executivo e para o presidente para assinatura, devendo voltar à Divisão de Apoio Operacional para expedição. Só então o processo segue para o arquivamento final.

No caso de a entidade não cumprir a exigência documental, baixa-se diligência, enviando o processo à Divisão de Apoio Administrativo para comunicação por meio de ofício, orientando a complementação ou correção, e o processo segue para o arquivo. A instituição tem o prazo de sessenta dias para as providências. Quando chegam os documentos em falta, o processo é retirado do arquivo e segue o trâmite comum. Se o prazo não é cumprido, o processo é retirado do arquivo e indeferido, recebendo resolução e publicação em Diário Oficial.

A maioria dos casos indeferidos (90%) é da área de educação e saúde e se dá devido à dificuldade de comprovação da gratuidade. O mesmo não acontece com as da assistência social, que a tem comprovado com facilidade.

Para o CNAS, se torna trabalhoso conferir o cálculo de gratuidade, principalmente quando a mantenedora possui serviços acumulados de educação e saúde.

No caso de indeferimento, a instituição é comunicada inclusive, sobre suas causas e tem prazo de trinta dias para recorrer.

O primeiro recurso se dá junto ao próprio Conselho e através de um 'processo em grau de reconsideração', quando a instituição contesta a decisão, juntando provas e novos documentos. Neste caso, vai ser encaminhado apenas ao secretário executivo e chefias da coordenação de normas e serviço de análise e ultimamente à própria Comissão de Normas, que reivindicou a análise e parecer desses casos.

Se o processo for aí aprovado, vai para a resolução final. Caso seja novamente indeferido, a entidade pode recorrer ao Ministério da Previdência e Assistência Social, onde seu caso será analisado pela Consultoria Jurídica do Ministério, que se pronunciará através de uma evocatória ministerial. Se aprovado, será encaminhado ao CNSS para elaboração de resolução (com despacho do ministro), publicação e expedição de certificado.

O montante de processos é tal, que o CNAS não tem obedecido os prazos fixados pela lei de processo administrativo do regime público, que estabelece trinta dias para despacho de processos. Obedece uma ordem cronológica, levando o tempo possível" (José Ranieri Clemente Braga, em 28/10/99).

Analisando os problemas desta tramitação, a coordenadora de normas esclarece que:

"O Colegiado tem suspendido ultimamente a publicação de indeferimentos[14] e a Comissão de Normas tem, inclusive, solicitado que os indeferidos que já obtiveram certificado no passado, lhes sejam enviados para análise e parecer.

---

14. Há em torno de 180 processos nesta situação no CNAS.

Quadro 5.4
Fluxograma dos processos da Secretaria Executiva do CNAS

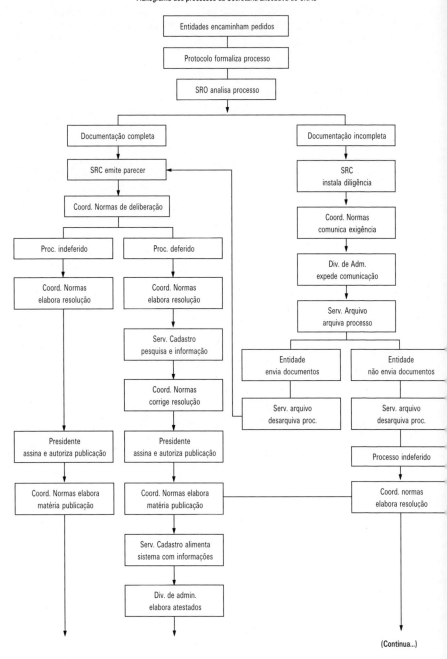

(Continua...)

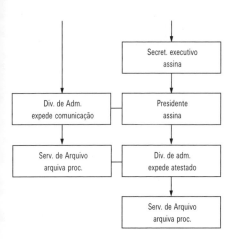

O problema para o registro tem sido relacionado à determinação de inscrição no Conselho Municipal de Assistência Social. Muitos municípios não possuem ainda tal Conselho ou possuem conselhos pouco organizados, fazendo com que o CNAS aceite então inscrição no Conselho Estadual. Somente quando não há nenhum deles, aprova-se com tal lacuna.

Já a concessão ou renovação do certificado tem encontrado dificuldades maiores em função da exigência de gratuidade — de 20% da receita bruta, para a educação e atendimento de 60% pelo SUS no caso de instituição de saúde — e da documentação decorrente que se faz necessária (balancete patrimonial, mutação de patrimônio, notas explicativas, assinatura de auditor independente, conforme volume de recursos movimentados pela instituição), que transformam as instituições em praticamente 'sociedades anônimas'.

A dificuldade se encontra principalmente em que, para a isenção da cota patronal no INSS (Lei nº 9.732), existe a possibilidade de proporcionalidade (gratuidade — isenção), enquanto para obtenção do CEFF, a lei é mais rigorosa e a gratuidade exigida é fixa. Como as leis não são coerentes entre si, a Confederação Nacional da Saúde (que representa santas casas e hospitais beneficentes) e a Confederação Nacional dos Estabelecimentos de Ensino têm contestado sua constitucionalidade e entrando com mandado de segurança obtiveram liminar apro-

vada em maio/99, conseguindo congelamento da lei e suspensão do pagamento da cota patronal" (Luiza Maria Nogueira, 28/10/99).

Além das dificuldades colocadas pela legislação, a entrevistada indica a ocorrência de comportamentos já não mais admissíveis ao CNAS:

"Algumas instituições têm recorrido à cisão entre mantenedoras e mantidas, adotando, para as últimas, nova razão social, pois há respaldo legal (Decreto nº 3.048, ordem de serviço 210) para solicitação de isenção com a documentação da mantenedora anterior. Só que tal expediente complica a transferência de recursos de uma mantida para a outra, pois nem sempre isto é legal.

Como o INSS beneficia a instituição no caso de cisão, o CNAS fez também resolução a respeito, o que incentivou tal recurso.

Todas essas divergências têm incentivado a adoção de recursos pouco democráticos. Têm levado, por exemplo, a que as entidades recorram ainda a parlamentares, visando não só o recuo da lei, mas como mediação junto ao CNAS para aprovação de seus processos.

Tais divergências dificultam também a inteligibilidade de grande número de entidades (sobretudo as menores e mais distantes), que acabam também recorrendo a políticos para a mesma intermediação, por não saberem como proceder.

Assim, o trânsito de parlamentares é grande dentro do CNAS. Continua fluindo ainda a cultura do clientelismo que induz à manipulação e à gratidão, quando tal acesso à informação, ao registro e ao certificado é um direito de todos.

A descentralização minimizaria esta situação. Os conselhos municipais e estaduais poderiam ter uma ação estratégica na orientação, intermediação e na avaliação, inclusive, qualitativa destas entidades, pois estão próximos a elas. Mas a maioria tem uma estrutura frágil e sem legitimidade para exercer tal função. Também resistem a inscrever organizações de educação e saúde e pouco se articulam com conselhos setoriais que poderiam fazê-lo.

A FILANTROPIA DEMOCRATIZADA   261

Assim a relação entre entidades e o CNAS continua meramente documental.

E apesar de toda a movimentação contrária, o Decreto n° 2.536/ 98 (que define atualmente o acesso ao CEFF) se mantém, pois o interesse do governo é fechar ao máximo a possibilidade de isenção. O ganho das instituições com esta isenção parece muito grande, pois a luta por ela está fortíssima e muitas instituições estão pagando bem caro seus advogados para obtê-la, o que demonstra que deve compensar.

O decreto ainda não restringiu radicalmente o número dos certificados, pois a maioria das instituições já o possuía desde 1997, quando foram renovados os que obtiveram sua prorrogação em 1994. Em 2000 vence o prazo de validade da maioria. Aí irá vigorar para eles a nova legislação, e possivelmente haverá o corte esperado" (Idem).

Os problemas apontados pela entrevistada são já resultantes da ambivalência de postura do governo, que se instala com a nova legislação (Decreto n° 2.536, Lei n° 9.732, Decreto n° 3.048), que visa resolver o "déficit de caixa da Previdência" e se coloca no contexto do "ajuste fiscal" e do enxugamento do Estado.

No processo de transferência da responsabilidade pelo social ao setor privado, em paralelamente à necessidade de oferecer subsídios e benefícios fiscais para que isto ocorra, surge a imposição neoliberal de liberação de gastos ao governo e a legislação que segue.

Instala-se então, dentro do próprio Ministério, a incongruência: enquanto o CNAS, por meio das suas resoluções, amplia a possibilidade de registro e certificado, o INSS, com a nova legislação, vai tentar barrar tal acesso.

Explicitando a reação a esta legislação, a coordenadora de Normas (terceira gestão) demonstra bem o conflito entre essas duas lógicas (concessão-restrição) instaladas no MPAS:

"Nossa gestão começou alguns dias depois da edição do Decreto n° 2.536. Ele não passara pelo CNAS e demoramos muito

para entendê-lo. O governo também não permitira nenhuma transição entre as gestões, e só tínhamos relatórios.

Fui para a Comissão de Normas contra a minha vontade, o que foi um 'calvário', pois sofri muito. A formação acadêmica não cuida dessa área e não conhecia nada.

O clima estava tenso entre as entidades sociais, que entenderam tudo antes do CNAS e vinham fazer a defesa dos seus interesses. As leis provocaram movimento reativo, de defesa, o que é legítimo, se se considerar que o governo não dá apoio financeiro significativo. Aí, o setor progressista (das ONGs) também começou a se interessar pelo debate.

Quando entramos para o CNAS, estavam lá os fiscais do INSS fazendo análise de processos, em função de convênio firmado pelo presidente anterior. Inicialmente achamos bom, pois, do ponto de vista técnico, tinham mais domínio da burocracia.

Até que começamos a receber relações enormes de processos só indeferidos, para aprovar ad referendum, *e com muita urgência. Julgando estranho, pedimos vistas a quatro processos (entre eles o da PUC), o que provocou reação muito grande do INSS, que queria tudo aprovado em bloco. Com esta atitude entramos no 'olho do furacão'. Assumi a análise do processo da PUC e outros companheiros os demais. Tive que tomar aula de filantropia.*

O parecer do INSS tinha cálculos errados e argumentava pelo Decreto nº 2.536, quando tinha que fazê-lo pela Lei nº 752.

Flagrei então a contradição: o CNAS trabalha com a lógica da concessão e o INSS com a lógica da negação. Duas lógicas que entram em conflito dentro do mesmo governo.

Venci assim meu preconceito com relação à filantropia e passei a ser interlocutora deste setor, mas tentando qualificar o debate do ponto de vista do direito e da ética.

Assim, continuo defendendo que a função cartorial tem que cair, que ela é 'maligna' e extremamente contraditória ao CNAS — que é uma instância paritária e deliberativa da política e da gestão de recursos públicos; mas os benefícios fiscais são

um recurso a ser considerado no contexto da política"
(Rosangela Dias Oliveira da Paz, 27/4/00).

A entrevistada levanta aqui uma questão importante. As isenções não deixam de ser um apoio significativo para a política de assistência social, se se considerar os seus poucos recursos, embora não deva demandar um trabalho burocrático para o CNAS.

Observa-se também, por seu depoimento, que o CNAS, ao reiterar o sistema tradicional de regulação, colocou-se numa trama burocrática que vai se complexificando e se tornando cada vez mais impeditiva de que ele se torne sujeito da questão.

Por outro lado, observando a estatística atual do CNAS vai se perceber que o quadro de registros e certificados mudou (ver Gráfico 1). Quando da extinção do CNSS havia 3 mil entidades portadoras do certificado, pelo fato de o acesso ao mesmo ter ficado fechado entre 1977 e 1991. No ano 2000 são 6.555, sendo que há inúmeros pedidos em trâmite apesar do carater restritivo da legislação. Isto significa mais aumento no seu volume.

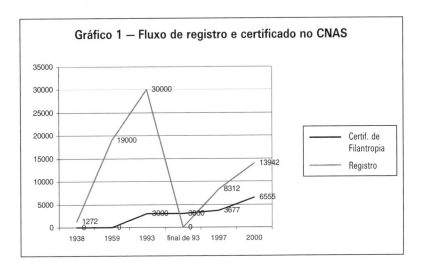

O que diminuiu radicalmente, com a imposição do recadastramento, foi o número de entidades registradas (na época da extinção do CNSS era de 30 mil), que é de 13.942 no ano 2000. Este decréscimo deu-se em decorrência do rigor quanto às prestações de contas (5 mil instituições ainda não regularizaram a situação neste sentido), da extinção das subvenções no nível federal e da dificuldade de acesso a convênios devido ao corte de verbas. Há que se observar ainda que, nos estados mais desenvolvidos (Sul e Sudeste), os números de CEFF ultrapassam os só de registro, alterando a situação anterior existente no CNSS, o que demonstra o grande interesse pelas imunidades e isenções (Ver Tabelas 1, 2 e 3, a seguir).

Se se considerar ainda que o número de entidades com certificado de utilidade pública no Ministério da Justiça é semelhante — 7.209[15] —, pode-se inferir que aquelas mais fortes, mais estruturadas e melhor informadas são as que têm se apropriado dos mecanismos mediadores ao acesso a convênios, subsídios, imunidades e isenção de várias naturezas. São as entidades com possibilidade de se aliançar com os órgãos governamentais e principalmente com os órgãos gestores (em nível da União e estados) da política de assistência social. Além disso, são as que têm acesso a agências financiadoras nacionais e internacionais.

Teria o processo de "moralização" elitizado ainda mais o acesso ao CNAS e a todas as possibilidades que ele abre?

Na realidade, o que se observa, pelos fatos relatados, é que o CNAS, apesar de todos os esforços realizados, constitui-se num *continuum* do sistema anterior de regulação entre Estado e instituições sociais. O padrão de relação público-privado na assistência social continua discricionário, burocrático e cartorial, sem nenhuma avaliação qualitativa, permitindo que uma instância pública burguesa, um

---

15. Divisão de Outorga de Títulos do Ministério da Justiça em 21/4/00.

A FILANTROPIA DEMOCRATIZADA

conjunto de instituições, num "corporativismo" pouco explícito, continuem dominando a área, numa aliança conivente com o Estado.

TABELA 1
Entidades com processos no CNAS /Entidades cadastradas

Situação das Entidades	Quantidade	Porcentagem (%)
Pré-cadastradas*	2.274	13,5
Cadastradas		
Registradas	7.387	43,9
Registradas e filantrópicas	6.555	39,0
Total das cadastradas	13.942	
Canceladas**	458	2,7
Bloqueadas***	151	0,9
Total de entidades no SICNAS	16.825	100,0

Fonte: Serviço de Cadastro — CNAS, 11/4/2000.

* Entidades com processos em trâmite ainda sem deliberação final.
** Entidades que tiveram seus registros cancelados por não terem solicitado recadastramento ou que este tenha sido indeferido.
*** Entidades com registro temporariamente bloqueado por motivos diversos.

TABELA 2
Entidades cadastradas por área de atuação

Área de Atuação	Quantidade	Porcentagem (%)
Assistência Social	5.169	37,1
Educação	2.737	19,6
Saúde	2.202	15,8
Outras	3.834	27,5
Total	13.942	100,0

Fonte: Serviço de Cadastro — CNAS, 11/4/2000.

TABELA 3
Número de entidades por unidade da federação

Unidade da Federação	Entidades Registradas	%	Entidades Registradas e Filantrópicas	%	Total de Entidades	%
Acre	14	0,19	06	0,09	20	0,14
Alagoas	175	2,37	39	0,60	214	1,50
Amapá	22	0,30	04	0,06	26	0,18
Amazonas	41	0,55	28	0,43	69	0,46
Bahia	333	4,50	182	2,78	515	3,50
Ceará	447	6,05	154	2,35	601	4,30
Distrito Federal	125	1,70	101	1,54	226	1,60
Espírito Santo	127	1,72	86	1,32	213	1,50
Goiás	220	2,98	130	2,00	350	2,50
Maranhão	415	5,62	37	0,57	452	3,24
Mato Grosso	117	1,58	62	0,95	179	1,28
Mato Grosso do Sul	101	1,36	82	1,25	183	1,30
Minas Gerais	1.326	17,86	968	14,77	2.294	16,35
Pará	169	2,29	56	0,86	225	1,60
Paraíba	126	1,71	59	0,90	185	1,31
Paraná	589	7,98	627	9,56	1.216	8,50
Pernambuco	444	6,01	99	1,56	543	3,60
Piauí	137	1,85	23	0,35	160	1,14
Rio de Janeiro	369	4,99	504	7,69	873	8,24
Rio Grande do Norte	160	2,16	47	0,72	207	1,44
Rio Grande do Sul	509	6,89	622	9,48	1.131	8,11
Rondônia	57	0,77	16	0,24	73	0,50
Roraima	07	0,10	03	0,04	10	0,07
Santa Catarina	295	3,99	326	4,96	621	3,60
São Paulo	842	11,50	2.239	34,16	3.081	22,09
Sergipe	136	1,84	41	0,63	177	1,25
Tocantins	84	1,14	14	0,21	98	0,70
Total	7.387	100,00	6.555	100,00	13.942	100,00

Fonte: Serviço de Cadastro — CNAS, 11/4/2000.

Apesar dos esforços empreendidos — de estudos, debates e da série de resoluções adotadas —, o Conselho não conseguiu alterar a relação público-privado e nem fixar critérios mais objetivos e corretos para a relação Estado-filantropia, no sentido da sua democratização e transparência, acabando por se envolver no comportamento conflituoso e incongruente do Ministério da Previdência e Assistência, que legisla pontualmente sem definir sobre o sistema de regulamentação que quer estabelecer sobre o setor privado.

O CNAS acabou, na realidade, referendando a ordem jurídica estabelecida, que é incompatível com a realização das proposições da Loas.

A representante do Conselho Federal de Serviço Social — CFESS e vice-presidente na primeira gestão analisa bem o Conselho:

> *"Minha visão deste primeiro momento é positiva, considerando as dificuldades comuns de se levar avante uma interlocução entre governo e sociedade civil e mais todas as dificuldades que se enfrentou ao longo do percurso.*
>
> *O CNAS era o primeiro e inédito mecanismo no âmbito federal onde setores organizados da sociedade civil tinham presença e podiam aprovar, vetar e opinar sobre políticas e orçamentos públicos.*
>
> *Com a elaboração da Loas, as entidades, universidades e organizações da categoria profissional alcançaram um nível bastante consistente de organização e crescimento, e a implantação do Conselho era do mais forte interesse para a continuidade da reflexão sobre a assistência social. Particularmente para a categoria de assistentes sociais, possuir um representante num conselho federal expressava um nível organizativo significativo. O ganho era também a entrada da sociedade no debate.*
>
> *Os resultados concretos já não foram tão significativos. O nosso grupo tinha uma visão de que era preciso extinguir a tarefa de emissão de certificados para romper com a visão burocrática do Conselho, ou redimensioná-la totalmente.*
>
> *O momento de início era estratégico para isto, mas primeiro esbarramos com o desconhecimento da máquina; depois, com*

os limites legais, visto que esta função estava prevista na própria Loas. No final, acabamos reiterando o caráter cartorial do CNSS, sem ter muita consciência disto.

Éramos contra esta regulação da filantropia, mas não tínhamos muita consciência sobre ela, nem uma proposta definida para alterá-la, tanto que deixamos passar esta função para o CNAS na Loas.

Havia praticamente duas visões no Conselho: uma que desprezava a filantropia e só apostava nas ONGs de defesa de direitos; outra que considerava toda ação como assistência social.

O setor dos trabalhadores, que tinha muita liderança no Conselho, achava que devia mexer no cartorial, tanto que colocou a Ana Lígia na Comissão. Mas desconhecíamos completamente o mecanismo, e foi um impacto muito grande: uma coisa é o que se pensa politicamente, outra é quando se enfrentam as regras do jogo. Então julgamos que o possível era colocar critérios sérios para qualificar as prestadoras de serviço. E aí precisava se entender o que era filantropia, para superá-la.

A solicitação que o CNAS fez ao Núcleo de Seguridade da PUC/SP mostra bem esse momento e também a realização de oficinas. Politizou-se intensamente o debate, mas não se conseguiu quase nada. O resultado é desproporcional à consciência política que se alcançou sobre filantropia e assistência social.

Não se julgava que esta questão pudesse obter a centralidade que veio a conseguir, embora, se se pensar bem, ela sempre o teve, pois o CNSS vivia só para a filantropia.

O que se tinha clareza é que a sociedade civil tinha que controlar a política e o trabalho social dos parceiros da área privada, principalmente se contassem com dinheiro público; e que este acompanhamento tinha que ser sobre o padrão de qualidade dos serviços. A idéia era criar uma nova concepção avaliativa. Mas a questão era que não tínhamos padrões...

Conseguimos acúmulo de conhecimento, avançamos na reflexão teórica, mas na prática não conseguimos criar mecanismos capazes de romper com a tradição e que trouxesse uma relação nova. Acabamos nos movendo dentro do "dado". O discurso legalista acabou vencendo. Não fomos capazes de operacionalizar nossa consciência política. Avançamos no sistema de gestão e avançamos até no enunciado da política. Mas não conseguimos levar a política à prática. Não alcançamos uma modificação das concepções da sociedade sobre a assistência social. Houve um atropelamento, uma ampliação tal da filantropia, que obscureceu a compreensão da assistência social. Talvez o caminho tivesse sido enfrentar os limites estruturais, pô-los à prova!" (Maria Carmelita Yazbek, 13/4/00)

A representante da Abong, analisando o percurso todo do CNAS, acrescenta:

"Acho que o CNAS nestas três gestões decidiu muito pouco. E o que decidiu não foi para a frente. Aprovou a Política Nacional, que é um documento muito frágil. Fez um trabalho importante de mobilização de estados e municípios, que no entanto hoje não têm respaldo no federal.

A minha análise vai em cima de uma frase que ouvi em Brasília: 'O CNAS está fora da pauta política'. Não tornamos nossa agenda pública e não somos protagonistas do que está em debate; não nos colocamos em cena. Não participamos do debate dos projetos de enfrentamento à pobreza; não nos pronunciamos sobre a criação de outros fundos para a assistência social; não fomos protagonistas no projeto das Oscips; na discussão do terceiro setor, da filantropia, entramos de forma tímida. A própria eleição para a composição da sociedade civil é tutelada pelo governo. Estamos a reboque. Administramos o 'miúdo'.

Temos que enfrentar os grandes desafios: o financiamento tem que ser discutido amplamente e não só no seu orçamento; o debate da filantropia tem que ser qualificado; a autonomia da sociedade civil tem que ser obtida, fazendo 'cair' o decreto do governo que a regulamenta.

Temos que estabelecer articulação com outros ministérios, com os conselhos setoriais, com a Frente Parlamentar de Assistência Social. Temos que fortalecer o fórum, possibilitar o acesso de organizações de usuários ao colegiado.

É imprescindível: há que se perder alguns dedos..." (Rosangela Dias de Oliveira da Paz, 07/4/00).

Porém não é só no âmbito da assistência social, que os problemas continuam os mesmos e mais agravados. É no país como um todo.

Durante toda a última década teve-se uma única agenda a direcionar o país: a estabilidade monetária.

Introduzida por Fernando Henrique Cardoso enquanto ministro da Fazenda do governo Itamar, constituiu-se no fator político básico para a sua eleição em 1994 e reeleição em 1997.

Numa conjuntura hiperinflacionária e numa sociedade desgastada pela seqüência desastrosa de inúmeros planos econômicos fracassados, a redução drástica da inflação em poucos meses forneceu a credibilidade necessária à sua candidatura.

Sob a égide da "estabilidade, crescimento e emprego, para consolidação do desenvolvimento e da melhoria social", constante no seu discurso, Fernando Henrique Cardoso se elegeu com base em uma aliança de centro-direita, composta pelo PSDB e PFL.

E na sua proposta de governo a eliminação do "imposto inflacionário" — que repôs aos cidadãos o controle do orçamento doméstico e público e lhes alimentou a esperança por melhores condições de vida — acabou sendo perseguida permanentemente e se transformando num fim em si mesma.

No entanto, após a euforia inicial, começam a aparecer as perdas nos salários congelados, o desemprego nas grandes cidades, a escassez crescente de crédito para os pequenos empresários, a deterioração progressiva dos serviços públicos, a decomposição explícita da infra-estrutura de saúde, energia, transporte, que levou décadas a ser construída.

Como eixo de uma série de medidas estimuladas pelo consenso de Washington[16] para os países periféricos, vieram ainda a exigência da redução do Estado, da privatização das

---

16. O conjunto de medidas de ajuste das economias periféricas, fechado em reunião realizada em Washington em 1989, com o aval do Fundo Monetário Internacional — FMI, Banco Interamericano de Desenvolvimento — Bird e pelo governo norte-americano, passou a ser denominado Consenso de Washington, sendo levado a mais de sessenta países identificados com as diretrizes do projeto neoliberal que se propagava então.

A FILANTROPIA DEMOCRATIZADA

empresas estatais, a limitação das políticas sociais, o saneamento da dívida pública e a desregulamentação do mercado de trabalho.

No entanto, apesar da adoção dessas medidas de ajuste estrutural, a base dessa estabilidade — os juros e o câmbio — nunca foram sólidos o suficiente para assegurar o desenvolvimento, o emprego e o bem-estar previstos.

Como diz Fiori, a estabilidade acabou prisioneira de si mesma e incompatível com o crescimento econômico. Caiu na armadilha de um plano econômico que provoca uma expansão veloz de desequilíbrios macroeconômicos, cujos fatores são os mesmos que conseguem manter a moeda estabilizada: "Esta circularidade perversa se transformou na principal pedra no caminho do governo". Para fechar suas contas, fez o Brasil recorrer mais uma vez ao endividamento externo[17], empurrando o financiamento da economia na direção do dinheiro internacional abundante e barato, que aprisionou cada vez mais a política cambial do governo (*Folha de S. Paulo*, 13/7/97).

A estabilidade ficou, assim, ao sabor dos efeitos do capitalismo global e das crises da economia internacional que se complexificaram a partir de 1995 e se sucedem de tempos em tempos.

O governo não compatibilizou a estabilidade com um plano de desenvolvimento e não avançou em termos de modernização da infra-estrutura econômica, permanecendo sem uma efetiva política agrícola e ainda mergulhado num movimento de desindustrialização, que nunca permitiu um equilíbrio na balança de pagamentos[18].

---

17. A dívida externa brasileira aumentou de 145,726 bilhões de dólares em 1993, para 228,186 bilhões de dólares em 1998 e a dívida interna, de 108,806 bilhões de reais em 1994, para 328,884 bilhões de reais em julho de 1998 (Relatório Banco Central, jan./1999).

18. Enquanto a balança comercial fechou o ano de 1993 em 13.397 milhões de dólares, em 1998 seu resultado foi negativo: menos de 438 milhões de dólares (Relatório Banco Central, jan./1999).

Vai ocorrer, assim, a redução de setores importantes, como eletroeletrônico, têxtil, o de autopeças e outros, o que leva ao fechamento de linhas de produção inteiras e de inúmeras unidades fabris; também se desnacionalizam alguns setores, devido à desigualdade de competição (Luciano Coutinho, *Folha de S. Paulo*, 13/4/97).

Então, o crescimento médio do país entre 1991 e 1998 foi de 2% ao ano, quando precisaria de pelo menos uma taxa de 6% para conter o acelerado empobrecimento do brasileiro (Idem); ou deveria ser de 9,5% ao ano, por dez anos, para eliminar a pobreza, considerando que não basta crescer, é preciso distribuir a renda (Ipea, *Folha de S. Paulo*, 13/6/99).

Como conseqüência, acelera-se o desemprego, principalmente no setor industrial, que irá atingir taxas inadmissíveis, e não só devido à incorporação de nova tecnologia como a robótica, a telemática e os novos métodos gerenciais. O índice de desemprego na população economicamente ativa (PEA) em 1993 era de 3,4%, e atinge 8% em 1997 (IBGE, jul./99).

Assim, em 1999 há 8 milhões de desempregados, sendo 1,8 milhão só na região metropolitana paulista. Um total de 3,2 milhões de trabalhadores é obrigado a ter mais de uma atividade, em virtude dos baixos ganhos. Vivem com menos de um dólar-dia 28,7% dos brasileiros, e dos 18,5 milhões de aposentados, 11 milhões ganham apenas um salário mínimo, sendo que 5,2 milhões continuam no mercado de trabalho em virtude da reduzida quantia que recebem e porque os 20% mais pobres da população utilizam apenas de 7% dos recursos das aposentadorias. Por outro lado, são 3 milhões de crianças menores de catorze anos que trabalham para ajudar no orçamento doméstico (Ipea, *Folha de S. Paulo*, 19/9/99). A média dos rendimentos dos 10% mais ricos da população é trinta vezes maior do que a dos 40% mais pobres (Márcio Pochmanm, Estudo sobre Desigualdade Regional, Unicamp/99).

Daí o país viver o aumento assustador da favelização das cidades, da violência urbana incontrolável, do aumento das

A FILANTROPIA DEMOCRATIZADA

populações vivendo nas ruas e assistir a reemergência de doenças como tuberculose, dengue, malária, febre amarela, cólera e as sexualmente transmissíveis.

Apesar de tal quadro, o pacote de medidas sociais do governo investe em 1999 apenas R$ 33 bilhões do orçamento em educação e saúde, enquanto paga R$ 69 bilhões em juros da dívida federal aos credores (*Folha de S. Paulo*, 19/9/99). Investe sistematicamente cada vez menos no social. Os projetos sociais do Programa Brasil em Ação, sua bandeira contra as críticas que se fazem ao seu governo, tiveram, por exemplo, menor execução orçamentária em 1997 que projetos de infra-estrutura econômica.

Conforme estudo do Inesc (Instituto de Estudos Socioeconômicos) patrocinado pelo Unicef e União Européia, citado por Azevedo, os gastos da União com políticas sociais caíram 31% entre 1995 e 1998, fazendo a participação desse tipo de despesa no orçamento diminuir 65% (*O Estado de S. Paulo*, 7/2/2000).

E a estagnação do Brasil continua a ser justificada pela não-aprovação, no Congresso, das reformas fiscal, da previdência e outras básicas. O país permanece à mercê da seqüência de medidas provisórias, enquanto leis complementares de importância vital para a população ficam sem nenhuma deliberação. Anda-se em "círculos viciosos" no campo das reformas políticas, e o estilo de governo se mantém no típico padrão histórico do autoritarismo e centralização.

Só a política de privatização se faz ágil. Empresas federais e estaduais com vínculos direto na produção de bens materiais e de serviços são as primeiras a serem privatizadas. Transferem-se para o setor privado empresas do setor siderúrgico, elétrico, ferroviário, portuário, de minério, petroquímico, fertilizante, de telefonia. A meta é privatizar inclusive bancos, procedendo a um completo desmonte da coisa pública. A reforma do Estado reduziu-se apenas a uma "desconstrução", sem uma clara "perspectiva gerencial", desmoralizando o funcionalismo.

Embora não seja mais predominantemente "quantitativa", a reforma continua tingida pelas cores do neoliberalismo: descentralizar a gestão, transferir atribuições para a sociedade e para o terceiro setor, reduzir o déficit público. Fala-se pouco, por exemplo, "sobre o padrão de regulação e coordenação estatal que acompanhará a reforma do Estado. (Nogueira, 1998:174).

O governo faz, assim, da sociedade civil sua "parceira" na realização de benefícios e serviços sociais, que ele reduz no âmbito estatal. Na realidade, obedece ao princípio de subsidiariedade que orientou tradicionalmente o Estado no trato do social, usando o mesmo método, com um rótulo novo.

Dessa forma, logo após assumir, o governo procedeu ao desmanche dos organismos de assistência social, realizou um imbricado reordenamento político institucional bastante distante do previsto pela Loas. Criou a Secretaria da Assistência Social — SAS, onde alocou parte das ações da antiga FLBA, remanejando a atenção à criança e ao adolescente para o Ministério da Justiça (bem como o Conselho Nacional dessa área), e a Coordenadoria Nacional para Integração da Pessoa Portadora de Deficiência — Corde ao Ministério da Saúde. Dilui, assim as ações assistenciais do Estado em vários órgãos, esvaziando a assistência social enquanto direito de cidadania.

Cria ainda, por intermédio da mesma medida provisória, o Programa Comunidade Solidária, como estratégia de articulação dos programas de enfoque social dos vários ministérios e organismos governamentais, presidido pela primeira-dama Ruth Cardoso, anexo à Presidência da República (Casa Civil). Estabelece para esse programa uma estrutura integrada por um conselho de caráter consultivo, formado por 21 personalidades da sociedade civil e uma secretaria executiva, a ser coordenada por técnica do Ipea.

O Programa pretende se direcionar ao combate à pobreza, integrando às iniciativas governamentais ações da sociedade civil, nas áreas de nutrição, serviços urbanos, desenvolvimento rural, geração de emprego e renda, defesa dos direi-

A FILANTROPIA DEMOCRATIZADA

tos e promoção social, reunindo, para tanto, catorze programas sociais do governo.

Analisado em vários fóruns, conferências e por diversos especialistas, ficou claro que tal projeto do governo veio em flagrante desrespeito ao preconizado constitucionalmente, reafirmando uma tradição de paralelismo e superposição que sempre levaram à dispersão e à desqualificação da assistência social no país.

Desconhecendo todo o movimento em favor da institucionalização da política pública de assistência social, provocou num ato autoritário o retrocesso ao primeiro-damismo, à centralização dos investimentos sociais, à fragilização de instâncias colegiadas distribuídas em vários ministérios, à diluição de competências, à hierarquização da relação público-privado, à participação consentida da sociedade civil, operando, assim, o esvaziamento da estrutura político-administrativa do próprio governo e a fragilização dos mecanismos democratizadores da gestão social. Provocando polêmica no meio social, colocou o Programa Comunidade Solidária numa situação de isolamento que persiste ainda hoje, cinco anos após sua implantação.

Além de não causar impacto nos indicadores sociais, desestabilizou a Secretaria de Assistência Social, que permanece indefinida por longo tempo, sem nenhuma legitimidade para coordenar a política pública de assistência social.

Sem recursos financeiros para dar cobertura às ações (especialmente convênios) da extinta FLBA e sem força política para implementar o sistema descentralizado e participativo previsto pela Loas, mergulha, após sua criação, num longo imobilismo, criando sérias dificuldades ao conjunto de instituições subsidiadas em programas de atenção a crianças e adolescentes, idosos e portadores de deficiência.

Finalmente, a Secretaria de Assistência Social vai reordenar a política de convênios, reformular antigos projetos e criar novos, além de desencadear o processo de descentralização, utilizando, por um período transitório, escritérios estaduais, organizados a partir do quadro técnico resultante da FLBA. Vai contar com orçamento reduzido, só ampliado pelos recursos gastos com o Benefício de Prestação Continuada — BPC, destinado a idosos e portadores de deficiência (implantado por pressão social e jurídica), que reforça em 684% o orçamento da assistência social entre 1995 e 1998.

Segundo estudo do Inesc, já citado, os gastos com programas sociais (diluídos por toda a administração federal), que giravam em torno de R$ 14,4 bilhões em 1995, caem para R$ 9,9 bilhões em 1998, introduzidos os R$ 700 milhões do benefício do BPC[19].

No final, os serviços assistenciais desencadeados pela Seas vão se reduzir aos desenvolvidos pela FLBA, contando com pouca inovação[20].

A Secretaria atua basicamente por intermédio de organizações privadas, e se se verificar a correlação entre o número

---

19. Segundo este estudo, os gastos do "Orçamento da Criança" vão oscilar de R$ 3.933.328 em 1995 para R$ 3.587.878 em 1998; os da "Assistência Social", de R$ 99.859 para R$ 782.822 e dos "Programas Comuns ao Orçamento da Criança e Assistência Social", de R$ 249.675 para R$ 329.220, nos mesmos anos (*O Estado de S. Paulo*, 7/2/2000).

20. O atendimento à criança carente de zero a seis anos, através de creches e pré-escolas, atingiu, em 1999, 1.371.859 crianças em 3.773 convênios em 3.238 municípios; de crianças de sete a catorze anos, por meio do Programa Brasil Criança Cidadã, atendeu 202.330 crianças em 1.312 convênios, aplicando R$ 29.544.839,00 e, do Projeto Cunhantã & Curumin (de combate à exploração sexual e comercial), 10 mil crianças ao custo de R$ 3 milhões. Apoio à pessoa idosa (financiamento de modalidades asilar, centro comunitário e atendimento domiciliar), com 264.909 atendidos em 2 mil convênios no valor de R$ 27 milhões; apoio à pessoa portadora de deficiência, com 120.418 atendidos em 2 mil convênios no valor de R$ 66.181.909,00. No mesmo ano, na erradicação do trabalho infantil atendeu, em 48 municípios, 145.564 crianças e adolescentes em 230 municípios, aplicando R$ 82.792.177,00. Foram desenvolvidos ainda projetos de geração de renda, programa de lavouras comunitárias e ações sociais e comunitárias visando famílias e comunidades carentes. Iniciou-se também atendimento à juventude, realizando oficinas para capacitação de orientadores sociais e implantação de centros de juventude. Com o Benefício da Prestação Continuada, atingiu 576.876 portadores de deficiência e 305.545 idosos. O valor total aplicado foi de R$ 2.120.756.447,00, sendo que para o BPC foi aplicado R$ 1.549.405.244,00 — 73% do orçamento do Fundo para 1999 (Relatório de Gestão SAS-1999).

de beneficiados e o recurso aplicado, o recurso repassado não caracteriza, absolutamente, um sistema de terceirização, e muito menos uma parceria com as instituições privadas.

A SAS, hoje Seas, com um elenco de projetos setorizados e organizados de forma centralizada para as diferentes regiões do país, acaba não só reproduzindo a tradicional prática assistencial, mas com um alcance ainda mais restrito e focalista.

Como representante da área governamental no CNAS, a Secretaria passou a integrar-se à pauta de elaboração da política de assistência social e implantação do sistema descentralizado e participativo da sua gestão, visto a sua responsabilidade constitucional.

Inicialmente, por intermédio dos escritórios descentralizados (que foram fechados em 1999), desenvolveu ação visando a implantação de conselhos e fundos e a capacitação de gestores sociais, principalmente voltada para a elaboração de planos municipais, que deveriam nortear a política local e a transferência de recursos financeiros aos fundos de assistência social pela União. Embora os municípios se empenhassem nesse sentido, os planos pouco têm sido norteadores da transferência de recursos.

No ano 2000 foi instalado o Departamento de Capacitação com dois programas: Capacitação Introdutória à Distância, para conselheiros, gestores e técnicos de assistência social, e Capacitação em Gestão Social do Ministério do Orçamento e Gestão, para inclusão de gestores multiplicadores. Pretende, assim, qualificar o processo de descentralização por meio da capacitação de secretarias municipais, estaduais e conselhos de assistência social.

A Seas considera para a gestão da assistência social que o município instale o órgão gestor, o conselho e o fundo financeiro, tendo já obtido resultado significativo neste sentido, conforme demonstra o Gráfico 2, a seguir.

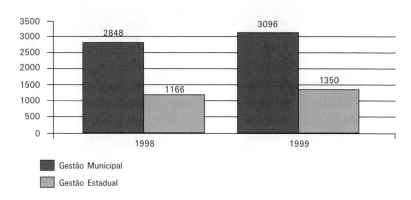

Gráfico 2 – Evolução da Gestão Municipal em 1999

Fonte: Relatório de Gestão — Seas/99.

Portanto, nestes cinco anos, a SEAS permaneceu titubeante entre a implantação de uma política de direito e a prática compensatória e emergencial de sempre. Daí a articulação difícil com o CNAS e a demora na elaboração da política de assistência social, só aprovada no final de 1998. Dessa forma, continua-se sem um projeto estratégico de enfrentamento da "questão social", com as ações assistenciais mais do que nunca diluídas em vários ministérios e organismos, sem nenhuma expressão sobre os indicadores sociais.

Apesar desse cenário na esfera governamental, o movimento em prol da implantação da Loas continua se fazendo em grande parte dos municípios brasileiros, conseguindo a instalação da estrutura de gestão prevista. Gradativamente percebe-se uma afirmação da importância política do movimento em torno dessa implementação, criando novos espaços de participação, como fóruns e conselhos, que ampliam a interlocução entre organizações e gestores sociais da nova e antiga geração.

Também as exigências impostas para a obtenção de recursos da União (Portaria SAS nº 33/97) movimentam a implantação de conselhos municipais e estaduais e de fundos financeiros. No entanto, ainda que a expressão numérica apontada pelo gráfico a seguir seja significativa, pode-se observar pelo Balanço-Síntese das Conferências Estaduais de Assistência Social, apresentado no II Congresso Nacional de Assistência Social pela assessoria do CNAS, que a "prática da assistência social não vem contribuindo para ampliar os níveis de inclusão social dos grupos socialmente mais vulneráveis". A ausência de recursos financeiros, a deficiência da estrutura organizacional da área, além de questões como a permanência de uma perspectiva fragmentadora da população-alvo, que se reproduz nos projetos, e a ausência de um conhecimento mais consistente sobre as necessidades e expectativas dos grupos demandatários da política são as dificuldades mais apontadas (Assessoria CNAS-1997).

Gráfico 3 — Evolução da Instituição dos Conselhos, Fundos e Planos de Assistência Social, 1996-99

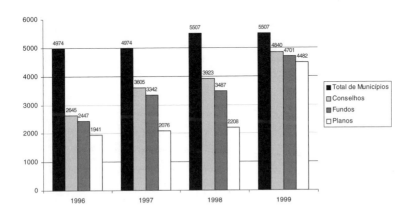

Fonte: Relatório de Gestão-SAS/99.

Fica explicitado ainda que "o avanço da gestão descentralizada não vem significando a garantia de sua efetivação", visto a tendência à "prefeiturização", com grande concentração de poder na esfera dos executivos; e também a presença do primeiro-damismo e do duplo comando exercido pelo Programa Comunidade Solidária, que acabam se configurando como "estruturas paralelas na implementação de programas sociais". A assistência social nas localidades é geralmente precária, restringindo-se as ações das entidades sociais privadas que atuam numa ação desconcertada e sem nenhuma articulação (Idem).

O "Balanço-síntese" ressalta, no entanto, o destaque dado à importância dos fóruns ampliados, como um elemento dinamizador dos próprios conselhos, que passam a ser objeto do controle social da sociedade civil organizada e a necessidade da capacitação destes conselhos para o exercício do seu papel político na descentralização da assistência social.

Com relação ao financiamento, aponta-se a dificuldade de controle, devido à não- estruturação do sistema de transferência, mesclado ainda entre a "estadualização" e a remessa direta. Na realidade, os recursos se restringem à cobertura dos convênios da antiga FLBA, com *per capitas* defasados diante dos custos reais (Idem).

O relatório denuncia, finalmente, a dificuldade na prática de incorporar a concepção de assistência social contida na Loas, pela ausência de respaldo em uma política nacional com direção clara, falta de articulação entre as três esferas governamentais, ausência de quadros técnicos qualificados, inexistência de indicadores sociais que contemplem um diagnóstico mais abrangente das expressões da questão social em nível local, escassez de recursos financeiros e materiais, além da lentidão e burocratização na implementação das ações.

Diante da omissão do Estado e sensibilizada pela extensão e gravidade da situação de pobreza e exclusão, a sociedade civil vai se manifestar ainda, objetivando executar serviços com sentido público, produzir bens sem gerar lucros, enfim, desencadear projetos e programas sociais.

Por paradoxal que pareça, enquanto se observa, na maior parte da sociedade, um processo de despolitização complexo — decorrente, em parte, das mudanças estruturais associadas à atual fase da modernidade e, em parte, do caráter ideológico do projeto de dominação que desvaloriza e esvazia as capacidades societais de organização e articulação política —, observa-se reacender, em determinados segmentos, impulsos à solidariedade e à filantropia.

Em vários níveis sociais e diferentes segmentos surgem iniciativas mobilizadoras de recursos financeiros, materiais e voluntariado. Reavivam-se desde formas meio esquecidas, como redes de solidariedade parental ou de vizinhança, instituições comunitárias, até grandes movimentos como o de Ação da Cidadania contra a Fome e a Miséria, Viva o Rio e outros, amplas campanhas e grandes fundações. Organizam-se agências financiadoras nacionais ligadas a empresas e faz-se sentir o estímulo por parte de agências internacionais.

No contágio dos movimentos em prol da cidadania, meio ambiente e minorias, no caldo das organizações não-governamentais, amplia-se também, na década de 90, o conjunto de novas instituições de assistência social, voltadas agora para a ruptura das práticas tradicionais assistencialistas.

Ainda que as entidades religiosas continuem fortes na sua atuação, empreendendo esforços para se modernizarem, para atualizar seus métodos de intervenção e os movimentos pastorais se ampliem significativamente, surgem também, neste conjunto privado, instituições completamente diferenciadas e isentas de caráter religioso.

O espaço social difuso entre o Estado e o mercado vai sendo ocupado por agrupamentos voluntários, destinados a minorar os problemas sociais (drogas, desemprego, abandono), mas sem vinculações oficiais ou burocracias, mantendo administração autônoma. No campo prático, acabam avançando no terreno abandonado pelo Estado, que não cumpre seu dever de proteção social aos cidadãos, e do não acessível espaço do mercado, que só assimila os detentores de recursos financeiros.

Com sistema de gestão influenciado pela área de administração de empresa, tentam atuar com eficácia e eficiência, preocupados com o impacto de suas ações. Embora adotem política própria de captação de recursos, geralmente disputam ainda os financiamentos estatais e as isenções e imunidades.

Suas atividades abrangem desde o atendimento tradicional a creches, programas de complementação à escola, construção e reforma de moradias, como inovam, por meio da implantação de atividades esportivas, oficinas artísticas e culturais a crianças e adolescentes, com novo padrão do atendimento. Abrem um universo novo nas atividades de emprego e renda, na capacitação e requalificação profissional, voltadas para as questões de empregabilidade e gestão autônoma do próprio negócio, exigidas pelo mundo do trabalho hoje, preparando adolescentes e jovens como público-alvo prioritário. Integram-se às demais políticas sociais, criando atividades visando a melhoria nutricional, a saúde, a preservação do meio ambiente, bem como o nível de escolaridade. A ênfase, aí também, é para as crianças, adolescentes e jovens, estendendo-se à população de rua, abandonados e drogados.

Nesse movimento de solidariedade, cresce principalmente a filantropia empresarial. Começando com o apoio a instituições da comunidade, geralmente acabam concentrando seus recursos num serviço ou projeto próprio com a marca da empresa, que lhes dê visibilidade social e cause impacto na opinião pública e consumidores. Conquistar a imagem de "empresa social", comprometida com as questões sociais, ambientais e educacionais, é a nova estratégia de *marketing*

A FILANTROPIA DEMOCRATIZADA

adotada pelo mercado. Assim, o interesse das organizações empresariais hoje é descobrir a "causa ideal a se dedicar", ou seja "a boa estratégia filantrópica", para a qual dar sua marca. Voltar-se para a solução dos problemas que a própria empresa causa na sociedade também tem sido uma escolha comum. Assim, surgem atividades novas neste meio assistencial, como reciclagem de lixo, recolha e troca de utensílios por equipamento escolar, projetos de geração de renda inovadores e outros.

Projetos culturais e esportivos têm sido a outra tônica adotada. O apadrinhamento de escolas, creches, asilos tem sido a solução de organizações que não querem assumir sozinhas, serviços e projetos. Carreiam-se, desta forma, novos recursos, não só financeiros, mas de conhecimento e tecnologia. E a inserção desses novos protagonistas vem mudando o perfil do conjunto privado de filantropia.

Como alerta Robert Kurz, a questão decisiva, no entanto, é saber se este novo setor que se impõe tem condições de ser um novo paradigma de reprodução social. Para tanto, "ele terá que ir além das simples medidas paliativas ou de urgência, destinadas somente a fazer curativos leves nas feridas abertas pela 'mão invisível' do mercado globalizado". Se continuarmos sem nenhum movimento de desenvolvimento e com o esvaziamento progressivo do Estado, com certeza tal filantropia não sobreviverá somente com as "migalhas da caridade" deixadas pela produção que visa o lucro. Será necessário que formule sua própria perspectiva de desenvolvimento para o século XXI, em vez de ser um mero sintoma passageiro da crise (*Folha de S. Paulo*, 3/2/95).

A legislação mais recente emitida pelo governo federal inverte a direção da relação público-privado estabelecida até então. Se até este momento a intenção era fornecer concessões, incentivando o setor privado a assumir os problemas sociais, agora a intenção é a restrição aos benefícios. É uma legislação especificamente voltada ao ajuste fiscal e ao Estado mínimo para o social. Só que vai tratar o acesso ao certificado de fins filantrópicos de forma isolada, fora de uma política de regulação, causando conflitos de orientações dentro do MPAS, incongruências entre as leis, abrindo margem a recursos jurídicos por parte das instituições sociais. E o CNAS vai sofrer os efeitos dessa seqüência de equívocos.

CONCLUSÃO

NOVAS PÁGINAS, VELHOS PARADIGMAS

A assistência social e a filantropia têm mantido uma relação duradoura e permanente, consagrada pelo Estado brasileiro por meio de múltiplos mecanismos reguladores.

Foi na Primeira República e mais precisamente no Estado Novo varguista que a aliança entre uma e outra foi formalizada, unindo governo e sociedade por intermédio do Conselho Nacional de Serviço Social. Antes disso, eventuais subvenções e benefícios atribuídos às entidades beneméritas eram ação direta do monarca ou do próprio presidente, sendo processados por atos formalizados a cada um dos beneficiados.

Esta relação, a partir de 1938, foi delegada ao Ministério da Educação e Saúde, sob a gestão de Gustavo Capanema, que atribuiu autoridade para exercê-la ao patrono da assistência pública, Ataulpho Nápoles de Paiva. Foi este emérito brasileiro que, desde a Exposição Universal de Paris (Congresso Internacional de Assistência Pública e Privada), na virada de 1900, defendeu a formalização da assistência pública no Brasil. O Conselho Nacional de Serviço Social criado em 1938 é, portanto, o primeiro espaço institucional introduzido no governo para gerir a assistência no interior do Estado. Essa forma conciliatória de gestão permanece na passagem para o terceiro milênio, agora sob a forma do Conselho Nacional de Assistência Social, instalado no Ministério da Previdência e Assistência Social.

A assistência tem sido entendida há cem anos como forma de ajuda àqueles sem condições de autoprovimento de suas vidas. Assim, desde as legislações imperiais foi concebida como amparo social e operada, via de regra, sob a forma de auxílios e subvenções às organizações que patrocinavam tais ações de ajuda. Esta é a dimensão da prática assistencial — ou da assistência como prática — constituída ao longo do tempo pelos mecanismos de benemerência, filantropia e caridade.

Ao se analisar historicamente a formação do aparato de assistência social brasileiro, percebe-se que ele se caracterizou e se manteve, até hoje, sob um sistema de regulação que, embora único porque exercido pelo Estado, foi pactuado com os interesses da Igreja e das classes dominantes mantenedoras das organizações sociais sem fins lucrativos.

Por séculos regulada pela Igreja, a assistência com a intervenção do Estado no período republicano não sofreu alterações no seu caráter tutelar; pelo contrário, teve os mesmos princípios doutrinários confirmados pelo Estado, que a utilizou para se legitimar política e ideologicamente.

A Igreja católica, que tradicionalmente dominou o setor da filantropia por intermédio das suas congregações religiosas, apoiada pelas novas teses trazidas pelas encíclicas papais, investiu nessa aliança nos momentos estratégicos de crise, de forma a expandir sua doutrina e seu poder. Com sua "força disciplinadora", colaborou também para o abrandamento das pressões populares, disputando subliminarmente com o Estado o controle social e ideológico sobre a sociedade.

Destaca-se que a República não trouxe alterações ao entendimento da prática de assistência pública. A assistência, a benemerência e o amparo praticados por múltiplas organizações doutrinárias em quase sua totalidade, ingressaram no campo da assistência pública por intermédio da subvenção estatal. Portanto, o acesso ao fundo público por meio de subvenções é que possibilitou que a assistência privada e religiosa se tornasse pública.

O eventual caráter laico advirá do julgamento do mérito dos conselheiros que administram o valor da subvenção e, com isto, graduam o interesse público nas atividades desenvolvidas pelas organizações beneméritas.

Cria-se, assim, um convívio dual — ao mesmo tempo privado e público — da assistência, mantida por relações de subsidiariedade, presidida por princípios cristãos da caridade e estimulada a introduzir determinadas respostas sociais por meio do co-patrocínio do fundo público das ações de entidades beneficentes.

Para a proteção social "dos fora do sistema formal de trabalho", espaço onde sempre esteve a maior parte dos trabalhadores, o Estado brasileiro lançou mão do estratégico princípio da subsidiariedade. Ou seja, a ação estatal se fez "supletiva" às iniciativas privadas, instalando uma política de reconhecimento e reforço às instituições sociais já existentes, referendando uma atenção só emergencial e transitória, em detrimento de uma política de assistência social pública garantidora de direitos de cidadania.

É impossível para o pensamento liberal um reconhecimento da proteção social desatrelado do direito ao trabalho. Este foi sempre o eixo divisor e agregador, que fez com que a matriz do pensamento sobre a assistência social fosse vista como amparo, benemerência.

A persistência do componente liberal enquanto individualizador das responsabilidades é, portanto, determinante da precária concepção e organização da assistência social como política pública no Brasil. Referendada, de um lado, pelo pressuposto moral da filantropia e, de outro, pelo parâmetro "trabalho", preside na assistência social o caráter residual e fragmentado de ação produzida por um *mix* de organizações sem fins lucrativos que não configuram a responsabilidade pública. Esta relação dual seguiu por todo o século XX mediada pelo princípio da subsidiariedade, que libera o Estado da responsabilidade social e pública.

Assim, o conceito de amparo, ajuda e benemerência é que direcionou a natureza da assistência social no interior do Estado brasileiro. Conseqüentemente, seu aparato institucional, mesmo se propondo firmar e legitimar em um saber técnico apoiado precisamente no Serviço Social, não conseguiu se isentar dessas marcas ideológicas.

Estado e burguesia, com a justificativa da manutenção da ordem e da segurança, optaram por monitorar tensões e conflitos entre capital e trabalho, sempre refazendo e fortalecendo suas alianças e utilizando de mecanismos de cooptação, concessão, favores, tutelas, envolvendo segmentos, grupos, lideranças e intelectuais representativos. Por vezes, parcelas das próprias classes subalternas tiveram que se curvar a esta relação para ampliar suas atenções.

Com a visibilidade subordinada à condição de trabalhador, o brasileiro que não alçou o mercado formal, ficou mais invisível ainda, quando o apoio à sua sobrevivência permaneceu diluído em ações de benemerência de organizações sociais.

A subvenção, mecanismo inaugural e permanente de relação do Estado com a filantropia, torna-se, sob esta compreensão, um mecanismo de diluição, e não de afirmação de direitos, já que impede a identidade do cidadão pelo Estado. O reconhecimento do cidadão é transferido para a organização sem fins lucrativos. É ela que deve se apresentar perante o Estado para ser reconhecida, registrada e receber o caráter de utilidade pública. Sendo útil, é certificada como de fins filantrópicos e aí pode receber a "ajuda" do Estado em forma de subsídios via convênios, subvenções ou concessão de benefícios, como imunidades, isenções e dedutibilidade de doações.

Por quase trinta anos foi a subvenção social atribuída pelo Estado o único e forte mecanismo a alimentar a assistência desenvolvida pelo setor privado. Assim por quase duas décadas será este o eixo da ação do CNSS: o arbitramento dessas subvenções. A marca de atuação séria e criteriosa do CNSS se firmará nesse período, quando, por meio deste mecanismo, o Conselho procurará conhecer a realidade do que é feito na área, legislar tendo em vista seu aperfeiçoamento, amalgamando a responsabilidade estatal e privada. Também a LBA, primeiro órgão de proteção social de serviços assistenciais, promoveu inicialmente suas ações por intermédio de instituições, utilizando a atribuição de subvenções para implementar o trabalho voluntário, influenciar a adoção de novas técnicas e procedimentos, introduzindo concepções e metodologias do serviço social. Por meio deste sistema indutivo ganhou credibilidade e firmou sua centralidade na área de assistência social.

Só em 1951 o CNSS ganhou poder de registro geral das instituições sociais. Foi com Juscelino Kubitschek (em 1957-58) que foram regulamentadas duas outras grandes possibilidades de apoio ao setor privado: a dedutibilidade de doações a instituições sociais na tributação do imposto de renda e a isenção da contribuição à Previdência Social. Foram introduzidas com acesso delimitado aos que dispunham de certificado de fins filantrópicos.

Tudo indica que, diante da pressão social acirrada sobre o Estado nesse período, a subvenção social não foi mais suficiente para manter o setor privado responsabilizado pela assistência. Este setor, visto como paliativo até que o "desenvolvimentismo" encaminhasse a "questão social", teve que ser reforçado com novos incentivos. Desde então, foram abertas seqüentemente, pelo período da democracia populista, novas alternativas de incentivos às organizações de benemerência.

Tais estratégias seletivas, meritocráticas, permitiram ao Estado operar a "questão social" quer com a polícia, quer com a política pelo princípio da subsidiariedade, transferindo a responsabilidade social para o setor de filantropia.

Esta regulação com a constante presença da sociedade civil foi se ampliando dentro da mesma natureza e padrão, sem sofrer alterações significativas, sendo sempre demarcada pelo predomínio dos interesses burgueses. Nunca o trabalhador ou o usuário ocupou qualquer espaço nessa regulação.

Os conflitos sociais no país não chegaram a se radicalizar a ponto de os próprios usuários romperem com a dependência e conseguirem formas democráticas de participação e controle no interior do Estado. A experiência inicial do Conselho da Previdência, gestado pelo trabalhador, foi dissolvido com o golpe militar de 1964 e não mais recriado.

O Estado, ao pretender atuar sobre a "questão social", atacou sempre seus efeitos de forma paliativa, operando por meio de práticas integrativas e de ajustamento, restritivas ao protagonismo das classes populares e impeditivas de mudanças sociais expressivas. A intermediação do setor filantrópico sempre dificultou esse protagonismo.

A interlocução com o Estado no campo da assistência social foi exercida efetivamente pelo universo de entidades sociais, que pouco trânsito de participação e reconhecimento possibilitaram ao público demandatário das suas atenções.

Assim, não houve rupturas que pudessem fazer fluir um novo modelo de assistência social com padrão de política pública. As mudanças que se operaram foram sempre sobre os expressivos elementos do passado, que, assimilados e tornados funcionais, alcançaram grande força de reprodução, conseguindo impregnar a qualidade da mudança de caráter recessivo. Assim, às subvenções sociais o Estado acrescentou imunidades e possibilidade de doações, depois eliminação de taxas e várias isenções de tributos, numa seqüência crescente de apoios que impedissem a interrupção do atendimento pela sociedade civil. O Quadro 6.1, a seguir, demonstra bem o processo evolutivo de criação desses mecanismos. Por outro lado, as frações da sociedade civil envolvidas mantiveram o setor hegemonizado por interesses conservadores e religiosos próprios.

Dessa forma, processou-se o desenvolvimento nacionalista de Vargas, que compatibilizou as oligarquias tradicio-

CONCLUSÃO

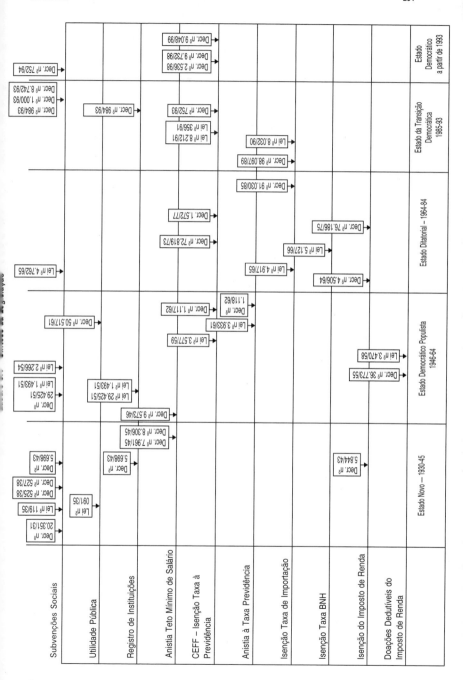

nais agrárias com os novos setores industriais emergentes, pactuados na colaboração ao governo, na resposta à "questão social", bem como o desenvolvimento autoritário de 1964, que assimilou tecnocratas e a tradicional família brasileira na contenção das esquerdas no Brasil.

O modo de regulação do setor privado ao longo dos anos vai caracterizando as preferências do Estado, o que permite adjetivar a filantropia nos períodos analisados. Assim, a *filantropia disciplinadora* dos anos 30 trouxe a marca do enquadramento físico, moral e social do pobre (adulto ou criança e adolescente, homem ou mulher), visando eliminar sua "vadiagem", tornando-o um trabalhador produtivo e disciplinado, harmonizado com os interesses patronais, ampliando, assim, o exército de mão-de-obra adequado às possibilidades de trabalho que se abria. Ela substitui a *filantropia higiênica*, denominação dada por Adorno e Castro (1985) à forma anterior, que enclausurava loucos, leprosos, doentes e transgressores.

Essa característica evolui naturalmente para a *filantropia pedagógica profissionalizante* (partilhada sob o âmbito educacional), quando se efetiva uma sociedade urbano-industrial, e surgem as exigências de capacitação profissional de trabalhadores empobrecidos, e principalmente de jovens e adolescentes para a formação de um contingente preparado para as necessidades industriais.

É ainda o Estado de direito que mobiliza o empresariado, atribuindo-lhe a manutenção de macrorganismos para esse atendimento mais específico, que no campo educacional é feito por meio do Sesi, Senai, Sesc e Senac.

As múltiplas associações educativas e assistenciais atestam este período até hoje.

Sob a ditadura militar cabe uma inflexão. Aí não é mais a sociedade civil, que, por meio do CNSS, arbitra a filantropia. A decisão deste órgão é submetida aos parlamentares, pois são eles que dispõem das verbas. Agora, a relação entre Executivo e Legislativo trará o apadrinhamento da indicação po-

CONCLUSÃO

lítica para a decisão. Instala-se nova e perversa forma à assistência pública, que é a *filantropia de clientela*, a *filantropia do favor*.

O Estado, por sua vez, acrescerá à LBA um novo aparato para a gestão da assistência, formado com a Funabem e a Febem, que farão o elo entre assistência, filantropia e repressão. Cresce, assim, o aparato do Estado assistencial da ditadura sob a égide da coerção, enquadramento em instituições totais. Moldam-se reformatórios da ordem como espaços de ação assistencial.

A transição democrática não afeta o caráter clientelar da relação com as organizações de benemerência que irão permanecer sob a custódia de parlamentares até os escândalos do orçamento da União.

A assistência social ganha — no governo do "tudo pelo social" — um novo espaço. Transforma-se inicialmente em Secretaria do Ministério da Previdência e Assistência Social. Convive, porém, na dualidade entre uma LBA atuante e uma secretaria nacional esvaída de competências. Surge então a perspectiva de um Ministério da Ação Social, posteriormente consolidado por Collor, que protagoniza com a LBA os escândalos patrimonialistas, os desvios de verba para Canapi, entre outros apadrinhamentos.

A filantropia e a assistência se identificam então, perversamente, com a prática de corrupção e do favorecimento patrimonial.

Na última década do milênio, com a inserção constitucional da assistência social como política pública efetivadora de direitos sociais, tem-se seu embate com a filantropia tradicional e o impasse da reformulação da relação Estado-organizações sem fins lucrativos, constituindo-se o que poderíamos chamar de *filantropia democratizada*.

Esta mudança legal e organizacional vai reproduzir o passado no presente, que se pretende democrático, público e garantidor de direitos, delineando conflitos que, embora significativos, são encobertos sob o manto da solidariedade.

Agregando outras formas, pela implantação de macro-organismos, ampliando sempre benefícios, isentando de taxas e de tributos, vão sendo compostos modelos aparentemente novos porque maquiados, mas reprodutores da velha relação.

O novo não exclui o velho. Assim, o convênio que vai se estabelecer como forma mais avançada de parceria, por intermédio de instrumento jurídico, que compromete ambas as partes conveniadas num projeto em cooperação, não extingue a subvenção, que se constitui num simples repasse de recurso de manutenção da instituição, sem nenhum controle, nem incorpora as imunidades e isenções que continuam paralelamente.

Os modelos de regulação da filantropia se modificaram mais pelo grau com que a parcela de contribuição do Estado se estendeu ou não, ou seja, pelo volume de recurso orçamentário que destinou, bem como pelas alternativas de captação e repasse que propiciou ao setor privado, do que pela natureza da atenção prestada pelos serviços sociais ao beneficiados.

Assim a filantropia foi tratada diferentemente pela vertente populista, depois pelo economicismo para justificar a "febre equipamentista", como estratégia de acumulação para o capital, mas sempre sem alterar o seu modelo básico.

O velho foi sendo travestido e recolocado como nova solução. E segundo a mesma lógica, atualmente, por causa da reforma do Estado, que vai se eximir mais radicalmente das suas responsabilidades sociais, numa atitude dual e num processo ambíguo está se reproduzindo a velha lógica da benemerência numa nova solidariedade fundada na retórica do resgate da cidadania.

Nesta virada de século o modelo nacional de gestão da assistência social mantém-se dual, só que agora, em duplo sentido. Primeiro porque não se desvincula, mesmo entrando em um novo milênio, do convívio paralelo entre a gestão de subsidiariedade do governante e a gestão da primeira-dama.

Tensionada entre ser, ou não, de responsabilidade pública, a assistência social permanece sob as asas do resquício patrimonial da família do governante, atualizando o conceito de Raimundo Faoro, do Estado brasileiro patrimonialista. Embora a Loas determine o comando único da assistência social no âmbito da administração direta, esta já é ilegalmente desterritorializada pelo próprio governo federal em um novo espaço que dilui a responsabilidade pública federal na ação do voluntariado, isto é, da informalidade negadora de direitos. É o estímulo à forma paralela de gestão, dita solidarista, que provoca o embaçamento da responsabilidade estatal.

A segunda dualidade na gestão da assistência social se ancora na invisibilidade da responsabilidade pública e se dá pela relação genética, ou talvez arquetípica, entre a assistência social e as organizações da sociedade civil. São elas as ferramentas amparadas pelo Estado para capilarizar a atenção social sem que se configure como responsabilidade pública.

O comportamento gerencial em processar alterações organizacionais pelo governo federal no aparato institucional destinado à assistência social, como foi a extinção da LBA, é plenamente distinto quando relacionado às organizações sem fins lucrativos. Aqui o governo brasileiro tem preferido o conservadorismo e o continuísmo. A capilaridade da extinta LBA, que marcava a presença do Estado — quase às porteiras das áreas rurais, como as falecidas Lojas Pernambucanas — representou um projeto de assistência social pública truncado, enquanto poderia explicitar a direta responsabilidade pública.

Em nome do combate à corrupção e à incompetência, foi "a criança junto com a água do banho". A flexibilização da ação pelo conjunto capilar de organizações dilui a responsabilidade estatal.

Forjar mecanismos de registros mais ou menos rigorosos e atribuir certificados não muda a paternidade das organizações sem fins lucrativos e sua marca com objetivos estatutários que — mesmo significativos — nascem no âmbito privado e não asseguram direitos sociais instituídos pela Constituição federal.

A ausência de regulações que vinculem o produto da ação das organizações ao investimento governamental mostra que o caráter diluidor da ação é o modelo pretendido e não o causador, da distorção a ser banida ou superada.

Por outro lado, numa cruzada filantrópica remodelada, com nova racionalidade de atenções sociais e novos espaços institucionais, o desafio colocado para a sociedade agora é o de que ela deixe de agir só pelo habitual senso de autodefesa — hoje posto em relação à violência, à droga, à delinqüência — e propicie efetivamente um processo de emancipação social; que supere a estigmatização dos sem trabalho e a preocupação da acumulação do capital, para influir no processo de eqüidade social.

Tais desafios não se colocam fáceis, ao se considerar que este setor filantrópico renovado constitui-se ainda no campo da personalização e, muitas vezes, da cultura tecnocrática, impenetráveis à população beneficiária, que dificilmente terá protagonismo nas suas propostas, e, conseqüentemente, ao exercício da cidadania.

E mais, como este setor privado terá sempre um perfil complementar, de apenas reforço em algumas áreas de prestação de serviços, para que suas ações tenham alcance ele deveria estar articulado a uma política pública efetivadora de direitos.

Esta nova dimensão exigiria consolidar como esfera pública não-estatal a ação das organizações. Os moldes de concessão, com a figura pública do contrato de serviços sem fins lucrativos, caberiam não à subvenção como ocultamento de ingresso no fundo público, e sim à prestação de serviços terceirizados sob a responsabilidade pública, a transparência, o controle social e a perspectiva de direito.

Sem o Estado não há ordem ou política que se sustente. É ele quem tem que assumir as vulnerabilidades sociais. Como

CONCLUSÃO

diz Oliveira, o Estado ainda tem grandes potencialidades para funcionar no sentido de desfazer as iniqüidades e desigualdades geradas pelo mercado. O Estado é ainda "o trânsito para a plena assunção da cidadania por setores sociais, justamente vulneráveis. A maior urgência é que ele reassuma suas funções neste campo. E a sua reestruturação financeira, de sua capacidade de investimento no campo social é condição para tanto" (Oliveira, 1995:18).

Não se trata, pois, de transferir a responsabilidade para a sociedade civil. Trata-se de implementar uma reforma do Estado que o coloque em primazia na condução das políticas públicas, incluindo aí a assistência social. Desta forma, se lhe está atribuindo caráter público e, nele, o estatal, o que exige, como diz Sposati, dois movimentos iniciais: a análise da laicização da gestão da assistência social e a clareza de que ela passou a ser constitucionalmente uma política social pública:

> "A menção à laicização supõe clara noção da concepção do que é o dever do Estado na garantia de padrões de dignidade social a todos os brasileiros. Política social pública significa que o campo da assistência social se processa, ainda hoje, num amálgama entre o estatal e o privado, criando uma dificuldade quando se pretende estabelecer o caráter público da assistência social, distinto do privado" (Sposati, 1994b: 74).

Trata-se de implementar uma reforma de Estado que inclua a sociedade e suas organizações por meio de novas formas de parceria, de um sistema de regulação democrática e transparente. Uma parceria que seja de outra natureza, firmada em novas bases de compromisso ético e sob um novo referencial normativo, que valorize estas organizações e reforce a sua credibilidade. Submetidas a uma regulação burocrática e de favorecimento, também elas, na relação com o Estado, foram colocadas em situação de descrédito, subserviência e favor. Recuperar o estatuto de organizações-cidadãs está, portanto, exigindo um novo modelo de regulação.

A filantropia tem sido a categoria pela qual o Estado enquadra as iniciativas da sociedade que considera de utilidade pública. Cabe ao Estado tornar claro o que é utilidade pública sob a ótica do direito. Isto significa construir essa relação permanente e duradoura em outro patamar.

Todavia, o Estado nacional, em vez de fazê-lo, confunde filantropia com solidariedade. O caráter humanista, ainda que necessário, não substitui os direitos. Pode até constituir uma atenuante do dever do Estado. O novo sentido de solidariedade deve ser fundado no reconhecimento da dignidade do ser humano.

"Não há naturalidade em si entre associar filantropia e favor. Seu entendimento como solidariedade com a dignidade do ser humano permite a construção de uma relação no campo dos direitos sociais e a universalidade da proteção social da seguridade social. Isto exige, porém, libertar a filantropia do campo de um dever moral e alçá-la à condição de manifestação de solidariedade, o que supõe a luta pelos valores de igualdade e eqüidade na sociedade" (Sposati, 1994b: 90).

A manutenção da regulação tradicional entre o Estado e as organizações de benemerência e filantropia pelo CNAS alimenta o assistencialismo e o clientelismo no acesso discricionário, individual, aos recursos públicos e ao sistema de renúncia fiscal. Esta regulação quase nada coletiva constitui-se na própria negação da assistência social como política pública afiançadora de direitos.

A transferência do acervo do CNSS ao CNAS sem qualquer análise crítica permitiu o prolongamento do passado na nova situação, impondo-se ao presente, condicionando-o.

Como conselho de natureza deliberativa, o CNAS representa uma grande inovação democrática nos níveis de decisão da política de assistência social. Como conselho paritário, constitui uma ampla possibilidade de penetração da sociedade civil na esfera estatal, instalando o controle social e ampliando a perspectiva de sua publicização. E como órgão implementador da política nacional de assistência social ele possui um potencial transformador, constituindo-se em um dos mecanismos com possibilidade de ruptura das deformações históricas acumuladas nessa área da construção do novo, que é a política pública de assistência social nunca experienciada no país.

Portanto, enquanto espaço de criação do novo, o conselho traz em si a contradição, o conflito, a correlação de forças, a polarização de interesses divergentes que precisam ser enfrentados com ousadia e corajosas estratégias. Defronta-se assim, com uma dificuldade inerente à sua própria natureza histórica.

Constituído ainda por representação de um Estado que vem explicitamente se retraindo das suas funções sociais, colocando-se avesso à responsabilização do sistema de proteção social, com uma classe dirigente desregulamentadora de direitos e garantias, o CNAS tem que enfrentar uma conjuntura adversa e caminhar na contramão das tendências sociopolíticas, que *a priori*, lhe impõem o embate e o confronto.

A própria representação da sociedade civil não será homogênea, à medida que inclui de segmentos progressistas a parcelas de culturas personalistas e conservadoras, demandando grande esforço para a obtenção de consensos e construção de hegemonia.

Pela sua própria estrutura e natureza e pela situação conjuntural, o conselho é um espaço ambíguo e complexo, que, para poder alicerçar um projeto razoável de futuro, tem que abrir grandes fendas nas velhas estruturas, rompendo com os limites históricos que até então bloquearam a autodeterminação, o diálogo democrático, a crítica e a criatividade.

No entanto, herdando e mantendo a função do antigo CNSS, ele terá em si a negação materializada do que objetiva como proposta. Convertido em instrumento de conciliação com o passado, enxertado de patrimonialismo, terá maiores dificuldades de propiciar à assistência social, o salto de natureza e qualidade que uma política pública demanda.

Por um lado, o corporativismo das organizações sociais, ao conseguir se prolongar por meio do processo de mudança, se fortalece e se reorganiza. Por outro, o cartorial e o burocrático que permanecem apresentam rapidamente exigências de modernização, tendo que ganhar nova estrutura e organização. O próprio sistema eleitoral para o colegiado da sociedade civil, sendo monitorado pelo governo, apresenta incongruências que levam as áreas de educação e saúde a terem assento no conselho, bem como à manutenção de conselheiro originário do CNSS, com mais de quinze anos de permanência, numa ação ainda tradicional e lobista. Estas questões são vitais para a superação do velho e têm que ser enfrentadas.

A burocracia é extremamente favorável à reprodução da própria burocracia, à multiplicação de suas partes, que se tornam ao mesmo tempo pólo de resistência à mudança. É assim perigosa porque possui natureza dupla — modernizante e paralisante. Atualiza-se, porém para integrar tudo em estruturas reducionistas, racionalizadoras e absorventes. Tende a construir formas de mudanças regressivas. Ganha eficiência, mas para uma estrutura de relações arcaicas e viciadas com grandes mantenedoras e um conjunto de entidades sociais antigas e poderosas, que fogem ao sistema de controle do próprio CNAS, confundindo as fronteiras entre o público e o privado, mantendo acordos *ad hoc*, negociações "caso a caso", obstaculizando a construção de uma nova forma de regulação estatal-privado.

Por intermédio da prática burocrática competente que se reforça e se amplia, o CNAS, de órgão essencialmente político e fiscalizador, se transforma em uma organização, isto é, em uma "entidade administrada", cujo sucesso e eficácia se medem pelas estratégias de desempenho e não pela natureza da ação desenvolvida. Como diz Chaui,

> *"transformar uma instituição social (ou um organismo político) em uma organização administrada, significa despojá-la de especificidade interna e externa ou retirar-lhe a identidade de*

CONCLUSÃO

seu modo de isenção social e funcionamento, suas referências históricas, os objetivos que deu a si mesma, as normas e valores que orientam sua ação interna e externa. O esvaziamento institucional e o preenchimento organizacional significam a passagem de uma dimensão da vida social à condição instrumental, ou seja, a um conjunto de ações tidas como meios particulares — atitude que, como se sabe, define a técnica" (1999b: 119-20).

Sintetizando, em termos sociológicos é uma luta que se dá entre uma corrente tecnocrática e outra humanista; em termos políticos, o embate se traduz na oposição entre eficácia e utopia (Idem: 118).

Desta forma, em virtude das dificuldades encontradas e tendo que se firmar e legitimar pela incorporação de um setor executivo, ao organizá-lo, tornando-o ágil e competente, o CNAS envolveu-se na trama do burocratismo que sempre caracterizou as ações da assistência social, reiterando a lógica institucional prevalente. Fortaleceu um sistema corporativo de relações que se organizou cada vez mais, pressionando o Executivo e o Legislativo na manutenção dos antigos acordos *ad hoc*, que fogem ao controle do CNAS. E agora corre o risco de descaracterizar-se completamente, com a participação da educação e da saúde na composição da sociedade civil (pelo recente processo eleitoral), que conquistaram tal espaço para lutas particulares, como contra os critérios de gratuidade trazidos pelos últimos decretos.

A dificuldade conceitual que ainda persiste sobre a assistência social e conseqüentemente, sobre a terminologia e a nomenclatura dela decorrente, principalmente no que tange à caracterização das instituições sociais, tem, assim, grande peso nos desvios e equívocos que levam as outras áreas ao CNAS.

O Conselho — atualmente com gestão democrática e democratizadora — tem que adequar o processo eleitoral da representação da sociedade civil aos seus novos princípios e objetivos. Enquanto o CNSS teve conselheiros com perma-

302   O ESTADO ENTRE A FILANTROPIA E A ASSISTÊNCIA SOCIAL

nência de dezessete a vinte anos e presidentes com média de continuidade entre nove e dezoito anos (tendo só praticamente quatro presidentes em 55 anos), o CNAS tem que exercer continuamente a renovação, permitindo inclusive a representação de segmentos tradicionalmente excluídos, como o de organizações populares e de usuários. (Ver Quadro 6.2).

QUADRO 6.2
Relação de Presidentes — CNSS e CNAS

Presidentes do CNSS	Períodos de Mandato	Duração
Ataulpho Nápoles de Paiva	agosto/1938 a maio/1955	17 anos
Abelardo Marinho	junho/1955 a outubro/1964	9 anos
Nuno dos Santos Neves	outubro/1964 a julho/1967	2 anos
Hélio Pereira Viégas	julho/1967 a março/1975	8 anos
Adherbal Antonio de Oliveira	março/1975 a julho/1993	18 anos
Edmar da Costa Barros	julho/1993 a janeiro/1994	6 meses
Aspásia B. A. de Camargo	fevereiro/1994 a junho/1994	4 meses
Marlova Jovchelovitch	interina — maio-junho/1994 junho 1994 a junho/1996	2 meses 2 anos
Celecino de Carvalho	junho 1996 a junho/1997	1 ano
Virgílio Leite Uchôa	interino — junho-julho/1997	1 mês
Gilson Assis Dayrell	julho/1997 a julho/1999	2 anos
Marco Aurélio Santullo	julho/1999 a julho/2000	1 ano

Com tantas questões em pauta, o enfrentamento de conflitos, ainda que intrínseco à natureza do Conselho, fica muito mais dificultado atualmente do que em ocasiões-chave, como por ocasião da extinção do CNSS, do escândalo das subvenções sociais, da transição entre os governos Itamar Franco e Fernando Henrique Cardoso, quando as reivindicações estavam fragilizadas e as instâncias envolvidas (parlamento, instituições sociais) estavam em recuo.

Pode-se dizer, portanto, que o CNAS — tendo possibilitado significativa unidade das forças sociais que o integraram e bom nível de articulação com conselhos estaduais e municipais — tem conseguido implementar um modelo de gestão para a assistência social, democrático e participativo, alimentando a construção de uma esfera pública de negociação e controle para a área. No entanto, tem encontrado, juntamente com os conselhos das demais instâncias, dificuldades de fazer alterar, nos órgãos executores, o conteúdo e a natureza da assistência social que se tem proposto no país.

Na realidade, e como constatação complementar, o CNAS não conseguiu na Proposta de Política Nacional negociada com o Executivo garantir a implantação de nenhum direito a mais que o Benefício de Prestação Continuada-BPC, que adotado de forma reducionista, com um corte rigoroso de idade e renda e, ainda, com exigências como a "de comprovação de carências", submete idosos e portadores de deficiência a um processo que estigmatiza e constrange, discriminando-lhes o direito à cidadania.

Também não conseguiu estabelecer patamares de cobertura de riscos, padrões para as atenções sociais, os mínimos sociais propostos pela Loas, objetivando qualificar a assistência social realizada e contribuir com um nível societário de civilidade.

Assim, a Loas continua distante de sua efetivação, sem consolidar direitos permanentes para o conjunto da sociedade. O disposto constitucional não foi incorporado na dinâmica dos organismos responsáveis, que não conseguiram lhes dar forma e concretude, seja na área estatal ou privada — o que parece ficar a cada dia mais distante.

Colocaram-se tais questões em debate, acumularam-se conhecimento, análises, articulações, mas não se garantiu, de fato, o proposto em lei. Parece que não só o Judiciário, mas a própria sociedade pouco se preocupa em consolidar plenos direitos aos cidadãos e principalmente os sociais. Aqui "o formal precede o real e a igualdade formal não encontra contrapartida na igualdade real" (Sposati, 1997:11).

Algumas medidas básicas têm que ser consideradas ao se pensar na direção de uma política nacional.

É urgente a desvinculação das áreas de saúde e educação do arbítrio do CNAS, sob pena de descaracterizar a identidade não só do CNAS, mas também da assistência social. É importante também, a desvinculação do sistema de titularidade (utilidade pública, certificado de entidades de fins filantrópicos, registro), como acesso a subsídios estatais e a privilégios fiscais. Estes deveriam ser instrumentos de uma política, e não do mérito individual da organização.

Da mesma forma, é preciso enfrentar a ausência da representação de segmentos populares na composição da sociedade civil no CNAS, seja no âmbito de organizações prestadoras de serviço, seja no de usuários, com nova composição. Como instância democratizadora, faz-se necessário a adoção de mecanismos incentivadores desta participação, por mais complexa que seja.

O mecanismo jurídico de celebração de convênio precisa ser recuperado, e para ter credibilidade é fundamental que se torne compatível com as regras do processo licitatório e direcionado às finalidades da política de seguridade social.

O Fundo Financeiro da Assistência Social demanda uma regulamentação que impeça desvios pelas subvenções, emendas parlamentares distorcidas, utilização de "verbas especiais" etc. Ainda no ano 2000 viram-se denunciados pela imprensa os desmandos de subvenções a entidades-fantasmas em Pernambuco e o escândalo das emendas parlamentares ao orçamento no Congresso Nacional, favorecendo regiões eleitorais e instituições de familiares de deputados e senadores.

Para se consolidar sob a égide da cidadania, o sistema de relação das organizações privadas com o Estado tem que se assegurar de que o acesso ao fundo público seja comprometido com as políticas sociais, o que, para tanto, supõe a eliminação da categoria filantropia como mediação.

A convalidação da categoria filantrópica como forma de criar uma tipologia específica entre as instituições sem fins lucrativos — que lhes permite acesso a subsídios, subvenções ou imunidades — constitui-se num mecanismo de utilização do fundo público por uma via segregada, sem que se tenha controle sobre o montante e a natureza de tal dispêndio.

Possivelmente o recurso que corre paralelamente, neste território obscuro, seja tão ou mais representativo que os próprios orçamentos que passam pelos Fundos de Assistência Social.

Portanto, a ampliação de exigências na emissão de certificados pouco resultou em termos de mudanças na forma como o Estado regula este setor privado. Apenas ampliou a burocracia e o corporativismo e diluiu ainda mais os vínculos com as políticas públicas, construindo um *apartheid* institucional que fragiliza o caráter público da atenção social, fortalecendo a prática do assistencialismo e favorecimento.

Da mesma forma, o CNAS, dependendo da composição da sociedade civil que o assuma, corre o risco ainda de vir a ser apenas um órgão cartorial como o CNSS, que também foi criado com amplos objetivos de desenvolver estudos e pesquisas visando a organização do serviço social no país, bem como integrar organismos estatais e privados. Enquanto manteve conselheiros gabaritados, comprometidos, realmente representativos da sociedade civil, constituiu-se num organismo reconhecidamente sério, ainda que lidando com os limites de conhecimento sobre a assistência social e as restrições políticas da época. Com a participação ampliada de agentes estatais, foi absorvido rapidamente pela burocracia e cartorialismo, sendo por fim, espaço de clientelismo, fisiologismo e até de corrupção.

A rejeição e o preconceito direcionados à assistência social, a partir do antagonismo que se estabeleceu com a criação do Serviço Social, impediu que os profissionais e as universidades se apropriassem do CNSS ou sequer se articulassem com ele no sentido de tentar redimensioná-lo e instrumentalizá-lo para construir um novo tipo de regulação com a filantropia. A atitude doutrinária e idealista com que se instalou o Serviço Social no Brasil levou ao distanciamento e ao "desconhecimento" desse organismo, terminando por facilitar que ele fosse dominado pela burocracia e pelos interesses políticos dos parlamentares.

Esse antagonismo foi reforçado e perpetuado historicamente e impediu — aos técnicos profissionais, organizações e universidades — o acúmulo de conhecimentos e o domínio crítico dessa relação entre o Estado e as organizações sem fins lucrativos. Outra postura teria permitido que a composição inicial da sociedade civil no CNAS, principalmente os trabalhadores da área, estivesse mais bem instrumentalizada e com proposições mais efetivas para enfrentamento dessa questão. E mais, impediu que se tivesse uma avaliação da força do setor de filantropia e visão sobre o que ele representava no reequacionamento da assistência social. Conseqüentemente, considera-se que essa relação foi subestimada na estratégia de efetivação da política de assistência social pública.

Tal questão tem, portanto, que ser retomada sem preconceitos e resistências e integrar a agenda de conferências, reuniões ampliadas, fóruns e encontros em todo sistema descentralizado e participativo da assistência social. Deve ainda ser analisada como questão intrínseca à política de assistência social, não como área paralela e estranha a ela, ou reduzida apenas ao seu aspecto legal.

A relação público-privado é a base de assentamento da política pública hoje, quando surgem novas forças sociais, que refazem seus referenciais e assumem novas posturas e novas proposições no campo social, não podendo, portanto, ser vista apenas sob ângulos parciais. Não será por normatizações burocráticas que se afiançarão direitos e cidadania à população demandatária dos serviços de assistência social.

A resposta meramente jurídica é incapaz de reformar o Estado ou refazê-lo. É necessário um novo tipo de Estado e uma nova organização social para esta socialização:

CONCLUSÃO

"A questão democrática torna-se, neste contexto, o eixo de uma estratégia transformadora, pois a sua efetividade só pode se dar, desconstituindo o Estado e o direito atuais, que são incapazes de abrigar, resolver e mediar as demandas mais elementares de uma cidadania que é, ou excluída e jogada no mundo informal (e da filantropia), ou integrada e submetida à lógica dos interesses monopolistas" (Genro, Folha de S. Paulo, 9/6/96).

Não há, portanto, como reformar ou aperfeiçoar o sistema de regulação na área da assistência social sem que se reforce a dependência, a elitização e a discriminação. É preciso reinventar novas formas de relações entre o Estado e a sociedade, novas figuras jurídicas, que apontem para autonomia e inclusão nessa relação.

É fundamental também a enunciação de um novo espaço público, e este não se restringe apenas aos espaços específicos de negociação, que são os conselhos paritários. Deve-se construir um sistema de relação muito mais abrangente, que abra o Estado para organizações sociais realmente implementadoras de direitos sociais, particularmente as que são auto-organizadas pelos próprios excluídos, admitindo, como coloca Tarso Genro, "a tensão política como método decisório, que dissolva o autoritarismo do Estado tradicional sob pressão da sociedade organizada" (*Folha de S. Paulo*, 9/6/96). Deve-se ainda construir um espaço público para decisões de alcance imediato ou estratégico, que rompa as fronteiras burocráticas que separam o Estado do cidadão comum e possa consolidar uma efetiva política pública de assistência social, para assim produzir resultados concretos na qualidade de vida dos excluídos.

O Estado brasileiro, nos diversos períodos estudados, reproduziu para as organizações sem fins lucrativos, ainda que em menor escala, o papel protecionista que dedicou ao investimento privado. Se na economia sua ação foi amortecedora dos riscos do investimento privado, no social procedeu do mesmo modo, protegendo as organizações privadas sem fins lucrativos por meio de subvenções, isenções, concessões, entre outros benefícios. A política da concessão pautada no mérito, caso a caso, reitera, assim, o pacto com a burguesia.

Desta forma, tanto pela economia que encara o operário como força de trabalho, como pelo social que o considera na sua condição humana de vida, o trabalhador não ascende ao patamar de cidadão e não é incluído em tal pacto. A relação com o grupo econômico ou com o social é que preside a decisão, e não seu efeito para a população.

O Estado brasileiro favorece de forma mais intensa a reprodução do capital, e não as condições sociais de sobrevivência e qualidade de vida das classes trabalhadoras. Essa regulação trunca a consagração de direitos sociais e faz das reformas adotadas processos predominantemente regressivos para a universalização da cidadania. Transmuta em proteção das organizações sem fins lucrativos o que deveria ser a proteção social às vulnerabilidades do cidadão.

RELAÇÃO DE SIGLAS

Abong — Associação Brasileira de Organizações Não Governamentais
Anas — Associação Nacional dos Assistentes Sociais
Anasselba — Associação Nacional dos Servidores da Legião Brasileira de Assistência
ANG — Associação Nacional de Gerontologia
Apae — Associação dos Pais e Amigos dos Excepcionais
CBIA — Centro Brasileiro para a Infância e Adolescência
CFESS — Conselho Federal de Serviço Social
CLT — Consolidação das Leis do Trabalho
CNAS — Conselho Nacional de Assistência Social
CNBB — Conferência Nacional dos Bispos do Brasil
CNS — Conselho Nacional de Saúde
CNSS — Conselho Nacional de Serviço Social
Conanda — Conselho Nacional da Criança e do Adolescente
Cress — Conselho Regional de Serviço Social
CUT — Central Única dos Trabalhadores
ECA — Estatuto da Criança e do Adolescente
Fase — Federação dos Órgãos para Assistência Social e Educacional
Febiex — Federação Brasileira das Instituições de Excepcionais
FLBA — Fundação Legião Brasileira de Assistência
FNAS — Fundo Nacional de Assistência Social
Ibase — Instituto Brasileiro de Análises Sociais
IBGE — Instituto Brasileiro de Geografia e Estatística
Inesc — Instituto Nacional de Estudos Socioeconômicos
Ipea — Instituto de Pesquisa Econômica Aplicada
LBA — Legião Brasileira de Assistência
Loas — Lei Orgânica da Assistência Social
MNMMR — Movimento Nacional de Meninos e Meninas de Rua
MPAS — Ministério da Previdência e Assistência Social
Neppos/UnB — Núcleo de Estudos e Pesquisas em Políticas Sociais da Universidade de Brasília

Onedef — Organização Nacional de Deficientes Físicos
ONG — Organização Não Governamental
OG — Organização Governamental
PCS — Programa Comunidade Solidária
PFL — Partido da Frente Liberal
PMDB — Partido do Movimento Democrático Brasileiro
PNAS — Política Nacional de Assistência Social
PNUD — Programa das Nações Unidas para o Desenvolvimento
Prodea — Programa de Distribuição Emergencial de Alimentos
PSDB — Partido da Social Democracia Brasileira
PT — Partido dos Trabalhadores
PUC-SP — Pontifícia Universidade Católica de São Paulo
SAS — Secretaria de Assistência Social
Seas — Secretaria de Estado de Assistência Social
Seplan-PR — Secretaria de Planejamento da Presidência da República
SUS — Sistema Único de Saúde

BIBLIOGRAFIA

Livros e Artigos

ADORNO, Sérgio F. S. e CASTRO, Myrian M. P. "A pobreza colonizada". *Serviço Social & Sociedade*. São Paulo, Cortez, ano VI, n° 17, abr.1985.

ALBUQUERQUE, J. A. Guilhon de. *Instituição e poder: a análise concreta das relações de poder nas instituições*. Rio de Janeiro, Graal, 1980.

_____. "ONGs, uma paixão". *Folha de S. Paulo*, 19.4.1995, p. 3, c. 1.

ANTONACCI, Maria Antonieta M. *A vitória da razão. O Idort e a sociedade paulista*. São Paulo, Marco Zero, MCT/CNPq, 1993.

ARENDT, Hannah. *Origens do totalitarismo*. São Paulo, Companhia das Letras, 1990.

_____. *A condição humana*. Rio de Janeiro, Forense, 1991.

ÁVILA, Fernando B. *Pequena enciclopédia de doutrina social da Igreja*. São Paulo, Loyola, 1991.

AZEVEDO, Eliane. "Estudo mostra que gastos com social caíram 31%". *O Estado de S. Paulo*, p. A7, 7/2/2000.

BALERA, Wagner. *A seguridade social na Constituição de 1988*. São Paulo, Rev. dos Tribunais, 1989.

BATISTA, Alfredo. Reforma do Estado: uma prática histórica de controle social. *Serviço Social & Sociedade*, n° 61, São Paulo, Cortez, 1999.

BARBOSA, Rui. *A questão social e política no Brasil*. São Paulo/Rio de Janeiro, LTR/Fundação Casa de Rui Barbosa, 1988.

BOBBIO, Norberto. *A era dos direitos*. Rio de Janeiro, Campus, 1992.

BORGES, Vavy P. *Getúlio Vargas e a oligarquia paulista*. São Paulo, Brasiliense, 1979.

_____. *Tenentismo e revolução brasileira*. São Paulo, Brasiliense, 1992.

BORGES, Wanda R. *A profissionalização feminina: uma experiência no ensino público*. São Paulo, Loyola, 1980.

BRESSER Pereira, Luiz Carlos. "As organizações sociais". *Folha de S. Paulo*, 22.5.1995.

BRESSER Pereira, Luiz Carlos. *Crise econômica e reforma do Estado no Brasil — para uma nova interpretação da América Latina*. São Paulo, Editora 34, 1996.

BRUNHOF, Suzane. "Crise capitalista e o Estado em crise". *In:* POULANTZAS, Nicos. *Estado em crise*. Rio de Janeiro, Graal, 1977.

CARVALHO, Maria do Carmo B. "Assistência: uma política pública convocada e moldada para constituir-se em 'governo paralelo da pobreza'". *Serviço Social & Sociedade*. São Paulo, Cortez, n° 46, 1994.

_____. "A seguridade na travessia do estado assistencial brasileiro". *In:* SPOSATI, Aldaiza; FALCÃO, Maria do Carmo & FLEURY, Sônia. *Os direitos sociais (dos desassistidos) sociais*. São Paulo, Cortez, 1989.

_____. "A política da assistência social no Brasil: dilemas na conquista de sua legitimidade." *Serviço Social & Sociedade*. São Paulo, Cortez, n. 62, 2000.

CARVALHO, Raúl de. "Modernos agentes da justiça e da caridade: notas sobre as origens do Serviço Social no Brasil". *Serviço Social & Sociedade*. São Paulo, Cortez, n. 2, 1980.

CASTEL, Robert. *Les metamorphoses de la question sociale — une chronique du salariat*. Paris, Fayart, 1995.

CASTRO, Alba Tereza Barroso. "Espaço público e cidadania: uma introdução ao pensamento de Hannah Arendt". *Serviço Social & Sociedade*. São Paulo, Cortez, n. 59, 1990.

CERQUEIRA FILHO, Gisálio. *A questão social no Brasil: crítica do discurso político*. Rio de Janeiro, Civilização Brasileira, 1982.

CHAUI, Marilena. "Ensaio: Ética e violência". *Teoria & Debate*. São Paulo, Fundação Perseu Abramo, ano 11, n. 39, out.-dez./1998.

_____. *Cultura e democracia*. São Paulo, Cortez, 1999a.

_____. "Reforma do ensino superior e autonomia universitária". *Serviço Social & Sociedade*. São Paulo, Cortez, n. 61, nov. 1999b.

COELHO, Simone de C. T. *Terceiro setor: um estudo comparado entre Brasil e Estados Unidos*. São Paulo, Usp, 1998. Tese de Doutorado.

COHN, Amélia *et alii*. "Desafios atuais para a Assistência Social: a busca de alternativas". *Serviço Social & Sociedade*. São Paulo, Cortez, n. 23, 1987.

CONTI, Mario Sérgio. *Notícias do Planalto: a imprensa e Fernando Collor*. São Paulo, Companhia das Letras, 1999.

CORREIA, Fernando da S. *Origens e formação das Misericórdias Portuguesas*. Lisboa, Livras Horizonte, 1999.

COSTA, Sueli G. "Assistência social como política social". *In: Políticas sociais no Brasil*. Brasília, Sesi-Diaz, 1993.

COUTINHO, Luciano. "Desindustrialização e desnacionalização — Lições contemporâneas". *Folha de S. Paulo*, 13/4/1997.

COVRE, Maria de Lourdes M. *A fala dos homens: análise do pensamento tecnocrático*. São Paulo, Brasiliense, 1983.

BIBLIOGRAFIA

CUSTÓDIO, Helta B. *Associações e fundações de utilidade pública*. São Paulo, Rev. dos Tribunais, 1979.

DECCA, Maria Auxiliadora G. *A vida fora das fábricas: cotidiano operário em São Paulo, 1920-1934*. Rio de Janeiro, Paz e Terra, 1987.

DRAÏBE, Sonia. *Rumos e metamorfoses: um estudo sobre a constituição do Estado e as alternativas da industrialização no Brasil, 1930-1960*. Rio de Janeiro, Paz e Terra,1985.

_____. *et alii. Notas (desanimadas) sobre a política social na Nova República*. São Paulo, Anpocs, 1986. Mimeo.

_____. *et alii*. A especificidade do *Welfare State* brasileiro. *In:* "Projeto: a política social em tempo de crise; articulação institucional e descentralização reflexões sobre a natureza do bem-estar". *Economia e Desenvolvimento*. Brasília, nº 3, 1989.

_____. "As políticas sociais e neoliberalismo. Dossiê Liberalismo/Neoliberalismo". *Revista USP*. São Paulo, Coordenadoria de Comissão Social, CCS, nº 17, 1993.

ESPING-ANDERSEN, Gosta. "As três economias políticas do Welfare State". *Lua Nova*. São Paulo, Marco Zero/Cedec, nº 24, set. 1991.

EWALD, François. *L'Etat Providence*. Paris, Grasset, 1986.

FALCÃO, Maria do Carmo B. de Carvalho. "A seguridade na travessia do Estado assistencial brasileiro". *In:* SPOSATI, Aldaiza; FALCÃO, Maria do Carmo & FLEURY, Sônia. *Os direitos sociais (dos desassistidos) sociais*. São Paulo, Cortez, 1989.

FALCONER, Andres Pablo. *A promessa do terceiro setor*. São Paulo, Centro de Estudos em Administração/USP, 1999. Mimeo.

FALEIROS, Vicente de Paula. *A política social do Estado capitalista: as funções da previdência e da assistência social*. São Paulo, Cortez, 1985.

_____. *O que é política social*. São Paulo, Brasiliense, 1986.

_____. "A questão da assistência social". *Serviço Social & Sociedade*. São Paulo, Cortez, nº 30, 1989.

_____. *O trabalho da política: saúde e segurança dos trabalhadores*. São Paulo, Cortez, 1992.

_____. "Qual é o social de Fernando Henrique Cardoso?". *Serviço Social & Sociedade*. São Paulo, Cortez, nº 47, 1995.

_____. "Serviço Social: questões presentes para o futuro". *Serviço Social & Sociedade*. São Paulo, Cortez, nº 50, 1996.

FALEIROS, Vicente de Paula. *Relatório final de consultoria ao CNAS sobre regulamentação dos artigos 3º e 9º da Loas*. Brasília, CNAS, 9.5.1997. Mimeo.

_____. "Desafios do Serviço Social na era da globalização". *Serviço Social & Sociedade*. São Paulo, Cortez, nº 61, 1999.

FAUSTO, Boris. *Trabalho urbano e conflito social, 1890-1920*. São Paulo, Difel, 1983.

FERNANDES, Antonio José. *Social-democracia e doutrina social da Igreja: incompatíveis ou convergentes?* Lisboa, Publicações Dom Quixote, 1979.

FERNANDES, Florestan. *A revolução burguesa no Brasil: ensaio de interpretação sociológica.* Rio de Janeiro, Zahar, 1976.

_____. *A sociologia numa era de revolução social.* Rio de Janeiro, Zahar, 1976.

FERNANDES, Rubem César. *Privado porém público.* Rio de Janeiro, Relume Dumará, 1994a.

_____. "A vez da sociedade". *Revista Democracia*, nov./dez., 1994b.

FERREIRA, Ivanete B. "A relação Estado-mercado no processo de constituição da assistência social durante o governo Collor". *Serviço Social & Sociedade.* São Paulo, Cortez, n. 43, 1993.

_____. *Do dever moral de ajuda ao dever legal de assistência.* Brasília, 1998a. Mimeo.

_____. "Condição (não) salarial, seguridade social e exclusão". *In: A seguridade social na Constituição de 1988 — entre o seguro e a assistência.* Paris, EHESS, 1998b. Tese de doutorado.

_____. *O complexo previdenciário-assistencial brasileiro: fatores de inclusão e exclusão social.* Brasília, 1998. Mimeo.

FIORI, José Luís. "In memoriam". *Folha de S. Paulo*, Caderno Mais!, p. 5.10, 13/7/1997.

FLEURY, Sônia T. Assistência na previdência social: uma política marginal". *In:* SPOSATI, Aldaiza de O. & FALCÃO, Maria do Carmo. *Os direitos (dos desassistidos) sociais.* São Paulo, Cortez, 1989.

GENRO, Tarso. *Utopia possível.* Porto Alegre, Artes e Ofícios, 1995.

_____. "A esquerda e um novo Estado". *Folha de S. Paulo.* 7.1.1996, p. 1.3.

_____. "O novo espaço público". *Folha de S. Paulo*, Caderno "Mais!", 9.6.1996, p. 5.3.

_____. "Vanguarda de uma nova cidadania". *Folha de S. Paulo*, Caderno "Mais!", 24.8.1997, p. 9.5.

_____. "Uma nova cultura de solidariedade". *Folha de S. Paulo*, Caderno "Mais!", 12.11.1997, p. 3.5.

_____. "A esquerda e o desafio para 1998". *Folha de S. Paulo*, 23.12.1997.

GIDDENS, Anthony. *Para uma terceira via: a renovação da social democracia.* Lisboa, Presença, 1999.

GODINHO, Fernando. "Parlamentares doam dinheiro da União". *Folha de S. Paulo*, 11.4.2000, p.11.1.

GOHN, Maria da Glória. "O novo associativismo e o terceiro setor". *Serviço Social & Sociedade.* São Paulo, Cortez, n. 58, 1998.

GOMES, Angela Maria de Castro. "A construção do homem novo: o trabalho do brasileiro". *In:* OLIVEIRA, Lúcia L. *Estado Novo, ideologia e poder.* Rio de Janeiro, Zahar, 1982.

_____. *Burguesia e trabalho — Política e legislação social no Brasil — 1917/1937.* Rio de Janeiro, Campus, 1979.

BIBLIOGRAFIA

GOMES, Ana Lígia. "A nova regulação da filantropia e o marco legal do terceiro setor". *Serviço Social & Sociedade*. São Paulo, Cortez, nº 61, 1999.

GRAJEW, Oded. "ONGs, um passo adiante". *Folha de S. Paulo*, Tendências e Debates, 14.6.1998, p. 3.1.

HABERMAS, Jürgen. *Problemas de legitimación del capitalismo tardio*. Buenos Aires, Amorrortu, 1975.

HOBSBAWN, Eric. *A era dos extremos: o breve século XX*. São Paulo, Companhia das Letras, 1995.

_____. "Entrevista". *O Estado de S. Paulo*, Caderno Especial de Domingo, 24.8.1997.

IAMAMOTO, Marilda & CARVALHO, Raul de. *Relações sociais e Serviço Social no Brasil: esboço de uma interpretação histórica-metodológica*. São Paulo, Cortez/Celats, 1985.

IANNI, Octavio. *O colapso do populismo no Brasil*. Rio de Janeiro, Civilização Brasileira, 1968.

_____. *Estado e capitalismo. Estrutura social e industrialização no Brasil*. Rio de Janeiro, Civilização Brasileira, 1965.

ISUANI, Ernesto S. V., FANFANI, Rubem M. Lo S. & TEUTI, Emilio. *El Estado Benefactor: un paradigma en crisis*. Buenos Aires, Miño e D'Avila Editores, 1991.

KOWARICK, Lúcio. *Exploração do trabalho e espoliação urbana: lutas sociais em São Paulo*. São Paulo, Cedec, 1984.

_____. "Processo de desenvolvimento do Estado na América Latina e políticas sociais". *Serviço Social & Sociedade*. São Paulo, Cortez, 1985.

_____. *Trabalho e vadiagem: a origem do trabalho livre no Brasil*. Rio de Janeiro, Paz e Terra, 1994.

KURZ, Robert. *O colapso da modernização*. Rio de Janeiro, Paz e Terra, 1993.

_____. "Para além do Estado e mercado". *Folha de S. Paulo*, Caderno "Mais!", 3.12.1995, p.14.5.

LANDIM, Leilah. *Para além do mercado e do Estado filantropia e cidadania no Brasil*. Rio de Janeiro, Iser, 1993.

_____. *Mulheres e setor sem fins lucrativos no Brasil: caridade, assistência e militância*. Rio de Janeiro, Iser, 1995.

LENHARO, Alcir. *Sacralização da política*. Campinas, Papirus/Unicamp, 1986.

LEITE, Celso Barroso. *Filantropia e contribuição social*. Brasília, MPAS/ Cepal, 1997. Mimeo.

LOWRIE, Samuel H. A assistência filantrópica na cidade de São Paulo. *Revista do Arquivo Municipal*, São Paulo, 1986.

MARTINELLI, Maria Lúcia. *Serviço Social: identidade e alienação*. São Paulo, Cortez, 1989.

MARTINS, Carlos Estevam. "Da globalização da economia à falência da democracia". *In:* SAS/MPAS/Fundap. *Discutindo a assistência social no Brasil*. São Paulo, Fundap, 1997.

MESTRINER, Maria Luiza. *Assistência social e seguridade social: oposições e aproximações.* São Paulo, PUC. 1992. Dissertação de Mestrado.

MOISÉS, José Álvaro. *Classes populares e protestos urbanos.* São Paulo, FFLCH/USP, 1978. Tese de Doutorado.

_____. *et alii.* Dilemas na consolidação democrática no Brasil. *Lua Nova.* São Paulo, Marco Zero/Cedec, n. 16, 1989.

MONTAÑO, Carlos. "Das lógicas do Estado às lógicas da sociedade civil: Estado e terceiro setor em questão". *Serviço Social & Sociedade.* São Paulo, Cortez, n. 59, 1999.

MONTEIRO, Alcina. *Reforma da Seguridade Social: um percurso de continuidades e descontinuidades.* Porto, 1998. Mimeo.

_____. "Estado e sociedade na composição do sector da solidariedade em Portugal: uma política de privatização da provisão assistencial em tempos de globalização". São Paulo, 1999. Projeto de Tese apresentado à PUC/SP.

NASCIMENTO, Elimar P. *Hipóteses sobre a nova exclusão social: dos excluídos necessários aos excluídos desnecessários.* XVIII Encontro Anual da Anpocs, Caxambu-MG, nov. 1994. Mimeo.

NEDER, Ricardo T. "Sociedade civil e terceiro setor". *Folha de S. Paulo,* 4.10.1992.

NOGUEIRA, Marco Aurélio. "Para uma governabilidade democrática progressiva". *Lua Nova,* São Paulo, Cedec, n. 36, 1994.

_____. *As possibilidades da política: idéias para a reforma democrática do Estado.* Rio de Janeiro, Paz e Terra, 1998.

OFFE, Claus. *Capitalismo desorganizado.* São Paulo, Brasiliense, 1989.

OLIVEIRA, Anna C. *Terceiro setor: uma agenda para reforma do marco legal.* Série Marco Legal: Terceiro Setor, Rio de Janeiro, Comunidade Solidária, 1997.

OLIVEIRA, Francisco de. "Além da transição, aquém da imaginação". *Novos Estudos Cebrap,* n. 12, São Paulo, 1985.

_____. "O surgimento do antivalor: capital, força de trabalho e fundo público". *Novos Estudos Cebrap,* n. 22, São Paulo, 1988.

_____. Quanto melhor, melhor: o acordo das montadoras. *Novos Estudos Cebrap,* n. 36. São Paulo, jul. 1993.

_____. *A questão do Estado: vulnerabilidade social e carência de direitos.* Cadernos Abong, São Paulo, out. 1995.

_____. Palestra (sem título) proferida no Instituto Florestan Fernandes em São Paulo, 23/10/99. Mimeo.

OLIVEIRA, Lúcia Lippi (org.). *Estado Novo, ideologia e poder.* Rio de Janeiro, Zahar, 1982.

OLIVEIRA, Maria N. *Dilemas na consolidação democrática da política de assistência social.* São Paulo, PUC-SP, 1992. Dissertação de Mestrado.

OLIVEIRA NETO, Waldemar. "As Ongs e o fundo público". *Serviço Social & Sociedade.* São Paulo, Cortez, n. 37, dez. 1991.

OSBORNE, David. *Reinventando o governo.* Brasília, Comunicações, 1994.

BIBLIOGRAFIA 317

OTTONI VIEIRA, Balbina. *História do Serviço Social: contribuição para a construção de sua teoria*. Rio de Janeiro, Agir, 1978.

_____. *Serviço Social: precursores e pioneiros*. Rio de Janeiro, Agir, 1984.

_____. "Quem é quem no Serviço Social". Revista *Debates Sociais*. Rio de Janeiro, CNCISS, n. 39/40, 1985/85.

PEREIRA, Potyara A. & PAIVA, Leda Del C. "A política social e a questão da pobreza no Brasil". *Serviço Social & Sociedade*. São Paulo, Cortez, n. 5, 1986.

_____. "O Estado de Bem-Estar e as controvérsias da igualdade". *Serviço Social & Sociedade*. São Paulo, Cortez, n. 20, 1986.

_____. *A assistência social na perspectiva dos direitos: crítica aos padrões dominantes de proteção aos pobres no Brasil*. Brasília, Thesaurus, 1996.

_____. *A questão do conceitual da assistência social capitalista*. s/d. Mimeo.

PINHEIRO, Maria Isolina. *Serviço Social: documento histórico*. São Paulo, Cortez, 1939.

_____. *Serviço Social, uma interpretação do pioneirismo no Rio de Janeiro*. Rio de Janeiro, Edições UERJ, 1985.

PIRES, Júlio M. *A política social no período populista*. São Paulo, IPE/USP, 1995.

PONTES, Lúcia *et alii*. "As Ong's e as políticas públicas na construção do Estado democrático". *Serviço Social & Sociedade*. São Paulo, Cortez, n. 50, ano VII, abr. 1996.

RAICHELIS, Raquel. *Legitimidade popular e poder público*. São Paulo, Cortez, 1988.

RAICHELIS, Raquel. *Esfera pública e conselhos de assistência social: caminhos da construção democrática*. São Paulo, Cortez, 1998.

ROSANVALLON, Pierre. *A crise do Estado Providência*. Lisboa, Editorial Inquérito, 1984.

SÁ, Xico. "Ongs vivem fenômeno 'chapa branca'". *Folha de S. Paulo*, 9.6.1996, p.10.1.

SANTOS, Boaventura de S. "Subjetividade, cidadania e emancipação". In: *Pela mão de Alice*. Porto, Afrontamento, 1994.

_____. *A reinvenção solidária e participativa do Estado*. Seminário Internacional "Sociedade e a Reforma do Estado". São Paulo, Mare, 1998a. Mimeo.

_____. *Reinventar a democracia*. Lisboa, Gradita Publicações, 1998b.

_____. "Os fascismos sociais". *Folha de S. Paulo*, Tendências e Debates, 6.9.1998c.

_____. *A crítica da razão indolente: contra o desperdício da experiência*. São Paulo, Cortez, 2000.

SINGER, Paul & BRANT, Vinicius. *O povo em movimento*. Petrópolis, Vozes, 1988.

SPOSATI, Aldaíza de O. *Vida urbana e gestão da pobreza*. São Paulo, Cortez, 1988.

SPOSATI, Aldaíza de O. (coord.). *Carta tema: A assistência social no Brasil, 1983-1990*. São Paulo, Cortez, 1991.

_____. "Serviço Social em tempo de democracia". *Serviço Social & Sociedade*. São Paulo, Cortez, ano XIII, ago. 1992.

_____. *A ética nas relações entre ONGs, estado e sociedade*. São Paulo, 1994a. Mimeo.

_____. *Cidadania ou filantropia: um dilema para o CNAS*. Relatório de Pesquisa elaborado pelo Núcleo de Seguridade e Assistência Social da PUC/SP, São Paulo, ago. 1994b. Mimeo.

_____. "Assistência e assistencialismo X assistência social. *In:* VÁRIOS AUTORES. *Caderno CNAS/Abong*, coletânea de textos básicos para a I Conferência Nacional de Assistência Social. São Paulo, CNAS/Abong, 1995a.

_____. "Cidadania e comunidade solidária". *Serviço Social & Sociedade*. São Paulo, Cortez, n. 48, ago. 1995b.

_____. "Mínimos sociais e seguridade social: uma revolução da consciência da cidadania". *Serviço Social & Sociedade*. São Paulo, Cortez, n. 55, nov. 1997.

_____. BONETTI, Dilséia; YAZBEK, Maria Carmelita & FALCÃO, Maria do Carmo. *Assistência na trajetória das políticas sociais brasileiras: uma questão em análise*. São Paulo, Cortez, 1985.

SPOSATI, Aldaíza de O. & FALCÃO, Maria do Carmo. *LBA: identidade e efetividade das ações no enfrentamento da pobreza brasileira*. São Paulo, Educ, 1989.

_____., FALCÃO, Maria do Carmo & FLEURY, Sônia M. T. "A assistência social e a trivialização dos padrões de reprodução social". *In: Os direitos (dos desassistidos) sociais*. São Paulo, Cortez, 1989.

_____. & FALCÃO, Maria do Carmo. *A assistência social brasileira: descentralização e municipalização*. São Paulo, Educ, 1990.

_____. & LOBO, Elza. "Controle social e políticas de saúde". *Cadernos de Saúde Pública*. Rio de Janeiro, n. 8, out./dez./1992.

TELLES, Vera da S. & PAOLI, Maria Célia. *Direitos sociais: conflitos e negociações no Brasil contemporâneo*. São Paulo, 1995. Mimeo.

_____. "Sociedade civil e os caminhos (incertos) da cidadania". *São Paulo em Perspectiva*. São Paulo, Fundação Seade, v. 8, n. 2, abr.-jun. 1994b.

_____. Pobreza e cidadania: duas categorias antinômicas. *In:* "Mínimos sociais, ações afirmativas de enfrentamento à exclusão social". *Caderno do Núcleo de Seguridade e Assistência Social da PUC-SP*, n. 4, 1994c.

_____. "Sociedade civil, direitos e espaços públicos". *Pólis*, São Paulo, n. 14, 1994a.

VAZQUES, Adolfo S. *Filosofia da praxis*. 3. ed. Rio de Janeiro, Paz e Terra, 1986.

VESENTINI, Carlos Alberto. *A teia do fato*. São Paulo, Hucitec/USP, 1997.

BIBLIOGRAFIA

319

VIANNA, Luiz W. *Liberalismo e sindicato no Brasil*. Rio de Janeiro, Paz e Terra, 1978.

VIEIRA, Liszt B. "O papel transformador do direito no Estado democrático". In: Unicef/Instituto Caboverdiano. *Política social para a infância e adolescência*. Cabo Verde, Praia, 1995.

VIEIRA, Evaldo A. *Autoritarismo e corporativismo no Brasil*. São Paulo, Cortez, 1981.

_____. *Estado e miséria social no Brasil: de Getúlio a Geisel*. São Paulo, Cortez, 1983.

_____. *A República brasileira, 1964-1984*. 3. ed. São Paulo, Moderna, 1985.

_____. "As políticas sociais e os direitos sociais no Brasil: avanços e retrocessos". *Serviço Social & Sociedade*. São Paulo, Cortez, n. 53, mar. 1997.

_____. "O Estado e a sociedade civil perante o ECA e a Loas". *Serviço Social & Sociedade*. São Paulo, Cortez, n. 56, ano XIX, mar. 1998.

WANDERLEY, Mariangela B. "Refletindo sobre a noção de exclusão". *Serviço Social & Sociedade*. São Paulo, Cortez, n. 55, nov. 1997.

YAZBEK, Maria Carmelita. *Classes subalternas e assistência social*. São Paulo, Cortez, 1993.

_____. "A política social brasileira nos anos 90: a refilantropização da questão social". *Cadernos Abong* (As Ong's e a realidade brasileira). São Paulo, n. 11, out. 1995.

_____. "Globalização, precarização das relações de trabalho e seguridade social". *Serviço Social & Sociedade*. São Paulo, Cortez, nº 56, mar./ 1998.

Documentos

· *Boletim da LBA*, Rio de Janeiro, 1945, n. 424.

· BRASIL. *Constituição da República Federativa do Brasil*, 1988.

· BRASIL — Presidência da República. *Plano Diretor da Reforma do Aparelho do Estado*. Brasília, novembro de 1995.

· CBCISS. Documento final do seminário "Alternativas da política assistencial brasileira", Bonclima, Petrópolis, RJ, CBCISS, n. 90, 1974.

· CBIA. "Entre o público e o privado". *Cadernos CBIA*, Rio de Janeiro, 1991.

· CFESS — Conselho Federal de Serviço "Social. Serviço Social a Caminho do séc. XXI". *Serviço Social & Sociedade*, São Paulo, Cortez, n. 50, 1996.

· CNAS. *Anais da I Conferência Nacional de Assistência Social*. Brasília, UnB/Cespe, 1995.

· CNAS. Documento "Balanço síntese das conferências estaduais da assistência social". Brasília, 1997.

- CNAS. *Documento de avaliação da proposta preliminar da política nacional de assistência social*. Brasília, MPAS/CNAS, 1996. Mimeo.
- CNAS/Abong. "I Conferência Nacional de Assistência Social". *Cadernos*. São Paulo, Brasília, CNAS/Abong, 1995.
- Documento "Parceria e transparência — pauta de compromissos para uma nova República das relações entre o Estado e as entidades privadas sem fins lucrativos no Brasil", Rio de Janeiro, 20.12.94 — assinado por dezenove entidades.
- FÓRUM DE ASSISTÊNCIA SOCIAL DA CIDADE DE SÃO PAULO. "Assistência social entre o desmanche e reafirmação". *Serviço Social & Sociedade*. São Paulo, Cortez, n. 47, 1995.
- FÓRUM NACIONAL DE AÇÃO DA CIDADANIA. "Carta de Vitória, Espírito Santo". *Serviço Social & Sociedade*. São Paulo, Cortez, n. 48, 1995.
- *Guia dos documentos históricos na cidade de São Paulo, 1554/1954*. São Paulo, Editora Neps — Hucitec, 1998.
- I SEMINÁRIO NACIONAL DA ASSELBA. "As políticas sociais na Nova República — Transformações da assistência social no país". *Serviço Social & Sociedade*. São Paulo, Cortez, nº 22, 1986.
- LBA. Documento "LBA — Contratos e convênios — Diretoria Nacional", Brasília, 1980.
- MPAS. "I Conferência Nacional de Assistência Social". *Cadernos de Textos*. Brasília, MPAS, 1995.
- MPAS. "I Conferência Nacional de Assistência Social". *Cadernos de Textos n. 2*, Brasília, MPAS, 1995.
- MPAS/CNAS — "Discutindo a proposta preliminar da política nacional de assistência social". Brasília, MPAS/CNAS, set. 1997.
- MPAS/SAS — "Política nacional de assistência social". *Diário Oficial*, suplemento n. 72, 16/04/1999.
- MPAS/SAS. *I Conferência Nacional de Assistência Social — Relatório Final*. Brasília, MPAS/SAS, 1995.
- MPAS/SEAS. *Relatório de Gestão/1999*. Brasília, MPAS/SEAS, 1999.
- Relatório do IIIº Encontro Nacional dos Estados e Municípios sobre Políticas Sociais, Fortaleza, agosto de 1991.
- SENADO FEDERAL. *A nova lei de licitações e contratos*. Brasília, 1994.